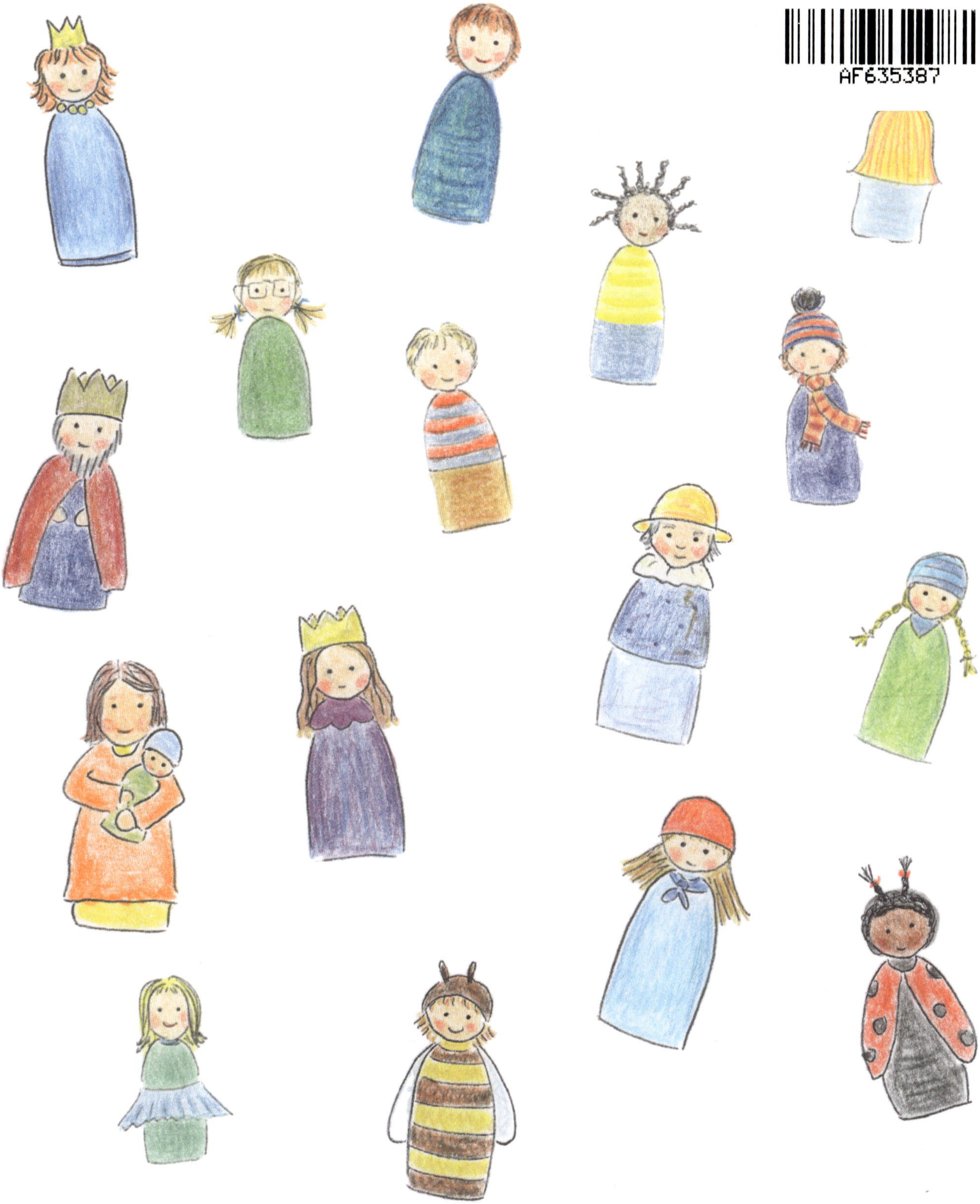

Jana Tröger

Fingerpüppchen

häkeln & nähen

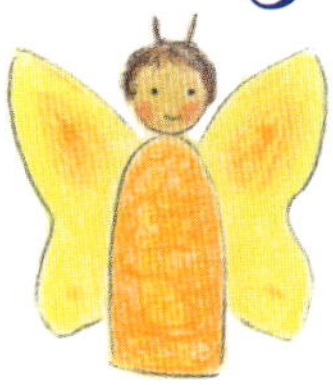

Jana Tröger

Fingerpüppchen

häkeln & nähen

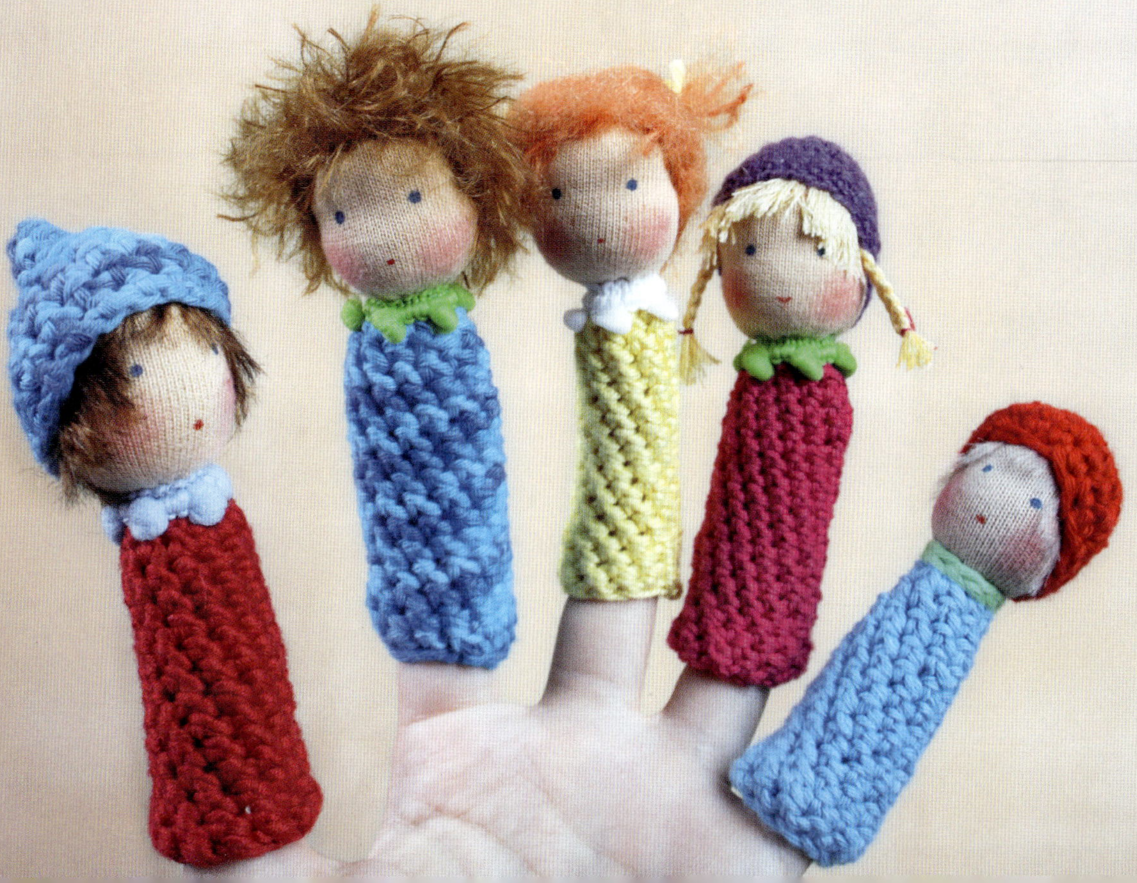

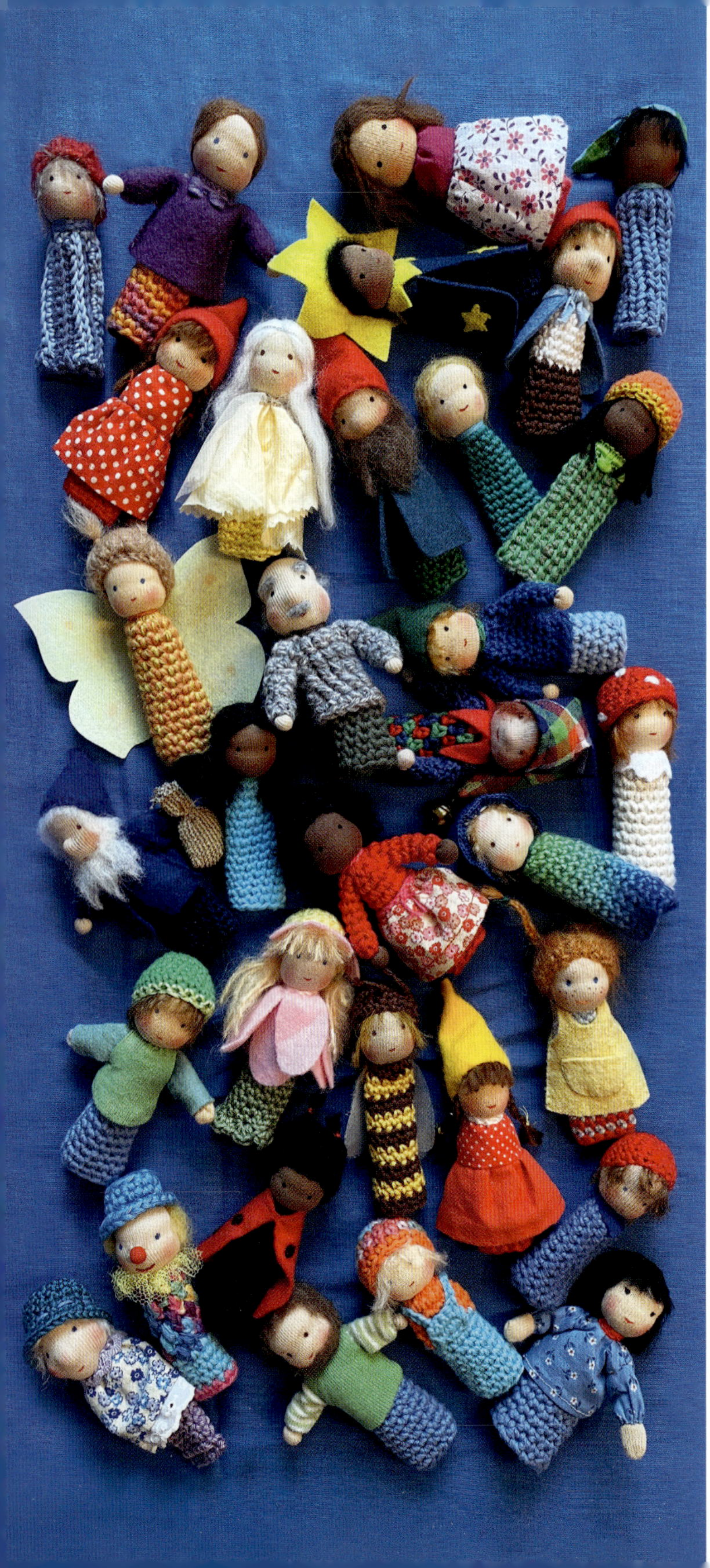

Inhalt

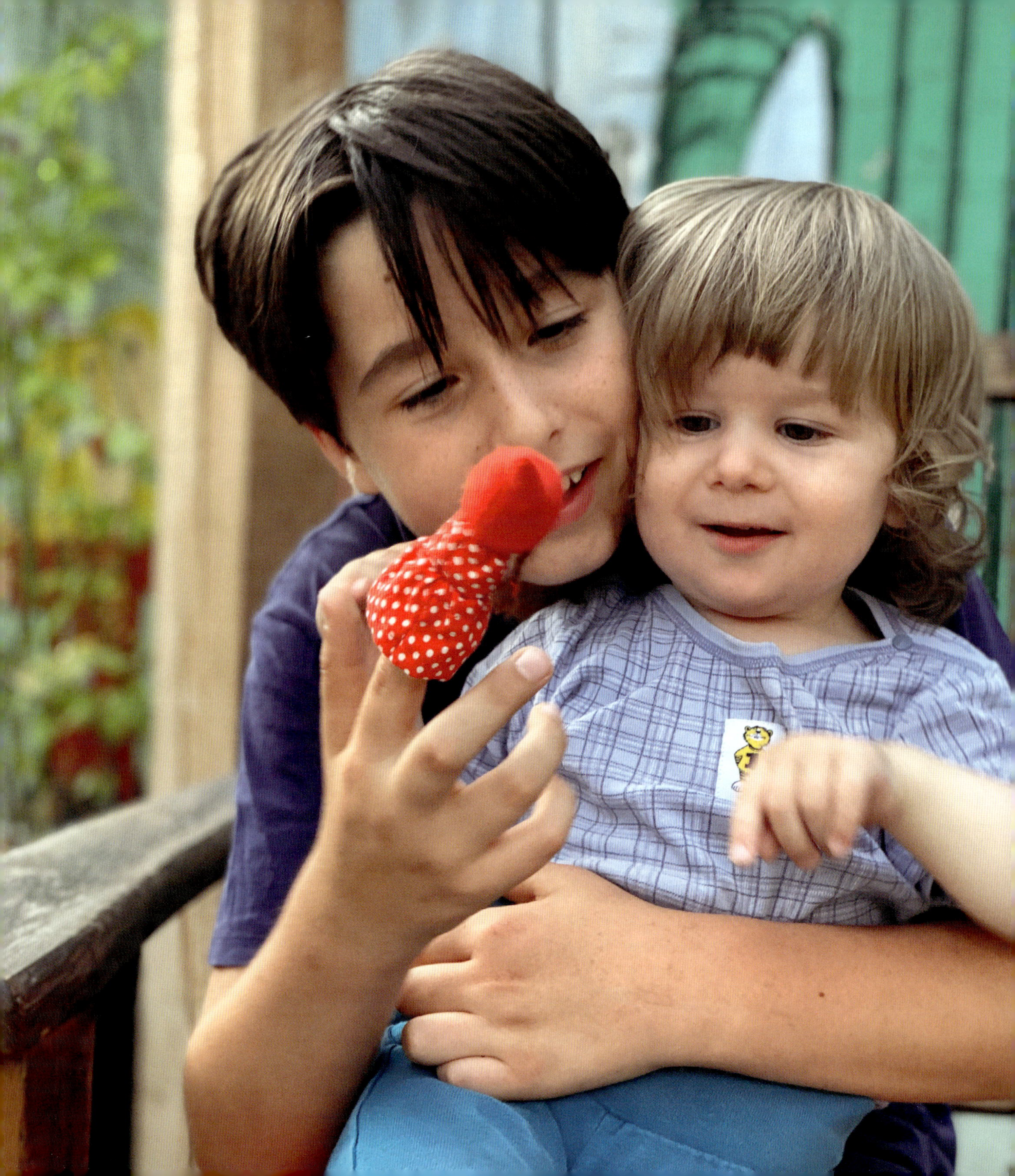

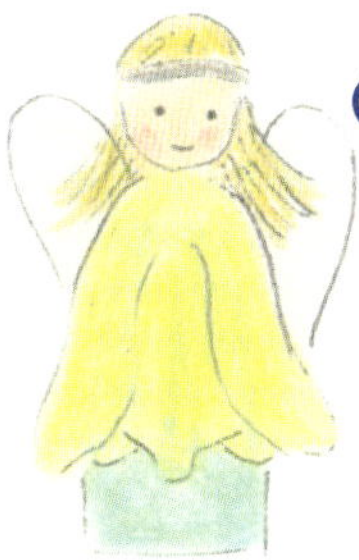

Einführung

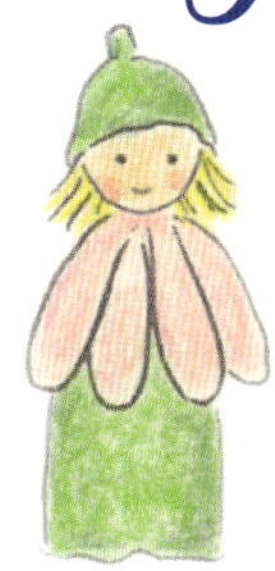

Kinder begegnen den Fingerpuppen meist freudig und offen und bauen schnell eine innige Beziehung zu den kleinen Spielgefährten auf. Auch die Erwachsenen sind von ihnen verzückt und schließen sie gleich in ihr Herz. So sind sie trotz oder gerade wegen ihrer Einfachheit sehr beliebte, vielseitig einsetzbare Spielfiguren mit hohem Aufforderungscharakter – im Nu wird ein Püppchen auf dem Finger zum Leben erweckt, und das Spiel beginnt! Gelegenheiten dafür ergeben sich immer wieder, ob als spontanes Spielchen zuhause oder in einer geplanten Aufführung. Und da die Püppchen nicht viel Platz benötigen, sind sie auch schnell eingepackt und mitgenommen, beispielsweise, um mit ihnen eine Wartezeit zu verkürzen oder eine längere Zugfahrt zu verschönern. Natürlich kann das Spielen mit den Fingerpuppen auch zu einem festen Tagesritual werden, etwa vor dem Schlafengehen.

Für ein Puppenspiel braucht es nicht viele Figuren; schon mit einem einzigen Püppchen können kleine Spiele

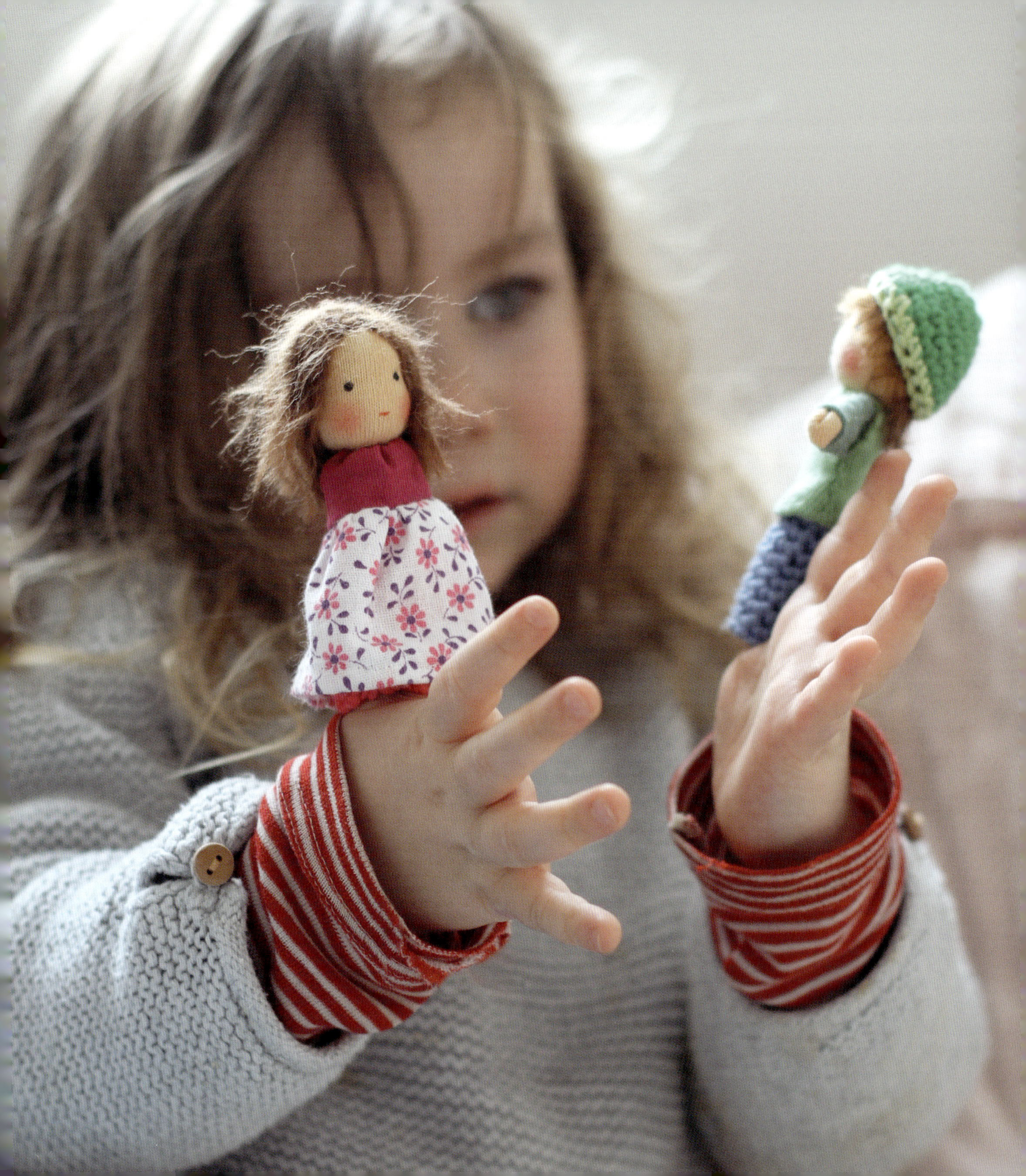

gespielt oder vorgeführt werden. Aber natürlich kann es große Freude machen, sich ein Ensemble an verschiedenen Figuren zusammenzustellen.

Mit etwas Material, Werkzeug und ein bisschen Geschick entstehen viele kleine Persönlichkeiten, die sich mit mehr oder weniger Details ausschmücken lassen, ganz nach eigenen Wünschen und Vorstellungen. Ich finde es jedes Mal wunderbar, mit meinen Händen ein kleines Püppchen zu erschaffen und es anschließend mit den eigenen Fingern zum Leben zu erwecken!

In meiner Kindheit war ich von jeder Menge Handarbeit, Handwerk und Erfindergeist umgeben. Meine Oma malte viel und strickte die wärmsten Pullover, Schals und Mützen, und meine Eltern ließen sich für uns Geschwister und auch für den Verkauf am Herbstbasar unserer Waldorfschule die schönsten Spielsachen einfallen. Besonders beliebt und immer schnell verkauft waren dort die kleinen Biegepuppen, die meine Mutter in aufwendig gestalteten Landschaften zum Kauf anbot. Dies alles inspirierte und beeinflusste mich, gab mir Verständnis und die Grundlagen, solche Arbeiten selbst herstellen und eigene Ideen austüfteln zu können.

Schon immer waren es die kleinen Figuren mit ihren Welten, die mein Herz berührten und meine Fantasie beflügelten, und so entwickelte ich vor vielen Jahren für meine Kinder die ersten Fingerpüppchen. Wir hatten große Freude an den kleinen Puppen, und auch in meinem Umfeld kamen sie gut an, sodass ich mir immer weitere Figuren ausdachte und die Technik, sie herzustellen, über die Jahre weiterentwickelte.

Dieses Wissen und meine Leidenschaft möchte ich gerne im vorliegenden Buch weitergeben. Es enthält in Text und Bild eine Grundanleitung und viele Gestaltungsanregungen für weitere Püppchen verschiedener Art. Die Püppchen können natürlich mit Fantasie und Geschick nach eigenen Wünschen und Ideen abgewandelt und dabei individuell angepasst werden. Außerdem zeige ich weitere Ideen zu den kleinen Figuren auf, zum Beispiel den Bau von Puppenständern, einer kleinen Kartonbühne oder den Gebrauch der Figuren auf dem Jahreszeitentisch. Ebenso gehe ich auf ein paar pädagogische Sichtweisen ein und gebe Anregungen zum Spiel.

Zu guter Letzt möchte ich mich bei all den Menschen, die mich bei diesem Buch so wunderbar unterstützt haben, herzlich bedanken.

Ich wünsche Ihnen viel Freude mit diesem Buch!

Stuttgart, im Januar 2022

Jana Tröger

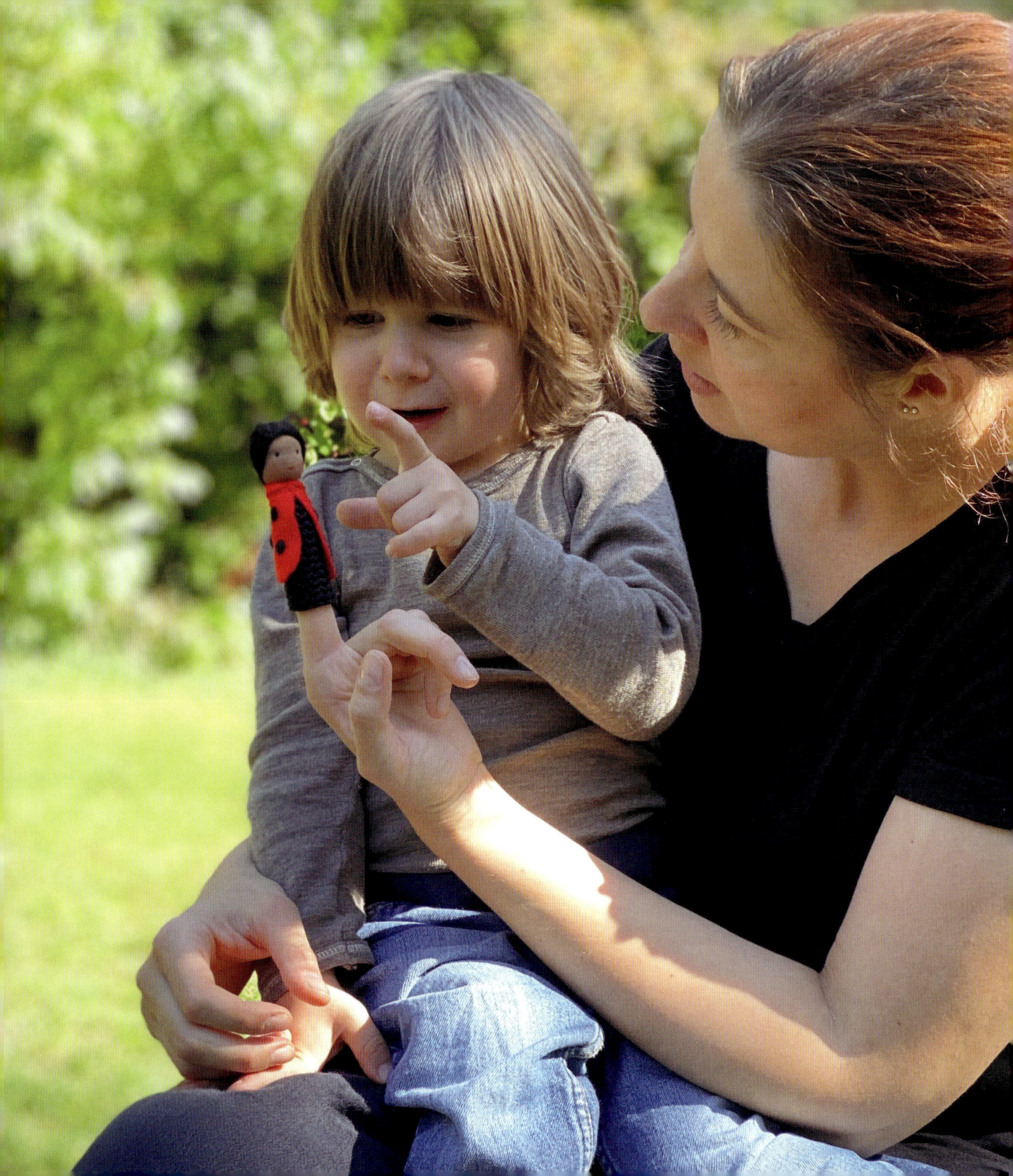

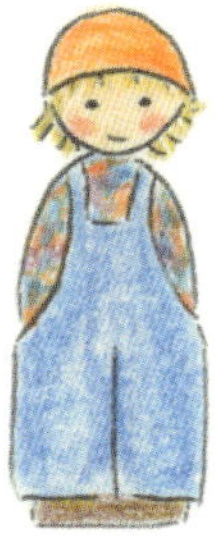

Einige pädagogische Gesichtspunkte

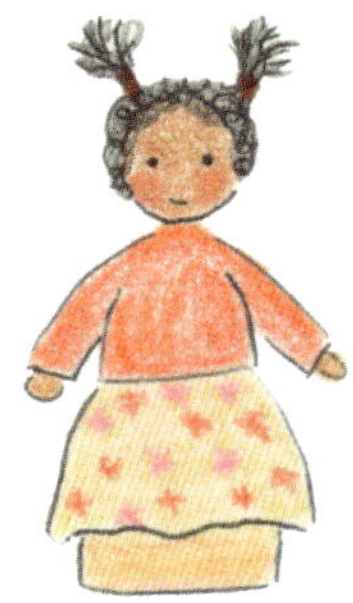

Spielend lernen und wachsen

Ungefähr im **dritten Lebensmonat** entdeckt das Baby seine Finger und Hände und fängt an, sie hin und her zu bewegen und sie dabei staunend und aufmerksam zu betrachten. Dies kann wohl als das erste Fingerspiel angesehen werden. Neben den Fingern und Händen beobachtet das Kind auch neugierig all die anderen Dinge, die um es herum geschehen. Es hat großes Interesse an seiner Umwelt, allen voran den Tätigkeiten anderer Menschen. So kann auch ein Fingerpüppchen, das sich ruhig vor dem Gesicht des Babys entlangbewegt, seine Aufmerksamkeit wecken, und es folgt ihm interessiert mit den Augen oder mit dem gesamten Kopf.

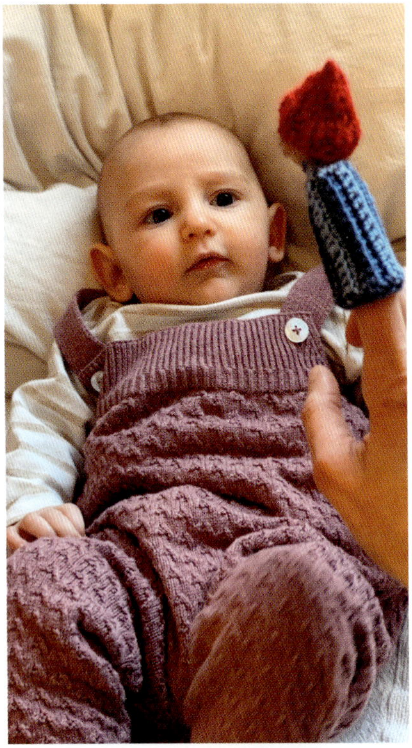

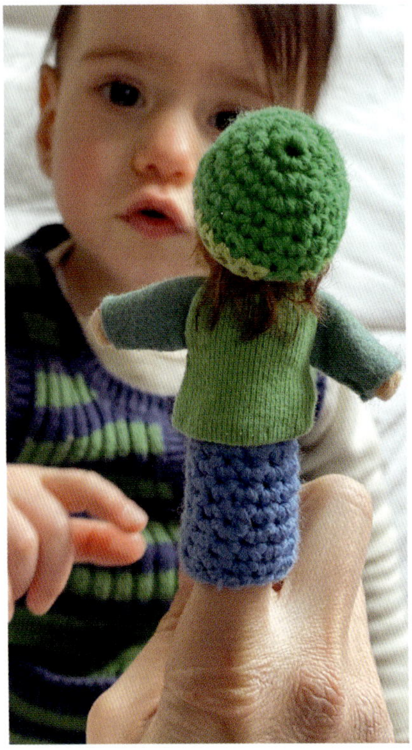

So richtig interessant werden die kleinen Püppchen mit zunehmendem Alter des Kindes. Schon im **zweiten Lebensjahr** ist es meist für ein kleines, einfaches Spiel mit einem Fingerpüppchen zu begeistern. Es beobachtet und erfreut sich am Spiel des Erwachsenen, möchte die kleine Figur erhaschen und genau untersuchen. In diesem Alter bereiten ihm Spiele Vergnügen, bei dem die Puppe das Kind behutsam streichelt, sachte kitzelt oder sich vor dem Kind versteckt und wieder auftaucht.

Ab dem **dritten Lebensjahr** machen rhythmisch-musikalisch gestaltete Verse, Lieder oder Abzählreime dem Kind große Freude, und es folgt ihnen gespannt und aufmerksam. Selbst wenn das Kind noch Schwierigkeiten bei der Sprache oder bei Bewegungsabläufen hat, beteiligt es sich gerne an diesen Spielen, ahmt Gebärden so gut es kann nach und spricht oder singt Wörter und Sätze immer besser mit.

Im **Kindergartenalter** kann das Kind schon längeren Erzählungen lauschen bzw. kleinen Aufführungen folgen. Auch entwickelt es immer mehr Geschick, die Fingerpuppe motorisch mit dem Finger selbst zu spielen. Ebenso wird das Kind mehr und mehr im Rollenspiel schöpferisch tätig, denn mit zunehmend wachsenden Fantasiekräften erfindet es neben dem ihm Bekannten auch eigene Spiele sowohl im Solospiel als auch im Spiel mit anderen.

Das ältere Kindergartenkind schlüpft schon selbst in die Rolle des Erzählenden und inszeniert mithilfe einer Fingerpuppe ein Spiel für andere Kinder oder Erwachsene. Dabei erfindet es gerne eigene Geschichten oder erzählt Bekanntes nach.

Das Kind hat durch den spielerischen Aspekt große Freude an den Fingerpuppen. Und wie in jedem Spiel wird auch im Spiel mit den Fingerpuppen seine Entwicklung in einem umfangreichen Maße angeregt und unterstützt. So gibt es viele Möglichkeiten, **Sprache** zu erkunden und in sie einzutauchen. Das Kind lauscht gerne Geschichten und Liedern, auch liebt es lustige Wörter und Wortkombinationen, wie sie in vielen Versen und Reimen der Fingerspiele vorkommen. Dies erweitert spielerisch seinen Wortschatz, und so wird die Grundlage für einen kreativen, fantasievollen und lustvollen Umgang mit der Sprache geschaffen; die Sprechfreude der Kinder wird stimuliert und gefördert. Ebenso unterstützt der gemeinsame Dialog die Sprachentwicklung und wirkt sich positiv auf das kindliche Sprachvermögen aus.

Auch die **Vorstellungskraft,** die **Fantasie** und die **Kreativität** des Kindes werden durch das Erfinden von Geschichten, das Erschaffen eigener Welten und die Möglichkeit, sich darin zu entfalten, in hohem Maße angeregt. Das Rollenspiel fördert dabei die **emotionale** und **soziale Entwicklung** des Kindes und hilft ihm, Eindrücke auf kindliche Weise zu verarbeiten. An der Intensität seines Handelns und der Auswahl seiner Motive kann der Erwachsene die Eigenheit der kindlichen Individualität erleben und wunderschöne Einblicke in das Wesen des Kindes erhalten.

Neben den seelisch-geistigen Kräften wird im Spiel mit den Fingerpüppchen auch der **physische Leib** angesprochen und angeregt. Die Hand mit den Fingern ist ein bedeutungsvolles menschliches Organ, und ihre Bewegungen durchdringen den ganzen Körper des Kindes und stärken seine Selbstwahrnehmung. Fingerspiele,

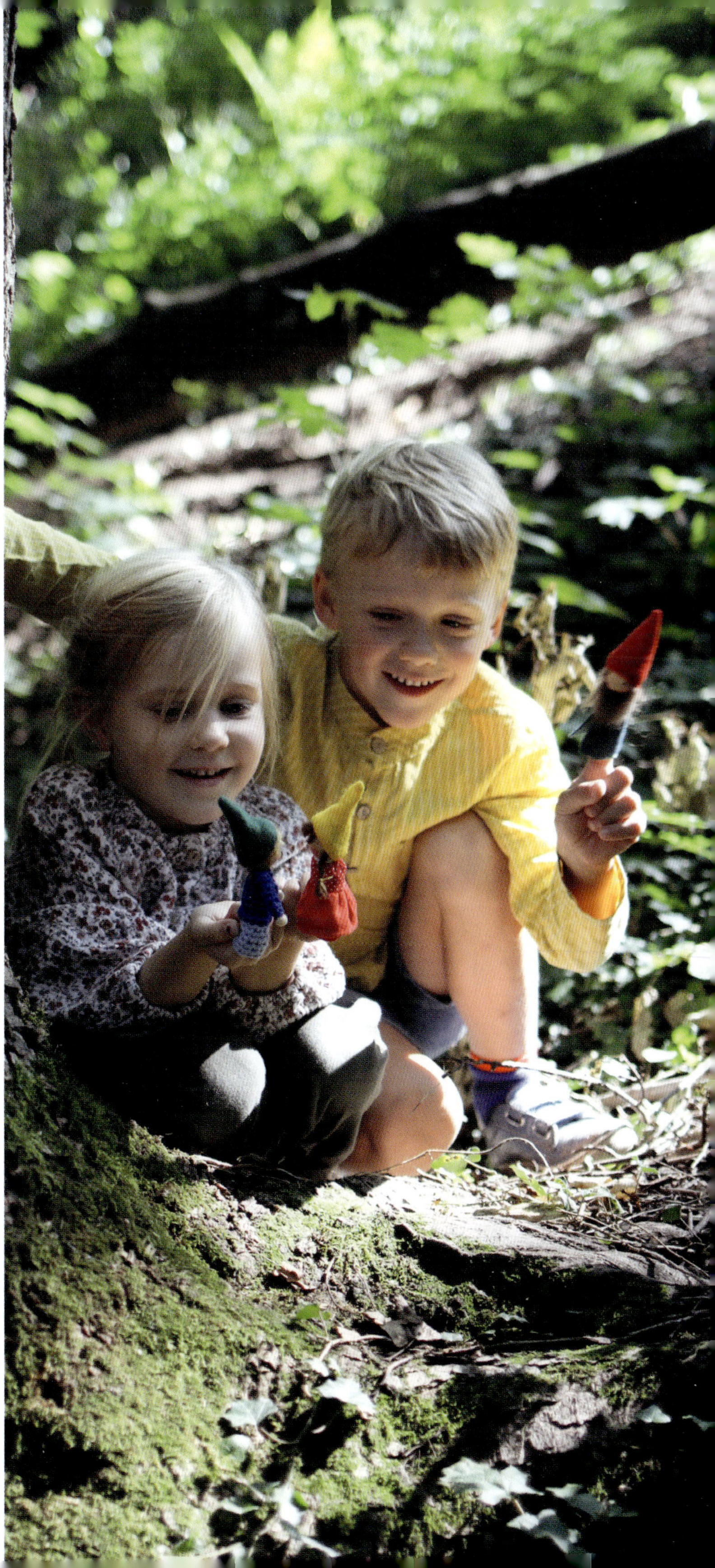

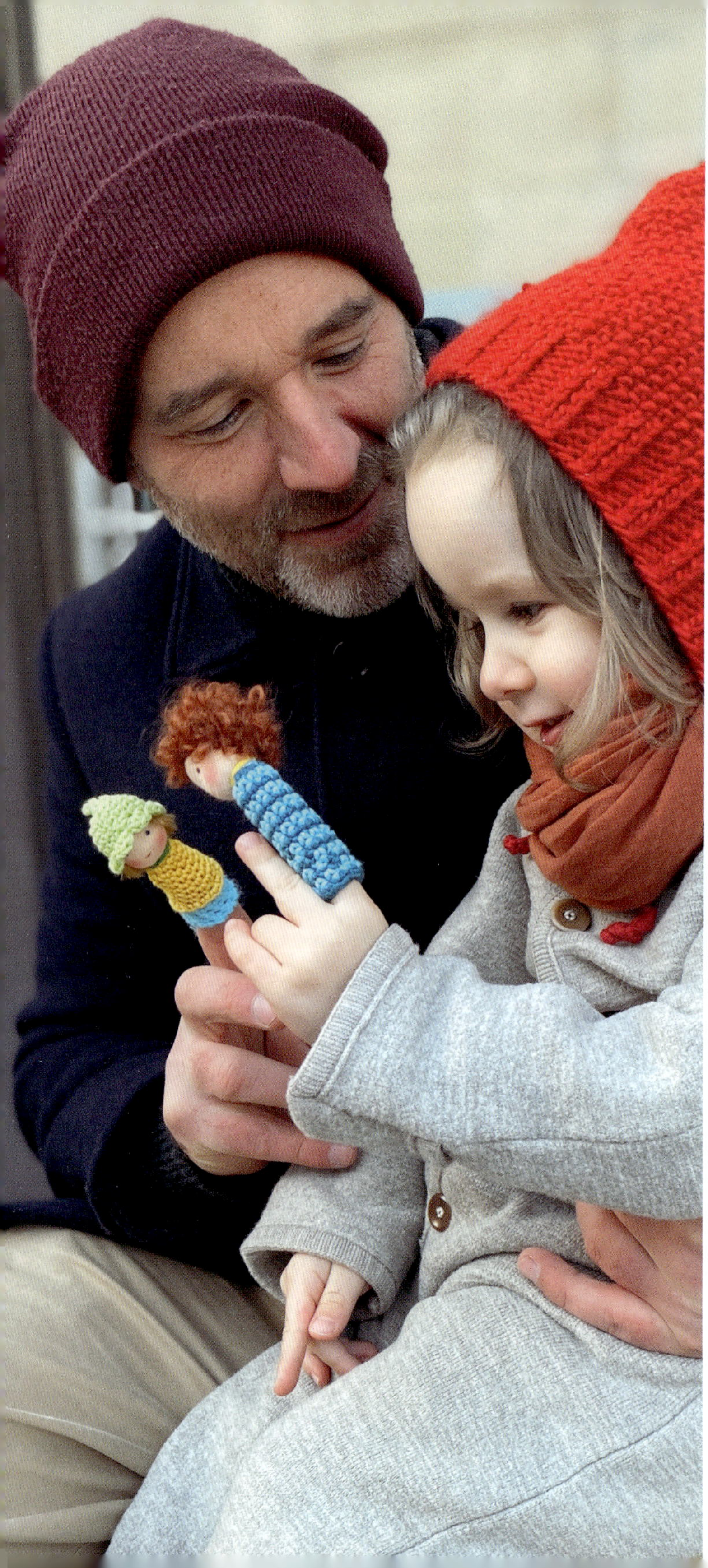

bei denen insbesondere Arme, Hände und Finger bewegt werden, schulen die Feinmotorik des Kindes ebenso wie die Entwicklung der Auge-Hand-Koordination.
In einem **gemeinsamen Spiel** und der gemeinsam verbrachten Zeit genießt das Kind die ungeteilte Aufmerksamkeit des Erwachsenen in vollen Zügen. In dieser Zuwendung erlebt es große Wertschätzung, fühlt sich wahrgenommen, sicher und geborgen. Gerade wenn das Kind von dem Erwachsenen Wärme und Liebe erfährt, wird seine Fähigkeit der Nachahmung in gesunder Weise wirksam. Und auch als Spielpartner ist ein Erwachsener in seiner Art zu handeln und zu sprechen Vorbild für das Kind.
Natürlich ist es auch für **Erwachsene** wertvoll, auf diese Weise spielerisch mit dem Kind zu interagieren, denn in der dabei entstehenden Nähe bekommen sie die Möglichkeit, sich mit der Welt des Kindes zu verbinden.

Vielfalt gestalten und erleben

Im Spiel mit anderen nimmt das Kind Erklärungen über die Welt in sich auf und verinnerlicht sie. Da Puppen Nachbildungen des Menschen sind, identifiziert es sich mit ihnen, auch wenn es sich um Fantasiewesen wie etwa Elfen oder Zwerge handelt. Dabei prägt auch das Aussehen der Puppen das Kind in seinen Vorstellungen von der Welt.

Es ist für das Kind wichtig, die eigene Lebenswelt in den Spielsachen wiederzufinden, das stärkt seine Identitätsentwicklung. Hat es jedoch in seinem Umfeld eine Vielzahl verschieden gestalteter Puppen, kommt es auch dadurch mit der Vielfalt der Welt in Berührung, was wiederum sein Bewusstsein prägt und sein Denken und Handeln anregt. So begegnet es vielfältigen Erscheinungen und Wesen, die ihm noch unbekannt sind, und erhält die Chance, Neues vorurteilsfrei kennenzulernen.

Beim Gestalten der Figuren ist es eine auch gute Gelegenheit, das eigene Denken bezüglich Klischees, Vorurteile und Stereotype zu überprüfen, um sie nicht unreflektiert in der Puppe abzubilden und an das Kind weiterzugeben.

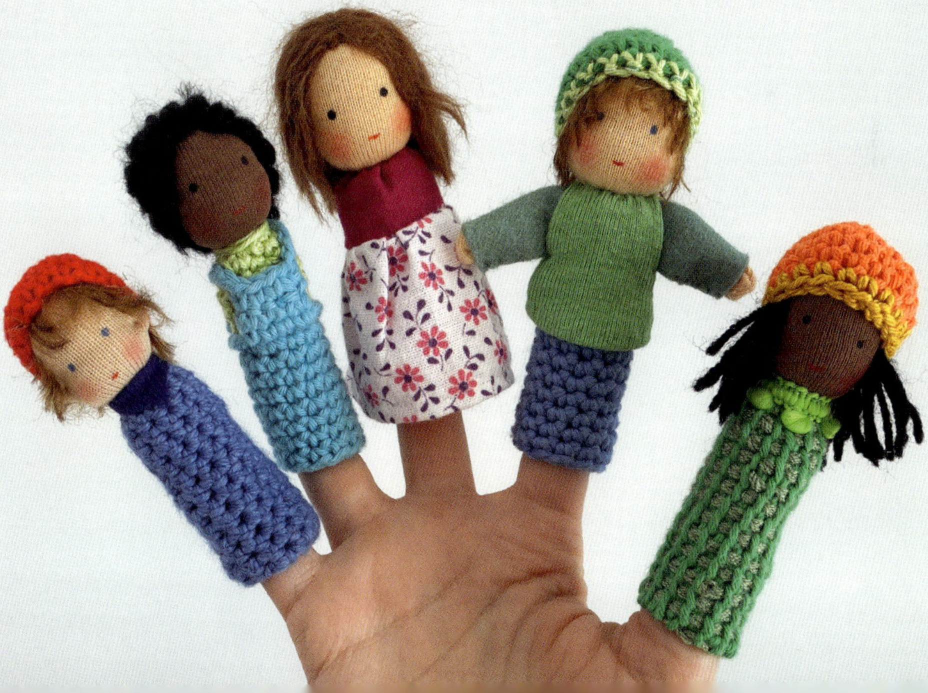

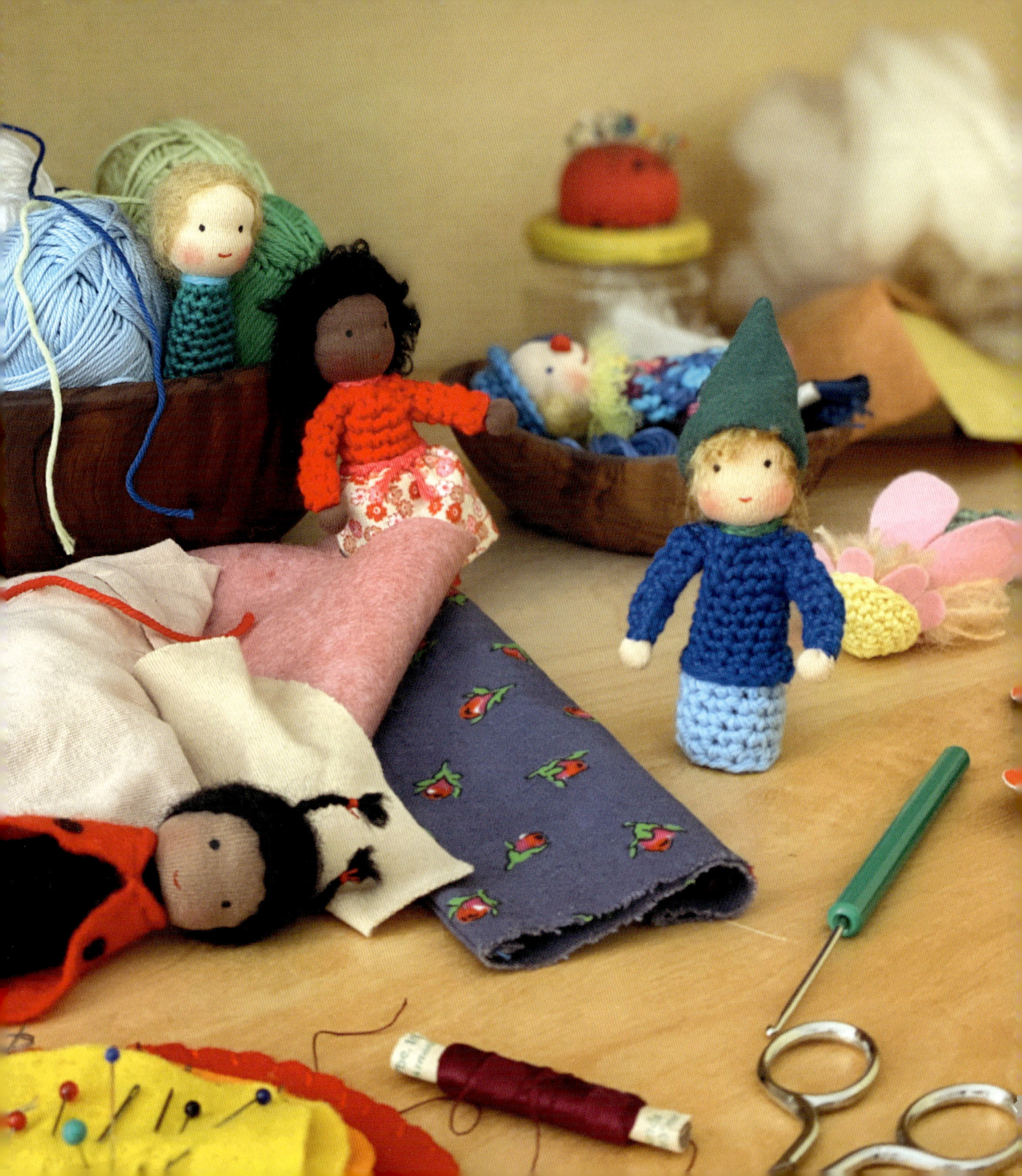

Die Fingerpüppchen-Werkstatt

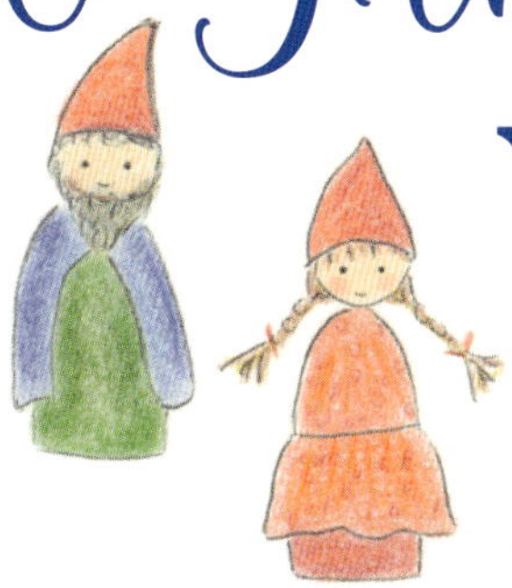

Das Schöne an der Herstellung der Fingerpuppen ist, dass Sie nicht auf einen festen Arbeitsplatz wie zum Beispiel einen Tisch oder eine Nähmaschine angewiesen sind. Es ist Handarbeit im wahrsten Sinne des Wortes, denn Sie brauchen nur Ihre Hände, ein paar kleine Werkzeuge und etwas Material. Die Häkelnadel, etwas Garn und Stopfwolle, kleine Stoffreste, Nadel und Faden können Sie einfach dorthin mitnehmen, wo Sie gerade arbeiten möchten – sei es im Garten, auf dem Sofa, während einer Bahnfahrt oder an einem anderen Ort.

Arbeitsplatz, Werkzeuge und Material

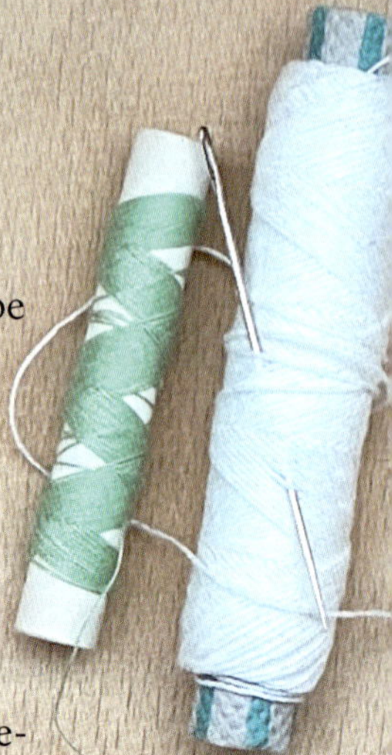

Ich genieße meine Flexibilität beim Arbeiten sehr und habe daher mein Werkzeug in einem kleinen, von einem meiner Kinder aussortierten Schulmäppchen. Darin befinden sich verschiedene Nähnadeln, Stopfnadeln und Stecknadeln, eine Häkelnadel, eine kleine Schere, eine Spitzzange und ein Markierstift für Textilien, außerdem ein kleines Stück rot bemalter Trikotstoff und der dazugehörende rote Wachsmalstift. Auch an Material bedarf es nicht viel, denn schon mit ein wenig Garn, Wolle und ein paar Stoffresten lassen sich zauberhafte Figuren erschaffen. Wobei ich zugeben muss: so klein mein Arbeitsplatz und mein Werkzeugetui sind, viel größer ist mittlerweile meine Sammlung an verschiedenen Materialien für die Herstellung der Fingerpuppen, denn immer mal wieder bekomme ich von Freunden oder Verwandten aussortierte Stoff- und Wollreste geschenkt. So muss ich ganz selten Neues kaufen. Besonders wertvoll sind für mich die vererbten alten Stoffe meiner Oma. Sie wecken stets schöne Kindheitserinnerungen, und ich freue mich jedes Mal sehr, wenn die zum Teil sechzig Jahre alten Stoffe zum Einsatz kommen. Auch alte Kleidung mit kleinen Flecken oder nicht mehr reparierbare Stücke nutze ich gerne. Besonders freue ich mich, früheren Lieblingsteilen, zum Beispiel alter Kinderkleidung, so ein zweites Leben zu schenken.

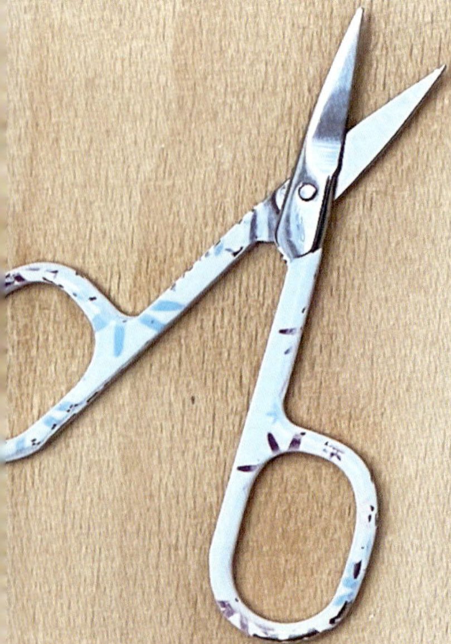

Nach Möglichkeiten versuche ich, natürliche Materialien zu verarbeiten. Wenn ich jedoch etwas mit synthetischem Anteil geschenkt bekomme, verarbeite ich es mitunter auch, zum Beispiel Garn mit etwas Acrylanteil. Es wegzuschmeißen wäre meiner Meinung nach auch nicht der richtige Weg, schließlich wurde es schon produziert. So versuche ich auch bei diesem Handwerk, nachhaltig zu handeln und Ressourcen zu schonen.

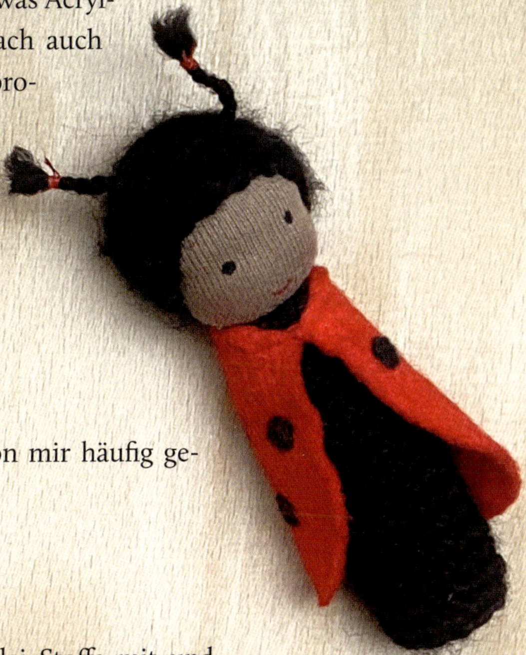

Kleine Materialkunde

Hier ein kleiner Überblick über verschiedene und von mir häufig genutzte Materialien.

Stoffe und Gewebe

Baumwollstoffe: Für Puppenkleider eignen sich allerlei Stoffe mit und ohne Muster und Druck. Diese Stoffe sind gewebt und daher nicht dehnbar. Sie kommen beispielsweise als Oberteile oder Zipfelmützen zum Einsatz. Baumwollstoffe können an der Stoffkante ausfransen und müssen daher versäubert werden.

Jersey: Jerseystoff ist nicht gewebt, sondern maschinell ganz fein gestrickt und somit eine Maschenware. Dadurch ist er sehr dehnbar und benötigt, um elastisch zu bleiben, auch eine elastische Naht.
Bei Jersey fransen die Stoffkanten nicht aus; allerdings rollen sie sich mitunter ein. Beim Zuschneiden ist es wichtig, den Fadenlauf zu berücksichtigen, d.h. zu beachten, in welche Richtung der Stoff sich dehnt.

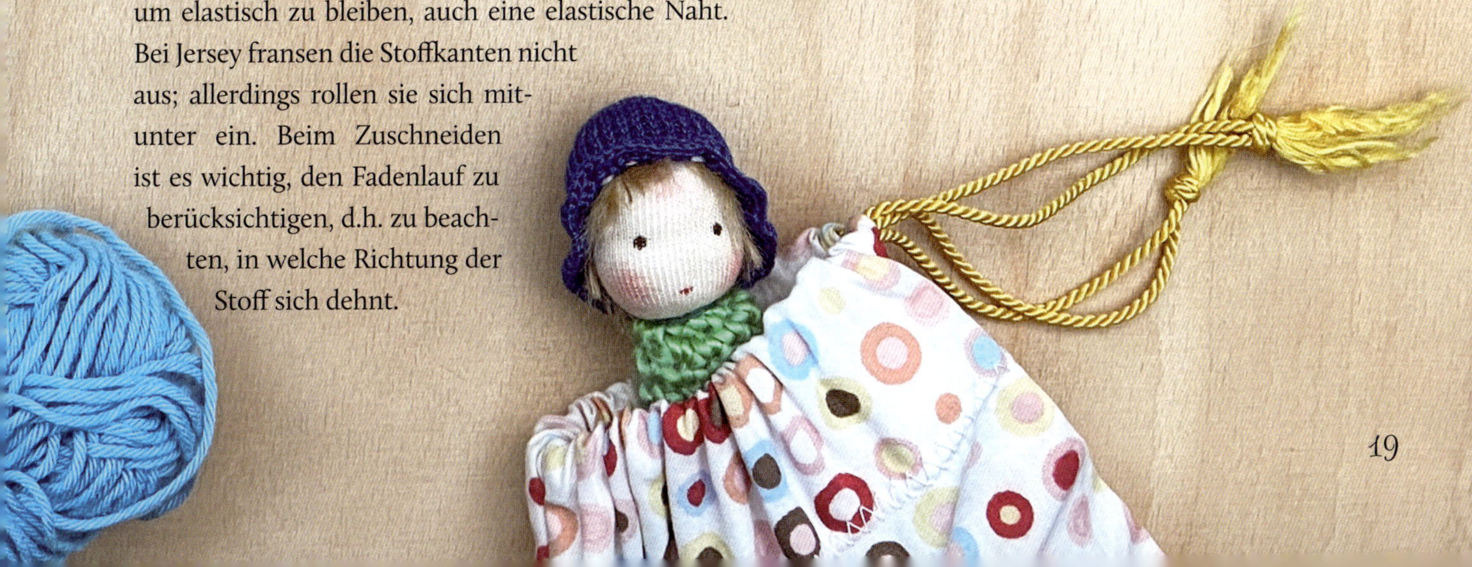

Puppentrikot: Die «Haut» der Puppen gibt es in vielen verschiedenen Farbnuancen. Es ist ein besonders strapazierfähiger Interlock-Jersey und besteht meistens aus Baumwolle. Es gibt ihn in unterschiedlichen Qualitäten. Die leichte Qualität ist gut dehnbar und dadurch auch etwas weicher als der schwere Trikotstoff. Ich nutze meist den leichten Trikot.

Filzstoffe: Beim Filz werden Fasern zu einem dichten Material verarbeitet. Je nach Herstellungsmethode können die Fasern natürlichen Ursprungs sein, etwa aus Wolle oder Pflanzenfasern, oder auch aus synthetischen Fasern bestehen. Manchmal ist es auch eine Mischung unterschiedlicher Fasern. Filz gibt es in verschiedenen Farben und Stärken zu kaufen, und er hat den großen Vorteil, dass er nicht ausfranst.

Schlauchverband: Hierbei handelt es sich um ein feines, rundgestricktes und daher nahtloses Schlauchgewebe, meist aus Baumwolle. Er wird gerne zur Herstellung von Puppenköpfen genutzt, da mit ihm feste Köpfe gearbeitet werden können, die sich gut abbinden lassen und ihre Form behalten. Er ist in gut sortierten Bastelgeschäften, Apotheken oder online erhältlich.

Mohairstoff: Das abgeschorene Haar der Angora- bzw. Mohairziege wird auf ein nicht dehnbares Gewebe geknüpft; so lässt es sich wie Stoff verarbeiten. Das Fell gibt es in verschiedenen Farben und Längen, von glatt bis lockig, und es ist kämmbar. Beim Zuschnitt muss auf die Strichrichtung der Haare geachtet werden, und es darf dabei nur der Trägerstoff, nicht aber die Haare durchgeschnitten werden.

Bänder, Borten und Bordüren: Dies sind verzierte Kanten oder Geweberänder, die sich zum Ausschmücken eignen. Es gibt sie in vielen Variationen, Größen und aus unterschiedlichem Material. Damit sie nicht aufgehen, werden die Schnittkanten je nach Material entweder umgeschlagen oder bei den synthetischen Bändern mit der Flamme eines Feuerzeugs verschmolzen.

Garne und Wolle

Schafwolle: Die Schafwolle lässt sich vielfältig einsetzen. Kurzfaserige Wolle eignet sich als Füllmaterial für die Puppen, etwa beim Kopf oder den Händen. Es handelt sich dabei meist um naturbelassene, von Schmutz befreite und gekämmte Schafwolle.
Für Haare ist die im Vlies kardierte oder als gekämmte Strähnen erhältliche glatte, langfaserige Kammzugwolle nützlich. Es gibt sie

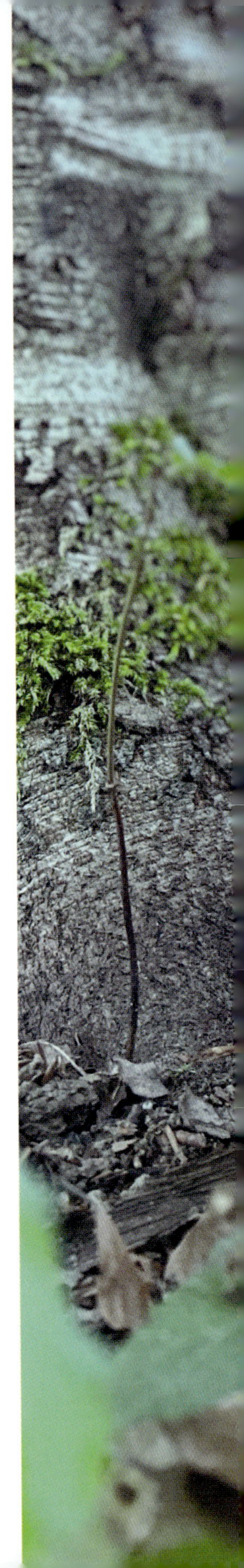

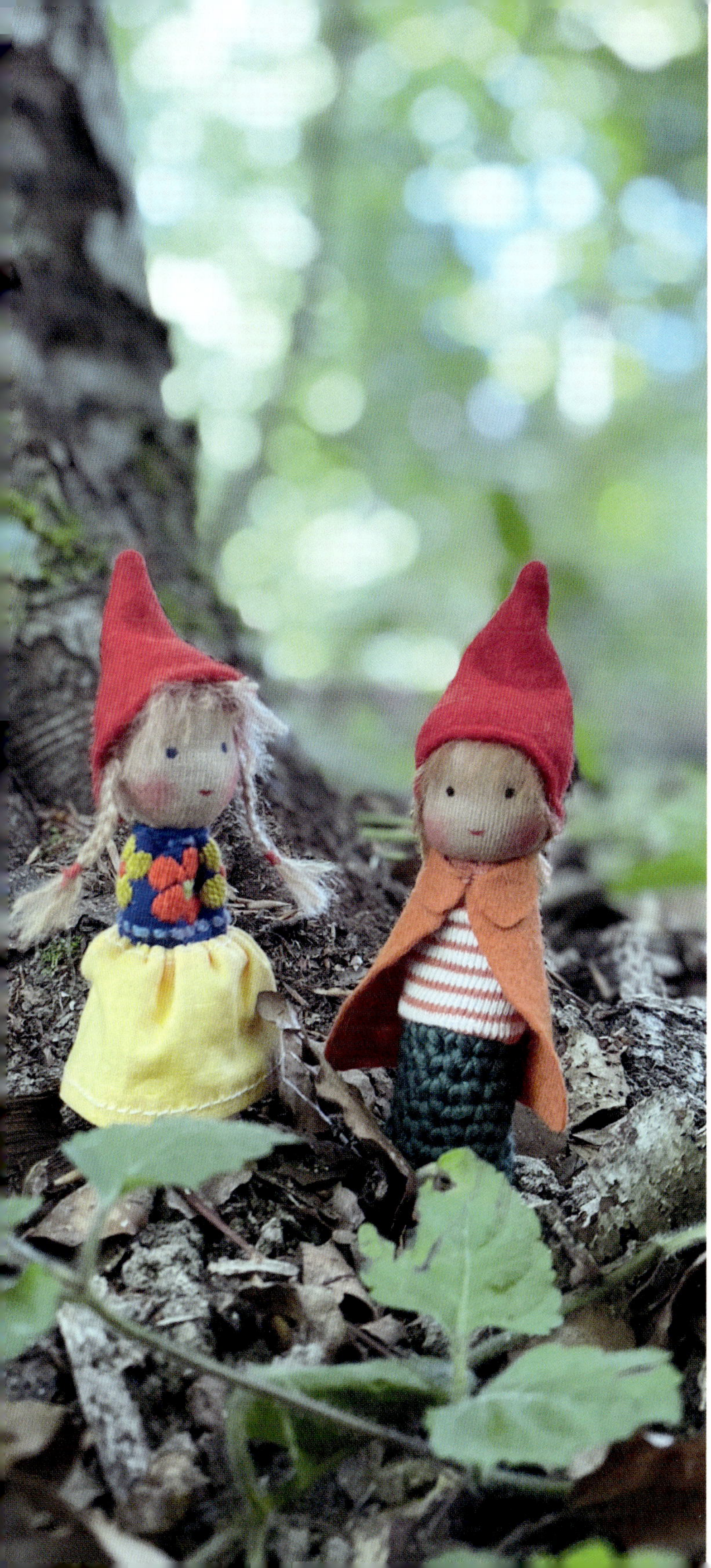

in sehr feiner Wollqualität (z.B. Märchenwolle) und in vielen verschiedenen, meist pflanzengefärbten Farbtönen.
Da Schafwolle zur Verfilzung neigt, ist die Waschbarkeit eingeschränkt, und sie verträgt nur eine milde Handwäsche. Eine vegane Alternative zur Schafwolle ist zum Beispiel Baumwolle oder Kapok.

Baumwoll- und Wollgarn: Umgangssprachlich wird Garn oft einfach «Wolle» genannt, dabei wird mit «Wolle» eigentlich nur das Garn tierischer Herkunft bezeichnet.
Baumwollgarn ist pflegeleicht, sehr fest und stabil. Es lässt sich damit sehr gut häkeln, und das Maschenbild ist sehr klar. Dagegen ist Wollgarn besonders weich und temperaturausgleichend. Da es sehr flauschig ist, sieht das Maschenbild etwas weniger klar aus als bei Baumwollgarn. Manchmal enthalten Woll- oder Baumwollgarne auch einen synthetischen Faseranteil.
Garne gibt es in verschiedenen Stärken, einer Vielzahl von Farben oder auch mit Effekten wie schattierten Farben, seidigem Glanz oder abwechselnde Stärken. So handelt es sich etwa bei *Bouclé-Garn* um ein Garn mit Schlaufen, und es eignet sich beispielsweise für gehäkelte Puppenperücken mit Löckchen. Auch spezielle Puppen-Mohairwolle ist zum Häkeln der

Häkelkäppchen geeignet; je nach Länge des Mohairs können aus den feinen Haaren auch Frisuren gemacht werden.

Nähgarne: Sie sind je nach Qualität besonders reißfest, gleichzeitig elastisch und lassen sich gut verarbeiten, sodass beim Nähen keine Schlingen entstehen. Die meisten Nähgarne sind aus Polyester, es gibt sie aber auch als Mischgarn oder beispielsweise aus reiner Baumwolle. Nähgarn gibt es in vielen Farben und Stärken.

Stickgarne: Die üblichsten Handstickgarne sind Sticktwist und Perlgarn. Während der Sticktwist aus sechs Fäden besteht und für das Sticken in einzelne Fäden geteilt werden kann, ist Perlgarn nicht teilbar. Dafür hat es eine glattere Oberfläche und eine seidige Optik. Stickgarne gibt es aus unterschiedlichen Materialien wie Baumwolle, Viskose oder Polyester und in vielen Farben und Stärken.

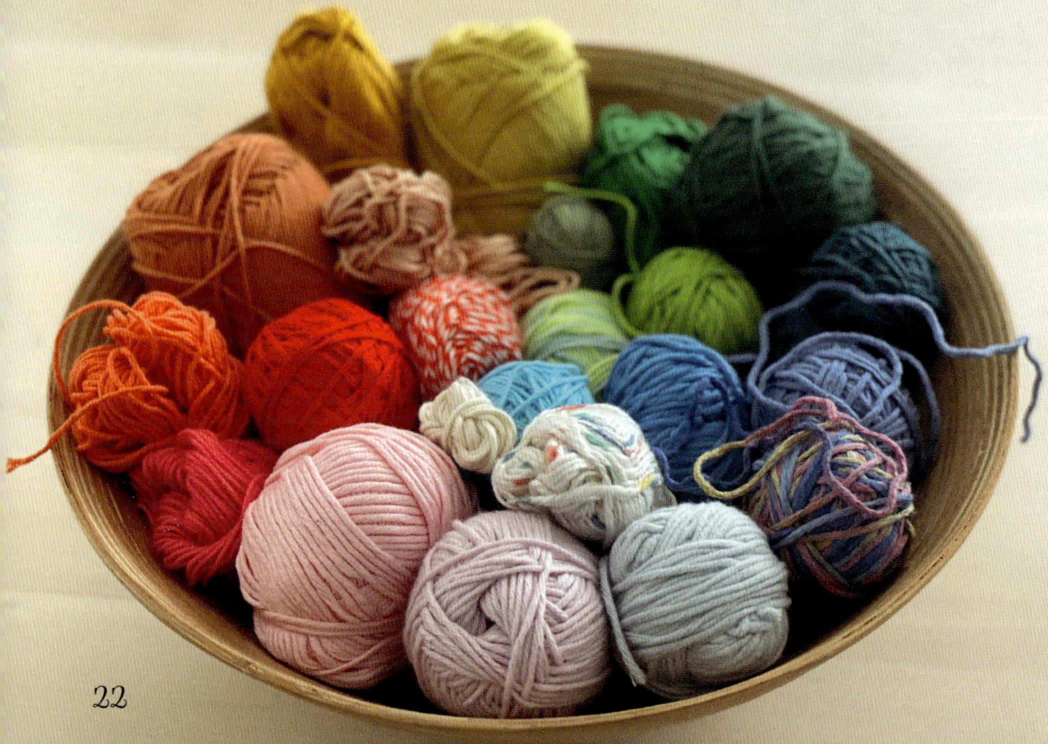

Farben

Textilfarben: Farben auf Wasserbasis gibt es für helle und dunkle Stoffe. Sie sollten unverdünnt auf den trockenen Stoff aufgetragen werden und gut trocknen. Um neue Farbtöne zu erhalten, lassen sich die Farben meist untereinander mischen. Eine Fixierung mit dem Bügeleisen ist nach meiner Erfahrung nicht nötig, da die Puppen – wenn überhaupt – nur eine sanfte Handwäsche bekommen.

Wachsmalfarben: Mit den Wachsmalfarben in entsprechenden Nuancen lassen sich die roten Wangen auftragen. Allerdings sollten diese nie direkt auf den Puppenkopf gemalt werden, da sie sehr farbintensiv sind und sonst zu viel Farbe abgeben würden. Daher immer ein kleines Stück Stoff bemalen und mit diesem vorsichtig auf die Wangen auftragen. Mit der Zeit verblasst die Farbe wieder und muss erneut aufgetragen werden.

Buntstifte: Ebenso kann mit einem weichen, abgerundeten Buntstift in kreisenden Bewegungen die Wangenfarbe aufgetragen werden. Für das Malen der Augenbrauen oder Sommersprossen ist ein weicher, gespitzter Stift erforderlich. Auch diese Bemalung wird sich mit der Zeit abreiben und muss daher immer mal wieder aufgefrischt werden.

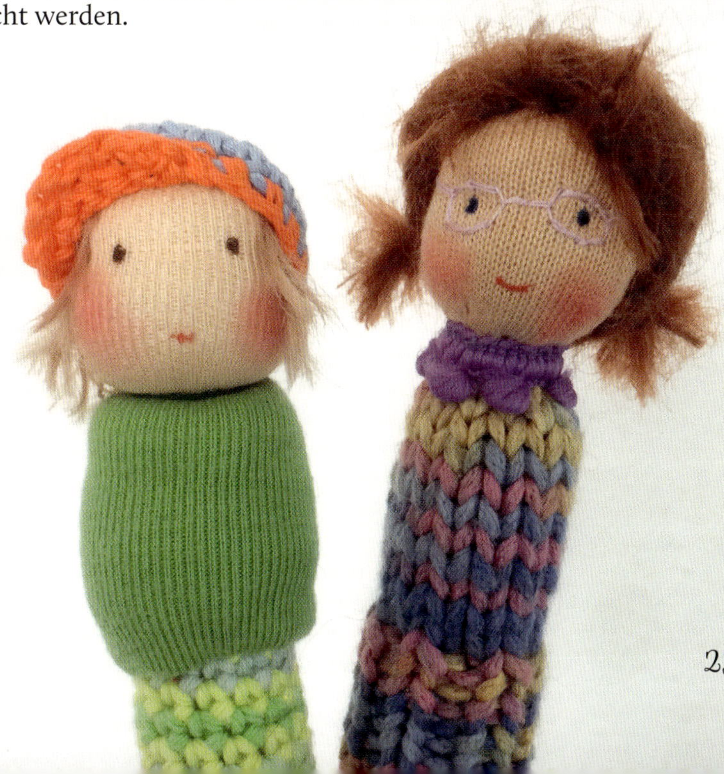

Sicherheit von Kinder-spielzeug

Losgelöst von gesetzlichen Kennzeichnungen und Verordnungen über die Sicherheit von Spielzeug möchte ich auf ein paar Gesichtspunkte zu diesem Thema hinweisen. Da die Fingerpuppen nicht nur von Erwachsenen, sondern auch von Kindern, zum Teil von sehr jungen, bespielt werden, sollten die Figuren mit größter Sorgfalt hergestellt werden. Schließlich erforschen und untersuchen Kinder jedes kleinste Detail, sei es mit den Fingern oder auch mal mit dem Mund.

Manche der im Folgenden beschriebenen Fingerpüppchen sind einfacher gestaltet, andere detailreicher. Bedenken Sie daher bereits bei der Herstellung des Püppchens das Alter des Kindes, für das Sie die Figur machen. Denn für ein Baby oder ein Kleinkind sollte sie keine Kleinteile enthalten, die sich beim Spiel lösen und verschluckt oder eingeatmet werden könnten. Glöckchen, Perlen oder Knöpfe stellen somit auch immer ein Sicherheitsrisiko dar. Auf solche Details können Sie bei den Kleinen gut verzichten, da Puppen für kleine Kinder eher auf das Wesentliche reduziert sein sollten (mehr dazu aus pädagogischer Sicht steht auf S. 11ff.). Und wenn Sie bei Ihrer Gestaltung doch nicht auf Knöpfe und Co. verzichten wollen, so können sie beispielsweise auch durch eine kleine Stickerei angedeutet werden.

Selbstverständlich sollten auch für ältere Kinder alle Kleinteile gut befestigt werden. Meine größte Sorgfalt gilt daher auch immer der Überprüfung, ob ich alle Fäden gut vernäht und alle Stecknadeln entfernt habe.

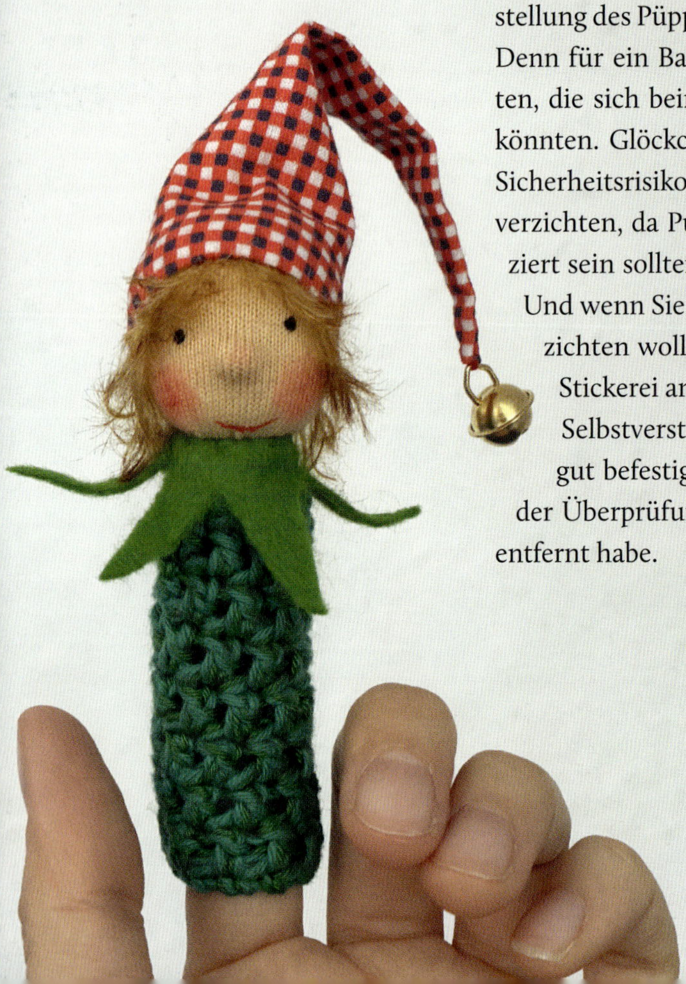

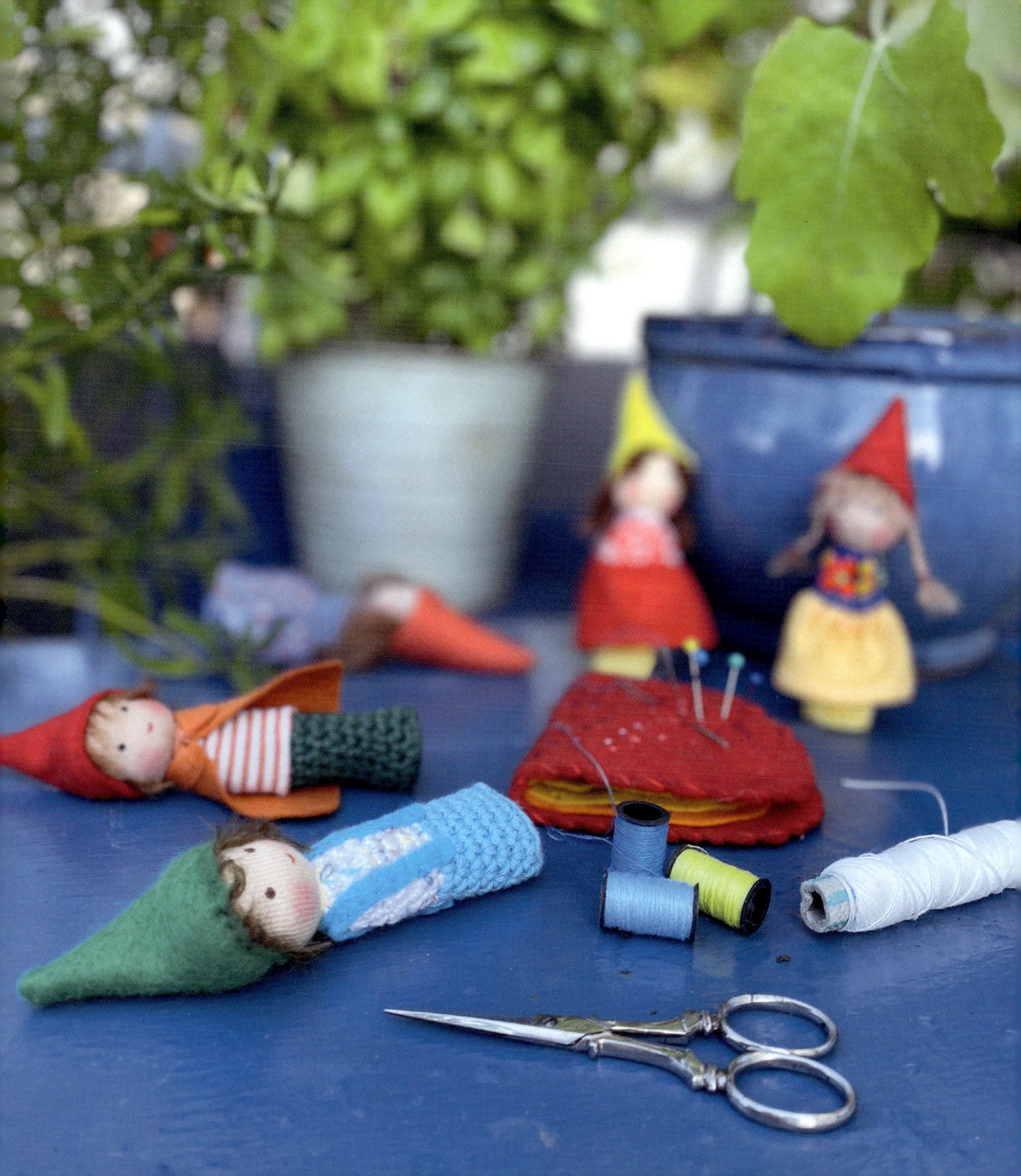

Grundlagen und Techniken der Handarbeit

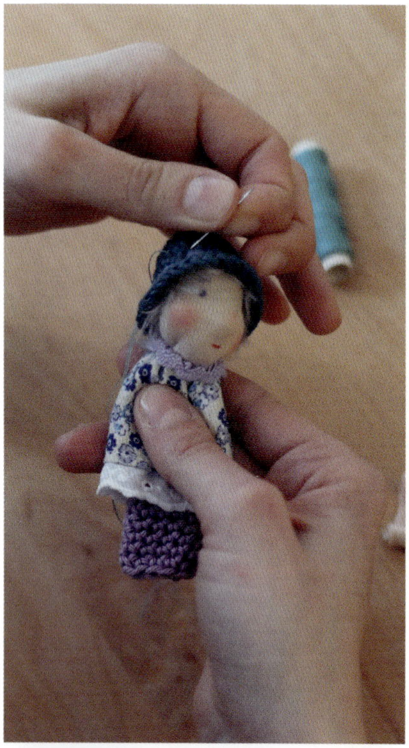

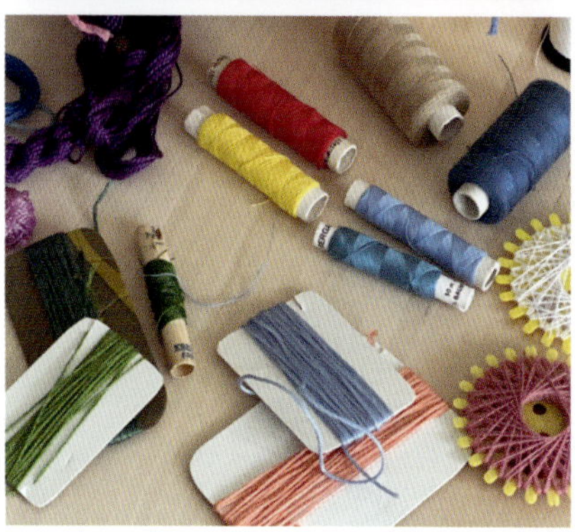

Nähen, häkeln, sticken – diese Handarbeiten kommen bei der Herstellung meiner Fingerpüppchen vor (als Alternative wird zudem gezeigt, wie Sie einen Puppenkörper auch stricken statt häkeln können). Es werden somit verschiedene, abwechslungsreiche Techniken angewendet. In meinen Anleitungen fange ich nicht bei null an zu erklären, wie Nähen, Häkeln, Stricken oder das Sticken geht, sondern setze voraus, dass Sie mit Nadel und Faden bereits umgehen können und auch die Grundtechniken des Häkelns kennen.
Falls Sie jedoch die Welt der Handarbeit neu betreten, so lassen Sie sich von den Begriffen und den Beschreibungen der Methoden nicht abschrecken! Es gibt viele Möglichkeiten, diese Grundlagen zu erlernen, und bestimmt findet sich die eine oder andere Person in Ihrem Familien- oder Freundeskreis, die Ihnen weiterhelfen kann. Auch gibt es tolle Bücher und ebenso informative Video-Tutorials im Internet, mit deren Hilfe Handarbeiten erlernt werden können. Und am Ende gilt auch hier: Übung macht den Meister.

Die folgenden Begriffe und Techniken des **Nähens** oder **Stickens** sollten Ihnen bekannt sein:

- Vernähen der Fäden des Häkelstücks
- Rück- bzw. Steppstich, Matratzenstich und Schlingstich
- die rechte und linke Stoffseite
- kräuseln, säumen, Naht versäubern oder absteppen

Bei den **Häkelanleitungen** bzw. der **gestrickten Anleitung** gehe ich davon aus, dass Sie die nachfolgenden Begriffe und Häkeltechniken bereits kennen und können:

- Luftmaschen anschlagen und Wendeluftmaschen häkeln
- feste Maschen, Stäbchen und Kettmaschen häkeln
- Maschen abnehmen
- rechte und linke Maschen stricken
- vorderes und hinteres Maschenglied
- Fadenring

Auf die folgenden **Häkelmuster** und **-techniken** gehe ich in den Anleitungen genauer ein, wobei ich auf die beim Häkeln oft genutzte Häkelschrift verzichtet und die Anleitungen als Text geschrieben habe:

- Spiralrunden (Grundanleitung, S. 36)
- Farbwechsel in Spiralrunden (Levi, S. 47f.)
- Maschen zunehmen / verdoppeln (Levi, S. 50)
- Reliefstäbchen häkeln (Opa auf S. 68)
- Büschelmaschen häkeln (Fritz der Clown, S. 71)
- abgeschlossene Runden häkeln (Kasperle Franz, S. 74, und Biene Bo, S. 86)
- Farbwechsel bei abgeschlossenen Runden (Kasperle Franz, S. 74, und Biene Bo, S. 86)
- Moss Stitch-Muster (Kasperle Franz, S. 75)
- Wellenmuster (Blumenmädchen Rosa-Lina, S. 93)
- Rippenmuster in Runden häkeln (Elfe Ona, S. 96)
- elastisch gehäkelter Körper in Reihen (S. 39f.)
- Rippenmuster im Nadelspiel stricken (S. 38)

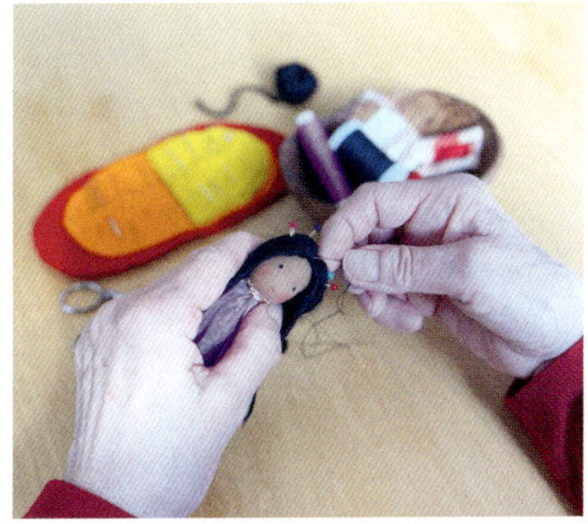

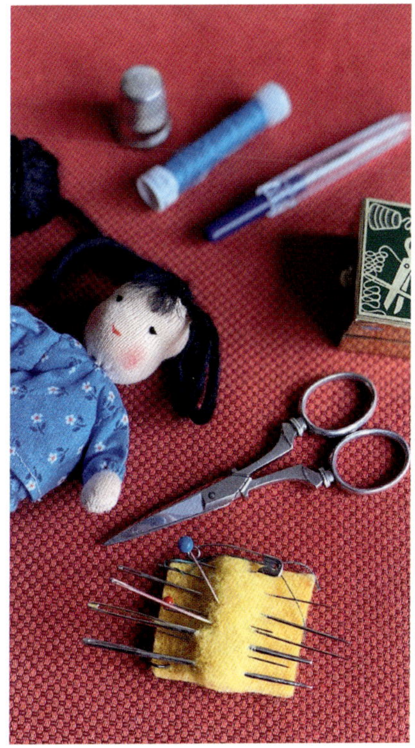

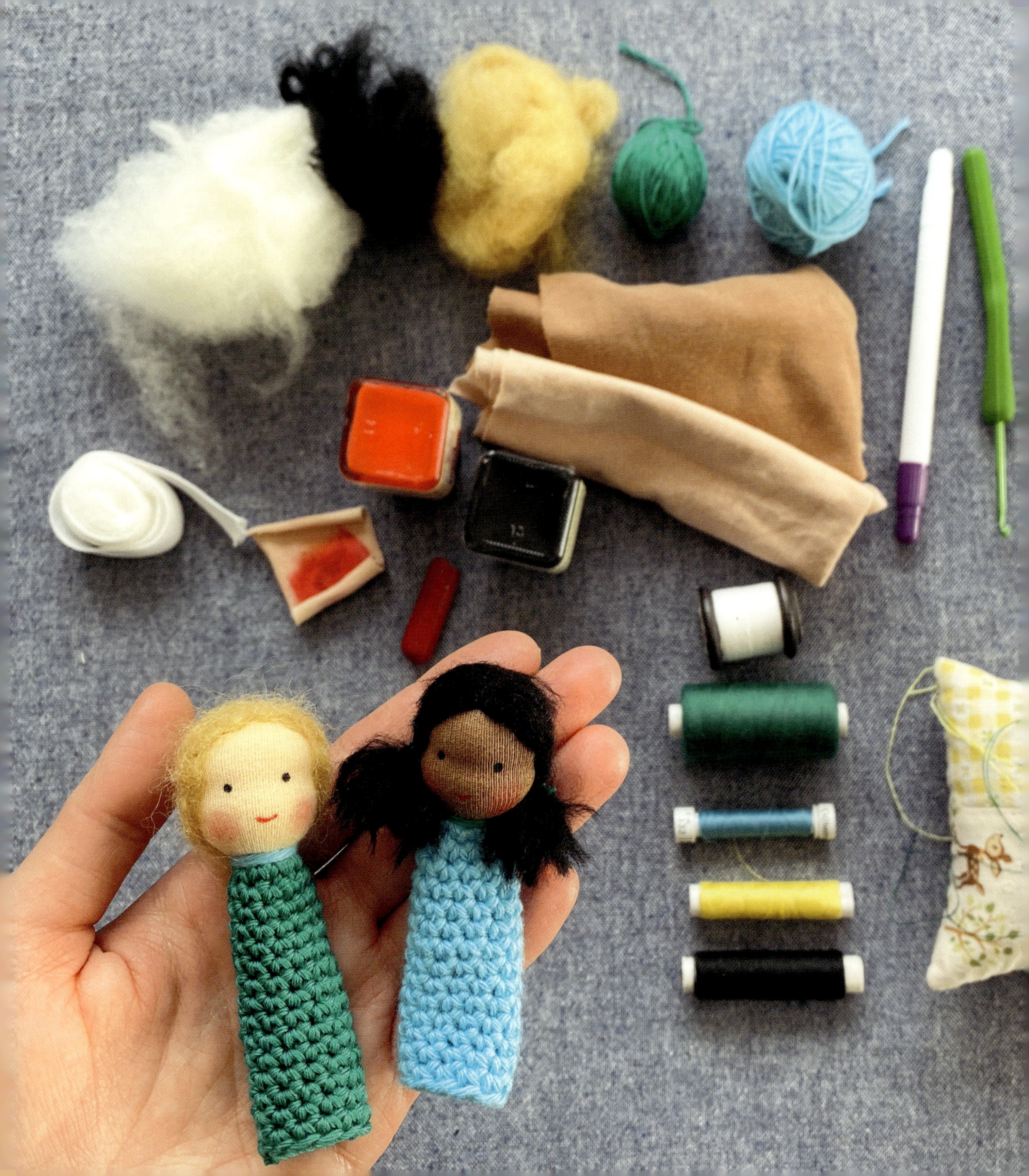

Ein Fingerpüppchen nähen
Grundanleitung

Auf den nächsten Seiten wird Schritt für Schritt erläutert, wie ein Fingerpüppchen hergestellt wird; die beiden Püppchen Aba und Ben dienen daher als Grundmodell. Wenn Sie mit den Arbeitsschritten und Techniken der Grundanleitung vertraut sind, können Sie auch die aufwendigeren Figuren ab S. 47 ausprobieren. Sie unterscheiden sich zum Beispiel durch Arme, andere Haare, Kopfbedeckungen, Kleidung oder weiteren Details.

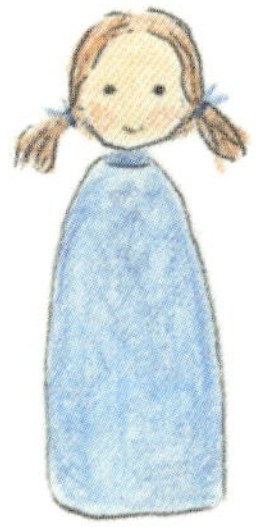

Größen und Materialverbrauch

Alle Fingerpüppchen werden in der gleichen Größe hergestellt. Kinder und Erwachsene unterschieden sich daher nur durch Details wie Bärte, Falten oder buschige Augenbrauen und nicht durch unterschiedliche Körpergrößen. Das heißt jedoch nicht, dass ein Fingerpüppchen nicht auch größer oder kleiner gefertigt werden kann, beispielsweise für einen kleinen Kinderfinger. Dann wird der Köper schmaler und kürzer gehäkelt und das Köpfchen entsprechend kleiner gemacht.
Die folgende Auflistung soll Ihnen zur Planung und zum Verständnis verschiedener Maßangaben und des Materialverbrauchs dienen (dabei handelt es sich um ungefähre Angaben).

Größen und Materialverbrauch

Größe der Puppe (fertiger Zustand):	9 cm
Höhe und Breite des Kopfes:	3 cm x 2,5 cm
Durchmesser des Kopfes:	2,5 cm
Umfang des Kopfes:	9 cm
Materialverbrauch Kopf:	2 g Stopfwolle
Schlauchverband:	11 cm
Länge x Breite des Körpers:	6–7 cm x 2,5–3 cm
Materialverbrauch Körper:	4–5 g Baumwoll-/Wollgarn

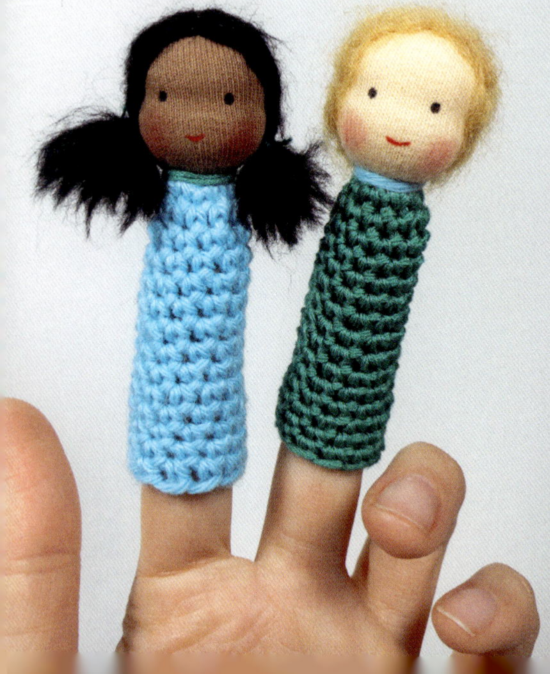

Der Kopf

Bei der Herstellung des Püppchens ist es sinnvoll, mit dem Kopf zu beginnen, denn es ist leichter, die Größe des Körpers auf den Kopf abzustimmen als umgekehrt. Für die Fertigung des Kopfes sollten Sie sich genügend Zeit und Ruhe nehmen, vor allem wenn Sie noch nicht so viel Übung darin haben, denn ein schöner Kopf ist sehr wichtig für den Ausdruck des Püppchens, damit es später nicht unförmig aussieht!

1. Stopfen: Binden Sie ein Ende des Schlauchverbands durch festes Umwickeln ab und verknoten bzw. vernähen Sie den Faden gründlich. Die überhängenden Fäden werden abgeschnitten, jedoch nicht zu knapp, damit es später nicht aufgeht.
Nun wird der Schlauchverband gewendet und mit Wolle zu einer Kugel gefüllt. Der Wollball sollte sich fest anfühlen; das heißt, wenn Sie hineindrücken, sollte nur wenig Widerstand sein. Binden Sie auch diese Seite des Schlauchverbands gut mit einem langen und stabilen weißen Garn ab und vernähen oder verknoten die Fäden. Einen der Fäden abschneiden und den anderen hängen lassen. Modellieren Sie die Kugel mit den Fingern oder den Handflächen zu einem ovalen Köpfchen **(Abb. 1)**.

2. Abbinden der Augenlinie: Den übrigen Faden in die Kopfmitte nähen und diese zwei Runden stramm umwickeln, sodass sich die Vertiefung für die Augen abbildet **(Abb. 2)**. Ist die Spannung zu stark, wird auch die Vertiefung der Augenlinie zu tief, und Sie müssen den Faden wieder etwas lockern und erneut binden. Achten Sie auch darauf, dass sich die Vertiefung in der Mitte des Köpfchens befindet. Sind Sie zufrieden **(Abb. 3)**, so vernähen Sie den Faden am Kopf.
Suchen Sie sich die schönste Seite des Köpfchens aus; dort wird später das Gesicht sein. Der überstehende Schlauchverband kann auf ca. 2–3 cm gekürzt und mit ein paar Stichen am Hinterkopf festgenäht werden **(Abb. 4)**.

Material & Werkzeug

- ungefärbte Schafwolle (ca. 2 g)
- Schlauchverband Nr. 2 (ca. 11 cm)
- hautfarbener Baumwolltrikot (11 x 6 cm)
- stabiles weißes Garn zum Abbinden
- Nähnadel
- für die Nase (optional): kleine Holzperle oder etwas Schafwolle

Tipp

Falls Sie erst später bemerken, dass die Augenlinie doch zu stark abgeschnürt ist, können Sie vor dem Annähen des Trikotstoffs ein bisschen Schafwolle darüberlegen.

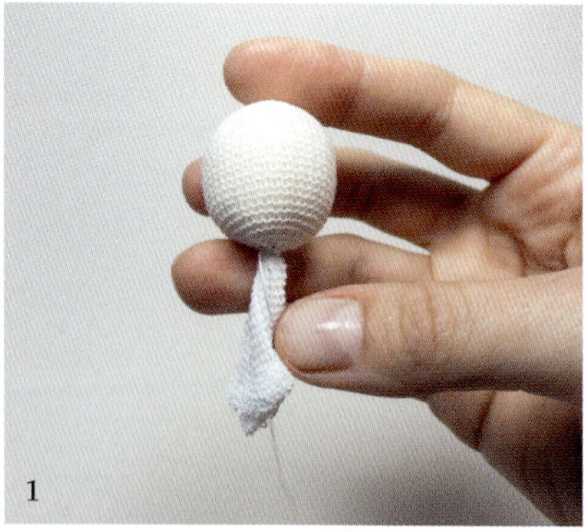
1

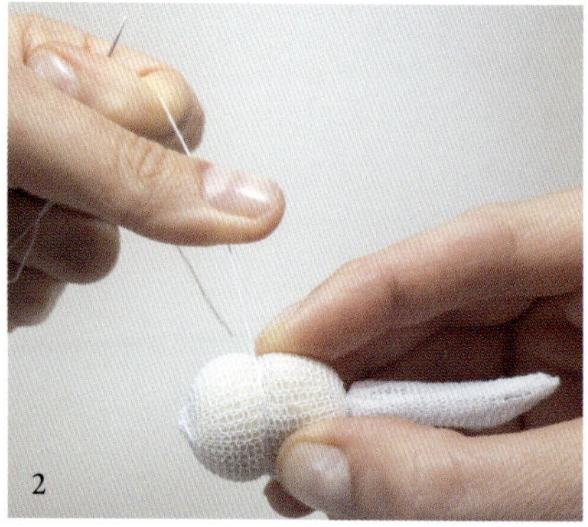
2

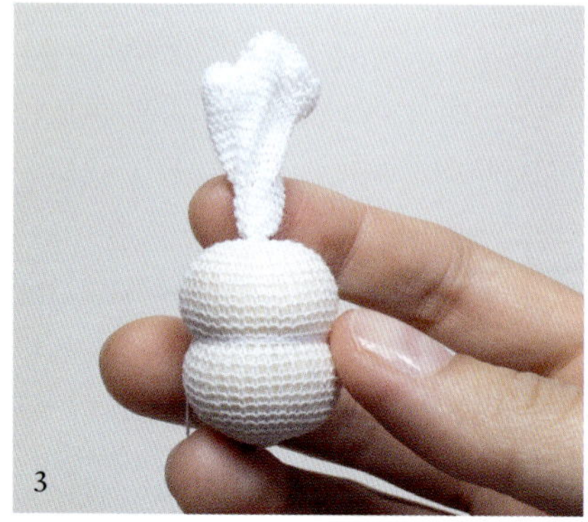
3

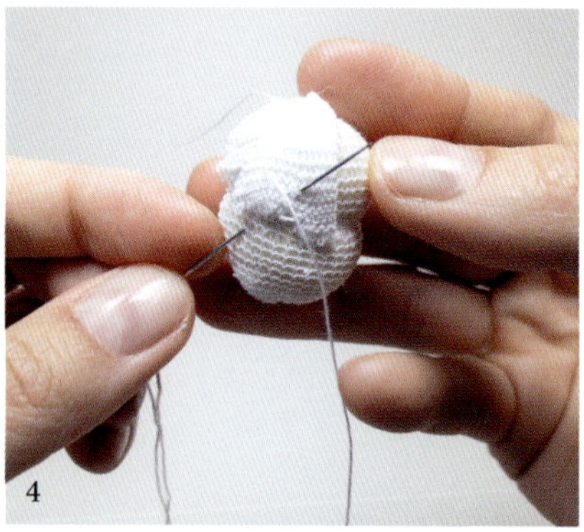
4

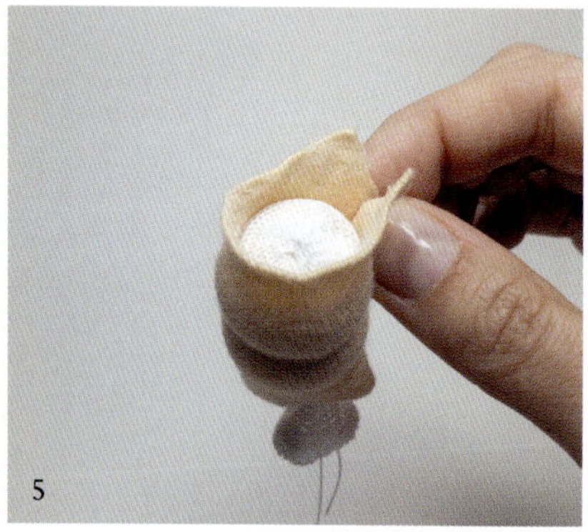
5

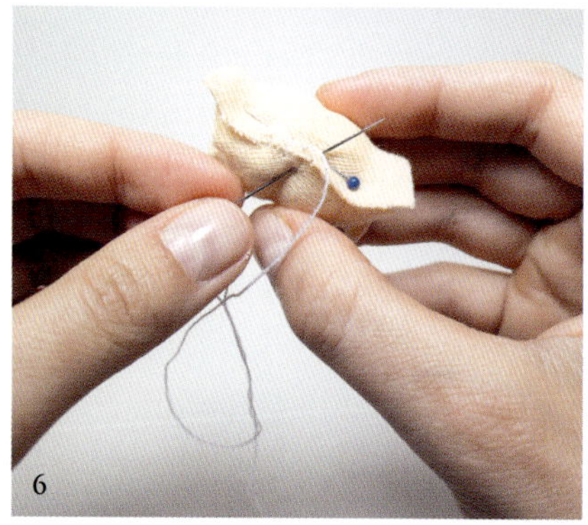
6

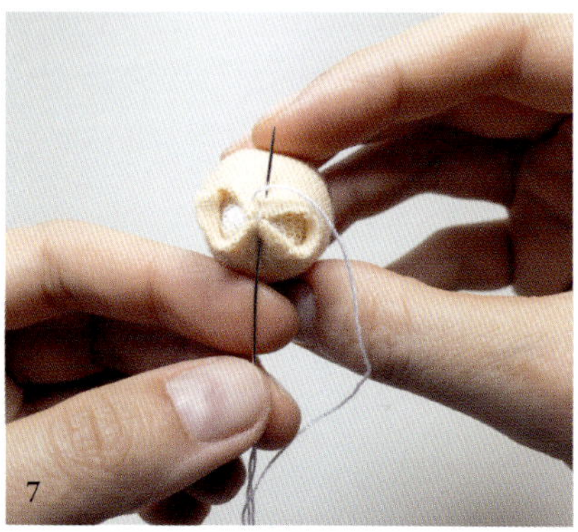
7

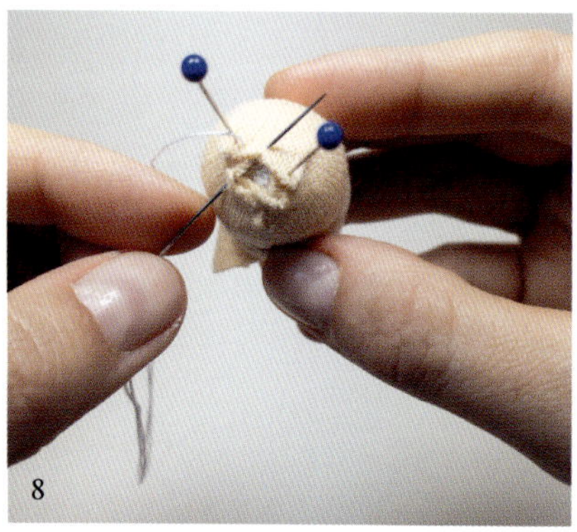
8

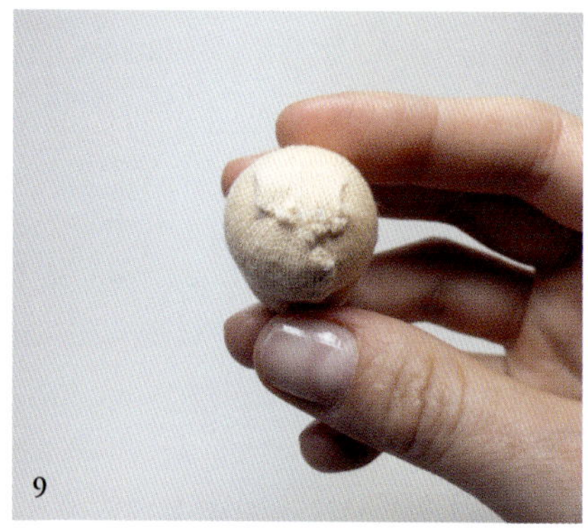
9

3. Nase (optional): Wenn Ihr Püppchen eine Nase bekommen soll, dann erfolgt dieser Schritt jetzt. Die Modellierung einer Nase können Sie z.B. bei der Beschreibung der Oma (S. 64) oder des Clowns (S. 70) nachlesen.

4. Beziehen mit Trikotstoff: Da nicht alle Trikotarten die gleiche Elastizität besitzen, kann ich hier keine genauen Maßangaben machen. Sie können die Stoffgröße jedoch einfach ermitteln, indem Sie Ihren Trikotstoff straff um den Kopf des Püppchens legen **(Abb. 5)**. Dabei unbedingt auf den Fadenlauf des Trikots achten: Die kleinen Rippen müssen senkrecht von oben nach unten verlaufen. An der Ober- und Unterkante des Kopfes sollte das Trikot etwa 5 mm überstehen und am Hinterkopf ebenso. Das Trikot wird vorne mittig auf das Gesicht gelegt, stramm zum Hinterkopf gezogen, dort mit einer Stecknadel fixiert und schließlich am Hinterkopf angenäht **(Abb. 6)**. Um oben und unten am Kopf eine faltenfreie Naht zu bekommen, wird der Trikotstoff von einer Ohrenseite zur anderen an der Kante mit ein paar Stichen mittig zusammengenäht **(Abb. 7)**. Die überstehenden Trikotfalten werden umgeschlagen, festgesteckt und angenäht **(Abb. 8 und 9)**. Der Kopf sollte nun einen Durchmesser von ca. 2,5 cm haben.

Augen und Mund

Mit der Gestaltung des Gesichtes wird das Fingerpüppchen zu einer kleinen Persönlichkeit. Dennoch sollten Sie der Figur bei der Gestaltung von Augen und Mund ein freundliches, eher zurückhaltendes Aussehen verleihen. So können Kinder ihrer Fantasie freien Lauf lassen und sich die Mimik und die Gefühle des Püppchens besser vorstellen. Wenn Sie noch keine Erfahrung mit dem Malen von Puppengesichtern haben, empfehle ich, auf einem Stück Trikotstoff oder am Hinterkopf des Püppchens das Malen vorab zu üben.

Material & Werkzeug

- Textilfarben für Augen und Mund
- Stecknadeln, Kreidestift oder Trickmarker, um Mund und Augen zu markieren
- Stecknadel mit kleinem silbernem Köpfchen
- dickere Nähnadel
- ggf. stabiles Nähgarn für Augenhöhlen
- Wachsmalfarbe, Buntstift oder Wangenrouge in Rot oder Rosa
- kleines Stück Trikotstoff

Tipp

Falls Ihnen die Augen etwas zu groß geraten sind, können Sie dies folgendermaßen korrigieren: Ziehen Sie die Augen, wie in Punkt 3 («Augenhöhlen») beschrieben, als Augenhöhlen etwas in den Kopf hinein. Durch den eingezogenen Trikot verkleinert sich das Auge wieder (Abb. 3).

1. Skizzieren: Die Augen liegen genau auf der eingezogenen «Augenlinie» und sollten zusammen mit dem Mund immer ein gleichschenkliges Dreieck bilden. Bestimmen Sie mithilfe von Stecknadeln, einem Kreidestift oder einem Trickmarker die richtige Position der Augen und des Mundes **(Abb. 1)**.

2. Mund: Beginnen Sie mit dem Malen des Mundes, da Sie gegebenenfalls die Stelle der Augen korrigieren können, falls der Mund beim Malen doch an einer Seite länger geworden sein sollte. Der Mund sollte ein kleines Lächeln andeuten.
Zum Malen wird mit der Nadelspitze einer Nähnadel ein wenig rote Stofffarbe aufgenommen und sorgsam die Kontur eines kleinen, zarten Mundes gezeichnet.
Wie ein Mund *gestickt* statt gemalt werden kann, ist beim Clown auf S. 70f. beschrieben.

3. Augenhöhlen (optional): In der Regel werden dem Fingerpüppchen keine Augenhöhlen genäht. Bei manchen Modellen kann es aber sinnvoll sein, z.B. bei einem Püppchen mit dunkler Hautfarbe, denn dabei kommen die Augen auf dem dunklen Stoff besser zur Geltung. Nehmen Sie dafür einen stabilen Faden in der Farbe der Augen und stechen, am Hinterkopf beginnend, nach vorne in ein Auge. Machen Sie einen kleinen Stich und nehmen dabei das Abbindegarn unter dem Trikotstoff mit und nähen zurück zum Hinterkopf. Den Schritt mit dem anderen Auge wiederholen. Wird jetzt an beiden Fadenenden gezogen, entstehen die Vertiefungen der Augenhöhlen. Anschließend die Fäden am Hinterkopf verknoten und vernähen.

4. Augen: Ein kleines silbernes Stecknadelköpfchen in Stofffarbe tauchen; darauf achten, dass Sie dabei nicht zu viel Farbe aufnehmen. Einen Punkt auf die Markierung des Auges tupfen und den Schritt bei dem anderen Auge wiederholen **(Abb. 2)**.

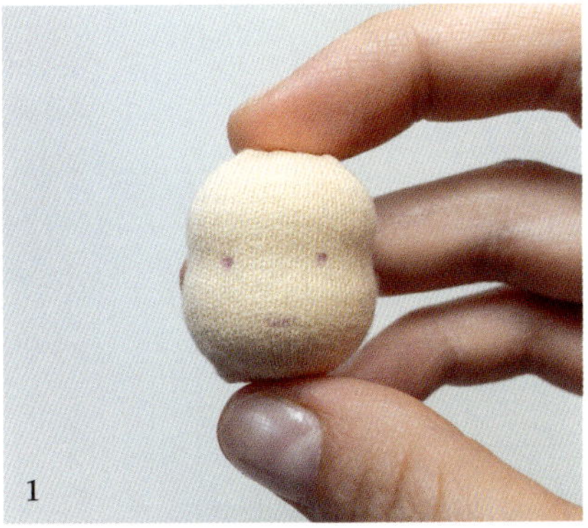

1

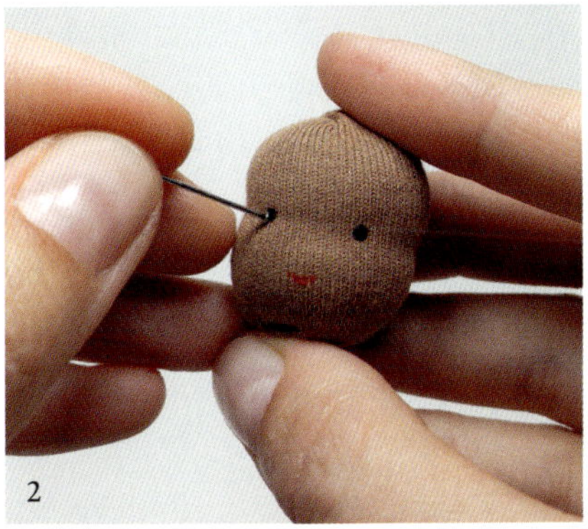

2

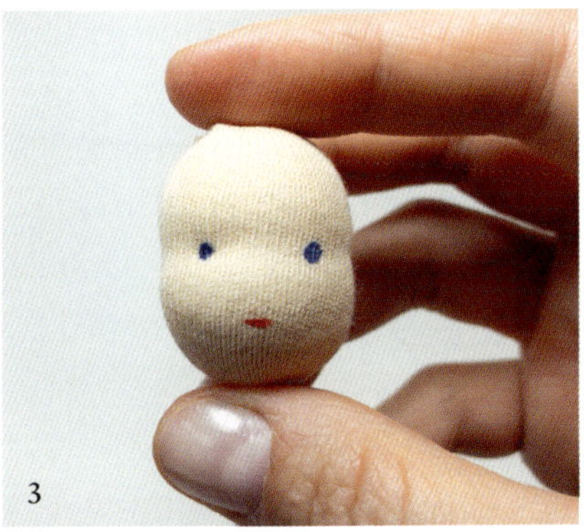

3

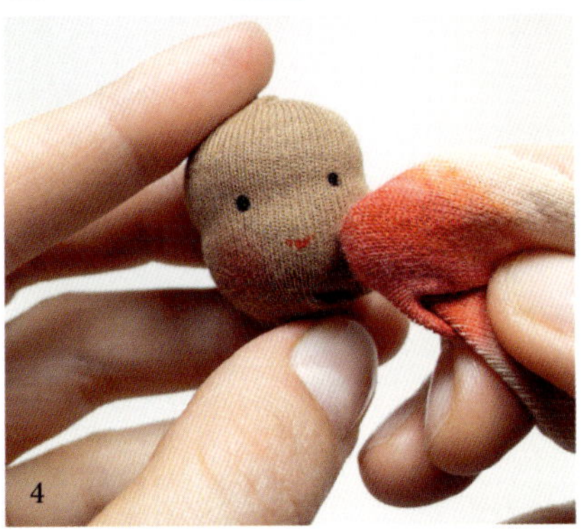

4

Wenn Ihnen die Augen zu klein oder nicht gleichmäßig erscheinen, tupfen Sie erneut etwas Farbe auf. Wichtig ist, dass beide Augen die gleiche Größe haben.

5. Trocknen lassen: Die Farben anschließend sehr gut trocknen lassen.

6. Rote Bäckchen: Das Wangenrot haucht einer Puppe sofort noch mehr Leben ein, und sie wirkt gleich viel frischer und lebendiger. Mit Wachsmalfarben ist die Farbe schnell und unkompliziert auf die Wangen aufgetragen. Jedoch müssen die Bäckchen immer wieder aufgefrischt werden, da sie mit der Zeit verblassen oder sich abreiben. Auf ein Stück Stoff wird mit einem sauberen Wachsmalstift oder -blöckchen die Farbe gleichmäßig aufgemalt und in sanften Kreisen auf die Wangen aufgetragen **(Abb. 4)**. Auch mit einem weichen, abgerundeten Buntstift können Sie vorsichtig Wangenrot in kreisenden Bewegungen auftragen. Achten Sie darauf, dass Sie nicht versehentlich Striche malen. Ebenso kann etwas Rouge mit einem trockenen Pinsel auf die Bäckchen aufgetragen werden.

Der Körper

Der Körper eines Fingerpüppchens sollte möglichst stabil sein, denn er gibt der Figur ihren Halt. Er muss bequem auf Kinder- wie auf Erwachsenenfingern sitzen und darf nicht zu eng, aber auch nicht zu locker sein, sodass mit dem Püppchen gut gespielt werden kann.
Ich nehme meist eine Häkelnadel der Stärke 2,5 mm und entsprechendes Baumwollgarn für den Körper, doch ebenso gut können auch Wolle, dickeres Garn oder zwei dünne Fäden zusammen gehäkelt werden. Je nachdem, wie Sie häkeln, fällt Ihre Arbeit möglicherweise etwas anders aus, sodass Sie die vorgeschlagenen Angaben nach eigenem Ermessen abwandeln können. Falls Sie sich unsicher sind, machen Sie eine Häkelprobe.
Beim Häkeln gibt es vielfältige Techniken und Muster. Da der Körper in der Grundanleitung einfarbig wird und auch keine Muster im Maschenbild hat, ist das Häkeln in Spiralen eine schnelle und zudem eine leichte Technik. Somit ist es gerade für Häkelanfänger gut geeignet. Weitere Techniken und Muster werden bei anderen Modellen ab S. 71 vorgestellt. Auf der folgenden Doppelseite werden zudem zwei Varianten für einen elastischen Körper beschrieben.

Material & Werkzeug

- Baumwollgarn oder Wolle in beliebiger Farbe für die Nadelstärke 2,5–3,5 mm
- Häkelnadel in der Nadelstärke 2,5 mm
- Stopfnadel

1. Fadenring: Bilden Sie einen Fadenring; dabei sollte das Fadenende ca. 12 cm lang sein, da der Faden später zum Fixieren des Kopfes genutzt wird. Häkeln Sie je nach Garnstärke oder Fingergröße etwa 12 feste Maschen in den Fadenring **(Abb. 1)**, ziehen Sie ihn anschließend zusammen. Variieren Sie die Anzahl der Anfangsmaschen für einen engeren oder weiteren Körper.

2. Spiralen häkeln: Ab jetzt wird immer weiter in Spiralen gehäkelt, bis der Körper ca. 6–7 cm lang ist, das entspricht je nach Häkelgarn ca. 13–15 Häkelrunden **(Abb. 2)**.

3. Beenden: Die Arbeit wird beendet und der Faden ca. 15 cm lang abgeschnitten und durch die letzte Masche gezogen.

4. Häkelkante: Um eine schöne Häkelkante zu erhalten, wird das Fadenende mit einer Stopfnadel in die übernächste Masche durch beide Maschenglieder von außen nach innen genäht **(Abb. 3)**. Kehren Sie anschließend zurück zu der von Ihnen zuletzt gehäkelten Masche und nähen von außen nach innen nur durch das innenliegende Maschenglied und den kleinen danebenliegenden Knoten **(Abb. 4)**. Ziehen Sie den Faden an, sodass die genähte Masche wie die restlichen Maschen der Häkelkante aussieht.

5. Faden vernähen: Das untere Fadenende auf der Innenseite des Körpers in Richtung Hals vernähen **(Abb. 5)**, sodass auch dieser Faden später zum Fixieren des Kopfes genutzt werden kann.

Tipps

Sollte der Körper einmal im Vergleich zum Kopf proportional zu lang geworden sein, können Sie das Ende entsprechend umklappen und mit ein paar Stichen festnähen.
Ist Ihnen der Körper zu kurz geraten, kann er im Nachhinein verlängert werden, indem Sie noch weitere Reihen anhäkeln.

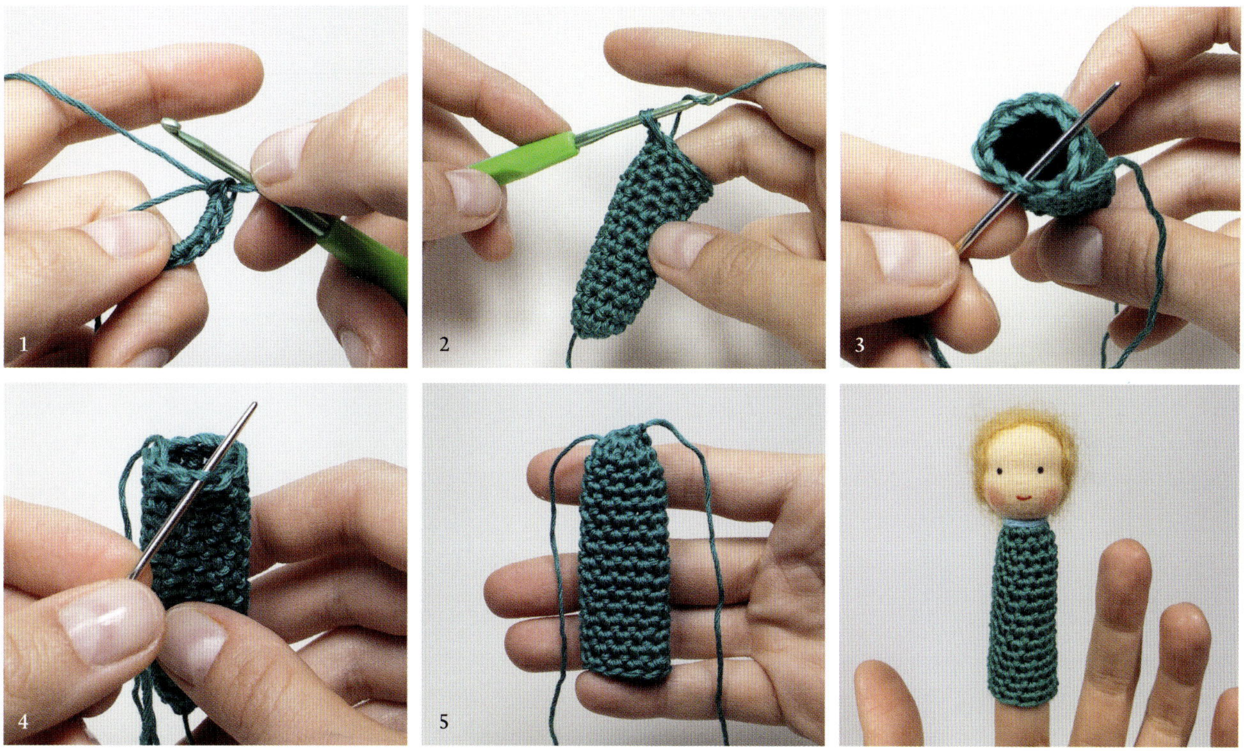

Varianten: Elastische Körper

Ich bevorzuge es, den Körper der Püppchen in Runden zu häkeln; allerdings entsteht dadurch kein elastisches Gewebe. Falls Sie lieber einen elastisch gehäkelten Körper machen möchten, können Sie ihn zum Beispiel nach einer der beiden folgenden Anleitungen herstellen.

Material & Werkzeuge

- Baumwollgarn oder Wolle in beliebiger Farbe
- Nadelspiel mit 4 Stricknadeln der Stärke 2,5-3,5 mm (1. Variante) oder Häkelnadel in Stärke 2,5 (2. Variante)
- Stopfnadel

1. Variante: Gestrickter Körper

Hier stelle ich eine Variante für einen gestrickten Körper im Rippenmuster vor; dieses Muster macht das Strickgewebe etwas dicker, gleichzeitig erhöht sich die Elastizität. Wird der Körper als Schlauch mit einem Nadelspiel gestrickt, entsteht beim Stricken keine sichtbare Naht. Wie beim gehäkelten Körper wird von unten zum Hals hinauf gearbeitet. Auch beim Stricken gilt: Experimentieren Sie mit verschiedenen Mustern und Techniken!

Hinweis

Die Körper der beiden Püppchen sind nach den zwei Varianten gearbeitet: gestrickt (links), elastisch gehäkeltes Rippenmuster (rechts).

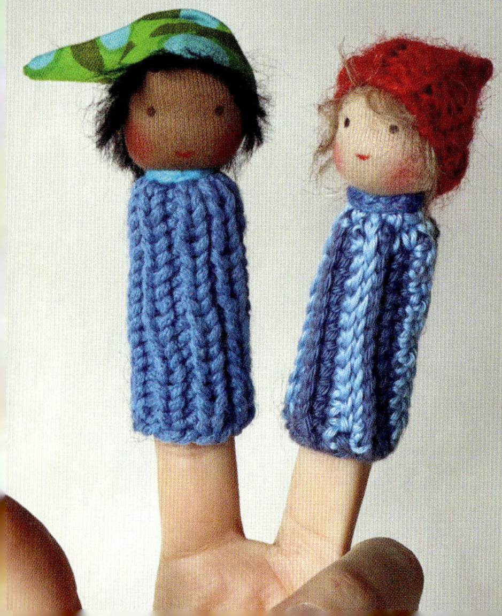

1. Maschen anschlagen und verteilen: 16 Maschen anschlagen; darauf achten, dass ein langer Faden für das spätere Nähen hängen bleibt. Die Maschen so auf den drei Nadeln des Nadelspiels verteilen, dass immer eine gerade Zahl auf den Nadeln liegt (z.B. 1 x 4 und 2 x 6 Maschen). Möchten Sie den Körper dicker bzw. schlanker stricken, können Sie ein paar Maschen mehr oder weniger anschlagen.

2. Runden stricken: Beim Rippenmuster wird abwechselnd 1 Masche rechts und 1 Masche links gestrickt. Insgesamt so lange wiederholen **(Abb. 1)**, bis das Strickstück die gewünschte Länge erreicht hat (ca. 18 Runden).

3. Maschen abnehmen: Für den Hals wird die Maschenanzahl reduziert, indem 2 Runden je 2 Maschen rechts zusammengestrickt werden, bis insgesamt nur noch 4 Maschen übrig sind.

4. Vernähen: Den Faden mit 10 cm Länge abschneiden und mit einer Stopfnadel durch die restlichen Maschen ziehen, die Stricknadeln herausziehen und die Maschen zusammenziehen. Den Faden vernähen.

2. Variante: Elastisch gehäkelter Körper in Reihen

Man kann den Körper auch als elastisches Häkelstück anfertigen. Statt in Runden wird in mehreren Reihen gearbeitet, die zuletzt zusammengehäkelt werden. Die Reihen so breit häkeln, wie der Körper später hoch sein soll; es entsteht ein vertikales Rippenmuster, das auch mehrfarbig gehäkelt werden kann (s. Foto S. 38).

1. Luftmaschenkette: Mit einem langen Anfangsfaden eine Luftmaschenkette mit ca. 15 Luftmaschen anschlagen. Zusätzlich 1 Wendeluftmasche dazuhäkeln. Die Luftmaschenkette mit festen Maschen entlanghäkeln und die Reihe wieder mit 1 Wendeluftmasche beenden.
2. Rippenmuster: Ab jetzt alle Maschen der Reihen nur ins hintere Maschenglied häkeln, jede Reihe mit 1 Wendeluftmasche beenden. So entsteht das Rippenmuster **(Abb. 2)**. Insgesamt häkeln Sie 5–6 Reihen, je nachdem wie breit der Körper zuletzt werden soll.
3. Zusammenhäkeln: Das Häkelstück zusammenfalten und die beiden einander gegenüberliegenden Maschen der Kanten mit lockeren Kettmaschen zusammenhäkeln **(Abb. 3)**. Alternativ können sie auch zusammengenäht werden.
4. Halsöffnung: Um die Öffnung 1 Runde feste Maschen häkeln. Um die Öffnung schmaler werden zu lassen, werden Maschen zusammengehäkelt: In die Einstichstelle einstechen, den Faden holen, jedoch noch nicht abhäkeln, sodass die beiden Schlingen auf der Häkelnadel liegen bleiben. Erneut in die nächste Einstichstelle an der Halsöffnung stechen, den Faden holen und nun alle 3 Schlingen zusammen abhäkeln **(Abb. 4)**. Diese Schritte wiederholen, bis 1 Runde gehäkelt ist. Den Faden nicht zu kurz abschneiden und durch die Schlinge ziehen. Die kleine Öffnung am Hals entweder mit ein paar Stichen zunähen oder später durch den Kopf verschließen.
5. Faden vernähen: Der Anfangsfaden liegt entweder oben an der Halsöffnung oder an der unteren Öffnung. Im letzteren Fall nähen Sie ihn mit einer Stopfnadel in Richtung Hals und fixieren ihn mit ein paar Stichen. Er wird später zum Fixieren des Kopfes genutzt.

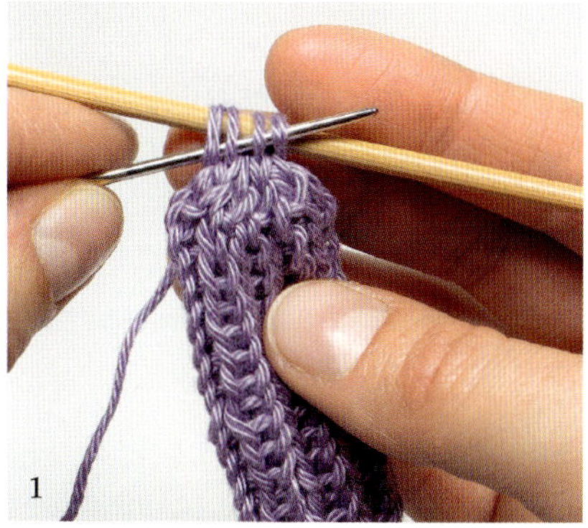
1

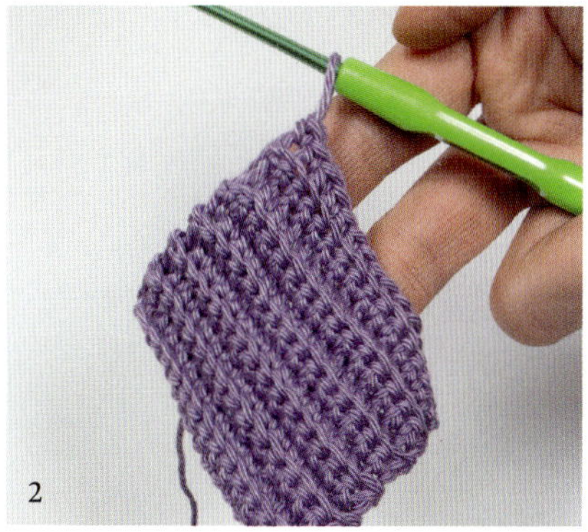
2

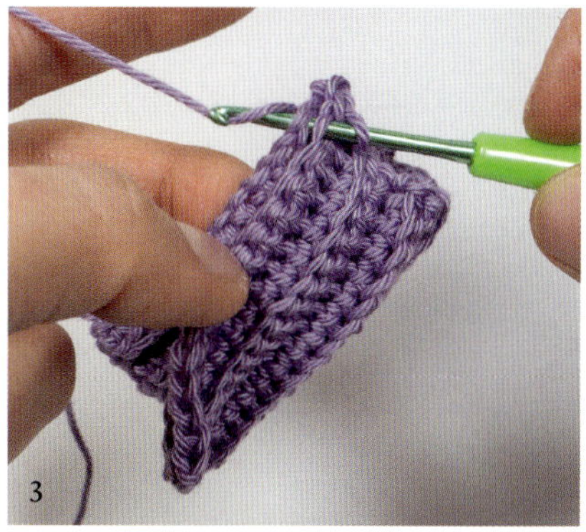
3

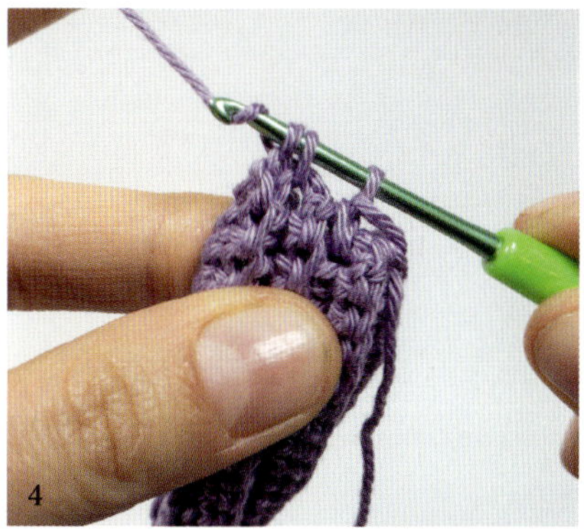
4

Hals und Kragen

Der Kopf wird an den Körper genäht, anschließend wird der Hals geformt und mit einem Kragen versehen. Der Kragen dient dabei nicht nur als schmückendes Element, er kaschiert auch eventuell sichtbare Nähte und Fäden und stabilisiert.

Material & Werkzeug

- Nähnadeln in verschiedenen Stärken
- stabiler Zwirn in der Farbe des Körpers
- Baumwollgarn für den Kragen
- evtl. Zange

1. Kopf fixieren: Die beiden Fadenenden des Körpers werden quer durch den Kopf genäht, wobei ein Faden rechts und der andere links am Oberkopf herauskommt **(Abb. 1)**. Mithilfe einer Zange geht dieser Schritt meist leichter.
Ziehen Sie die Fäden an, damit der Kopf fest auf dem Körper sitzt; darauf achten, dass er mittig und gerade auf dem Körper positioniert ist. Beide Fäden miteinander verknoten, sie anschließend quer durch den Hinterkopf nähen und abschneiden **(Abb. 2)**.

2. Kopf annähen: Kopf und Hals werden mit stabilem Garn mit dem Matratzenstich zusammengenäht **(Abb. 3)**. Achten Sie darauf, dass Sie am Kopf nicht nur durch den Trikotstoff, sondern auch in die Wollfüllung nähen. Ziehen Sie den Faden immer wieder gut an, damit das Köpfchen später nicht zu locker am Körper sitzt. Auch beim Annähen darauf achten, den Kopf gleichmäßig anzunähen, damit er später nicht an einer Seite schief sitzt. Der gehäkelte Fadenring sollte vom aufgenähten Kopf bedeckt und nicht mehr zu sehen sein.
Falls doch beim Annähen Ungleichmäßigkeiten entstanden sind, können Sie eine zweite Runde nähen, um es auszugleichen.

3. Hals formen: Wickeln Sie den Faden zwei- bis dreimal stramm zwischen Kopf und Körper, sodass sich ein schöner Hals bildet **(Abb. 4)**. Der Faden wird vom Nacken zum Hinterkopf genäht, dort vernäht und abgeschnitten.

4. Kragen: Für einen einfachen und schlichten Kragen nehmen Sie ein Baumwoll- oder Wollgarn und wickeln es, je nach Stärke des Garns, ein paar Mal um den Hals der Puppe **(Abb. 5)**. Ein fester Knoten im Nacken fixiert den Kragen, und die Fadenenden werden am Ober- oder Hinterkopf vernäht und abgeschnitten **(Abb. 6)**. Falls es Ihnen notwendig erscheint, können Sie mit einem gleichfarbigen Garn und kleinen, feinen Stichen den Kragen festnähen.

Tipp

Wenn der Halsansatz doch eine sichtbare Falte zeigt, kann sie mit ein paar Stichen in Richtung Hinterkopf genäht werden. Auch durch den Kragen können sichtbare Nähte oder Falten am Hals kaschiert werden.

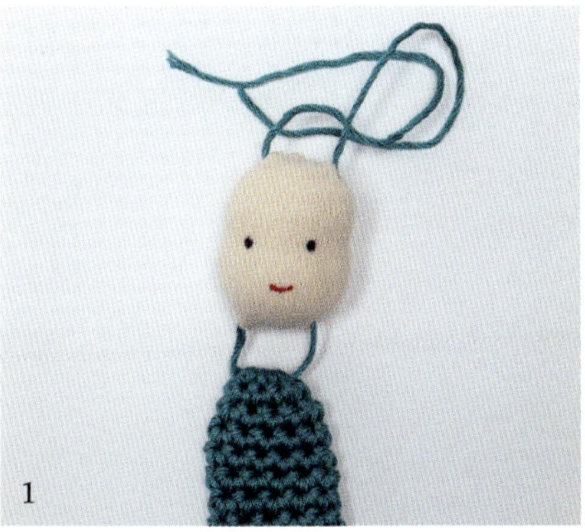
1

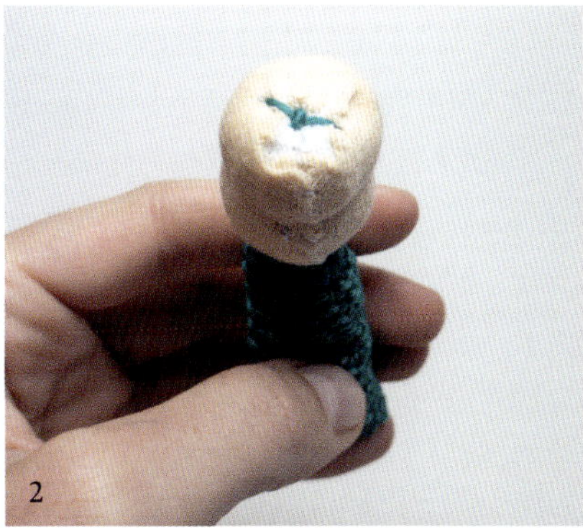
2

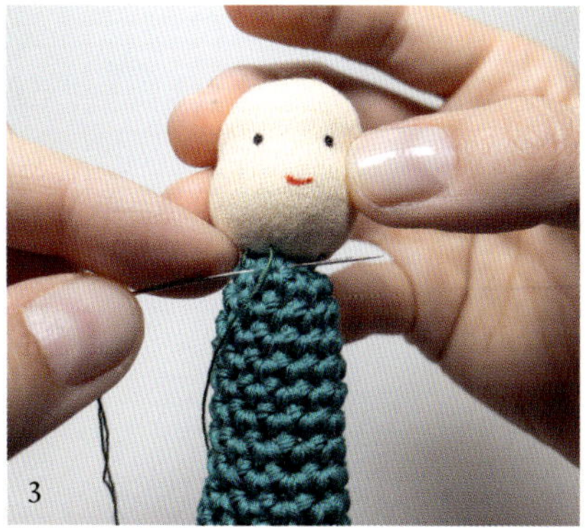
3

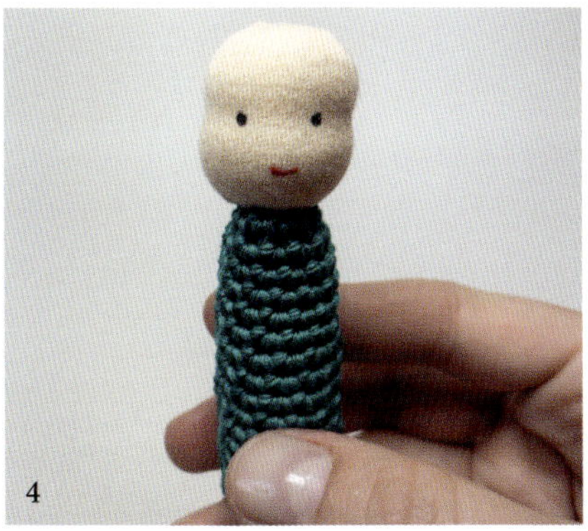
4

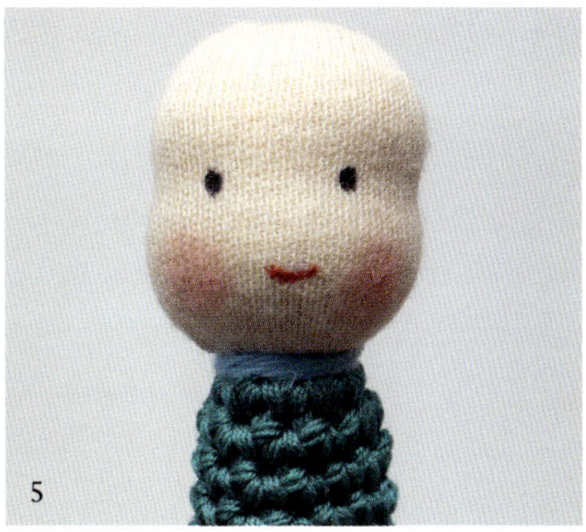
5

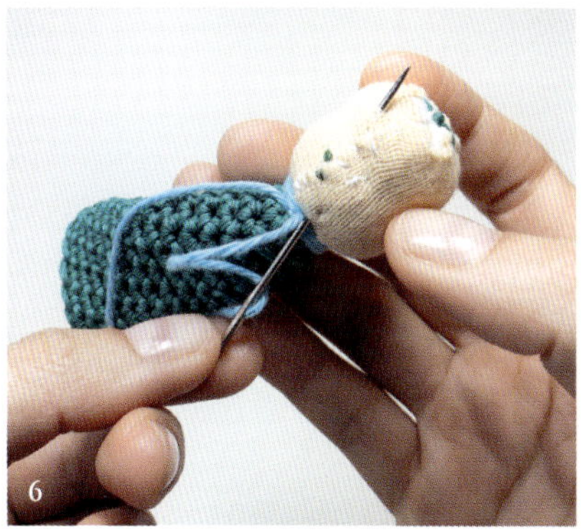
6

Haare

Der letzte Arbeitsschritt ist die Herstellung der Kopfbedeckung in Form von Haaren, einer Mütze, einem Hut o.Ä. Es gibt viele Möglichkeiten, die Haare zu machen; durch die Wahl der Farbe und der Frisur entstehen ganz unterschiedliche Figurentypen. Eine recht einfache Methode sind aufgenähte Haare aus Schaf- oder Märchenwolle. Damit können Kurz- und Langhaarfrisuren gestaltet werden; beides wird hier vorgestellt.

Material & Werkzeuge

- Schafwolle/Märchenwolle in einer Haarfarbe
- Nähgarn in der Farbe der Wolle
- Nähnadel
- Stecknadeln

Kurze Haare: Legen Sie einen etwas auseinandergezupften Wollstrang um den Kopf und fixieren Sie das Haar mit ein paar Stecknadeln auf dem Kopf **(Abb. 1 und 2)**. Darauf achten, dass der darunterliegende Trikotstoff durch die auseinandergezupfte Wolle gut bedeckt und nicht sichtbar ist. Das Haar wird mit vielen kleinen, feinen Stichen auf dem Kopf angenäht **(Abb. 3)** und der Faden anschließend möglichst unsichtbar unter der Frisur vernäht. Wenn der Trikotstoff am Kopf noch zu sehen ist, nehmen Sie erneut einen kleinen Wollstrang, legen ihn auf und nähen ihn fest. Ebenso vorgehen falls das Haar zu dünn oder platt auf dem Kopf aufliegt. Sollten Stiche vom Nähen sichtbar sein, können Sie etwas Wolle mit der Nadelspitze darüberkämmen **(Abb. 4)**. Wenn Sie Ponyfransen für die Figur möchten, legen Sie zuerst einen kurzen Wollstrang von der Stirn zum Oberkopf und nähen ihn fest. Die restliche Wolle wird, wie oben beschrieben, auf den Kopf gelegt und angenäht.

Lange Haare: Bei einer Langhaarfrisur werden längere Wollsträhnen auf dem Kopf drapiert, mit Stecknadeln festgesteckt **(Abb. 5)** und wie bei den kurzen Haaren festgenäht **(Abb. 6)**. Anschließend können Sie das Haar frisieren, zum Beispiel Zöpfe binden **(Abb. 7)**, flechten **(Abb. 8)**, einen Dutt formen oder das Haar offen lassen. Ein Mittelscheitel entsteht, indem Sie am Ende nochmals eine Schicht Wolle von rechts nach links legen und sie mit kleinen Stichen am Scheitel entlang annähen **(Abb. 9)**.

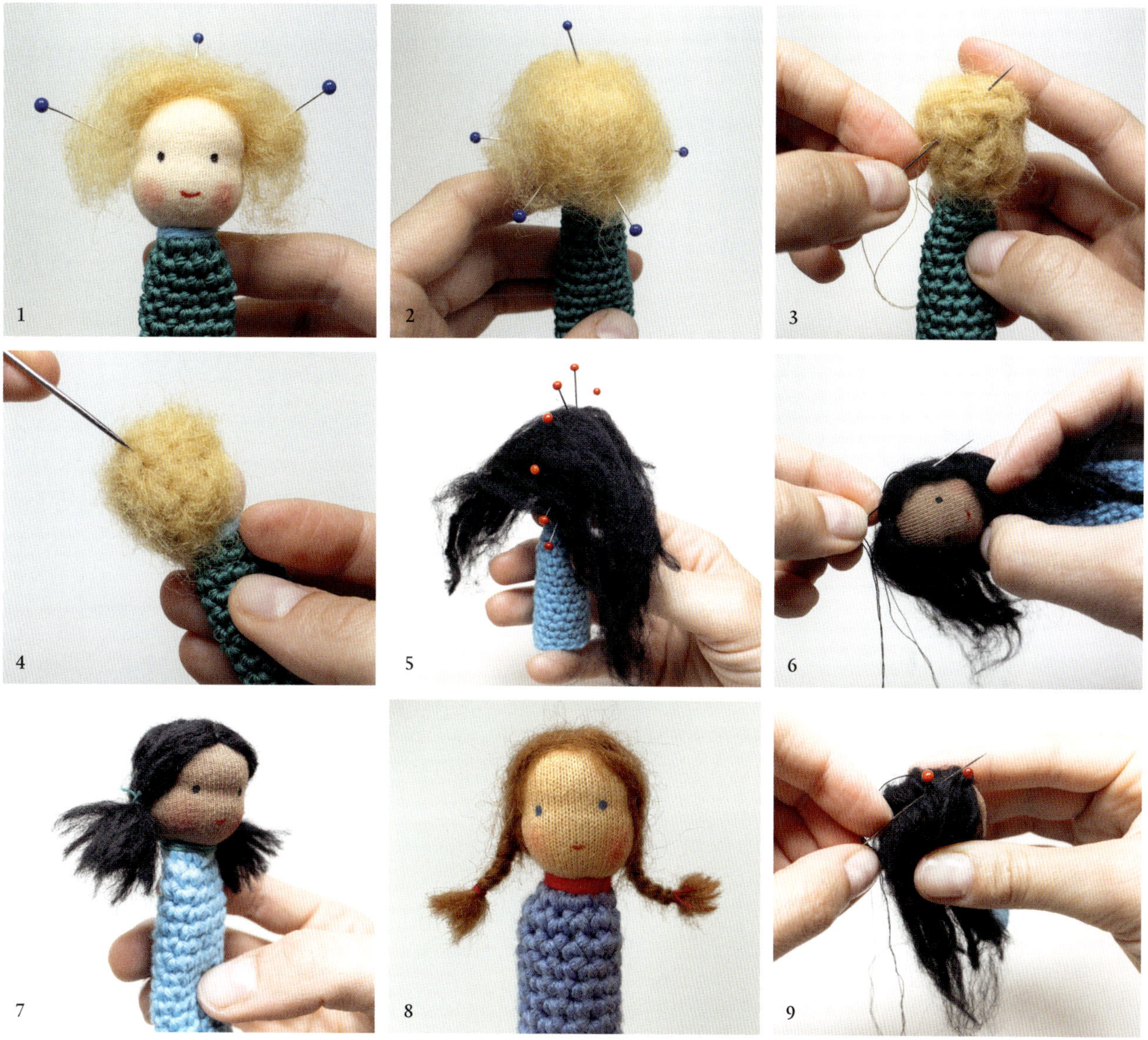
1
2
3
4
5
6
7
8
9

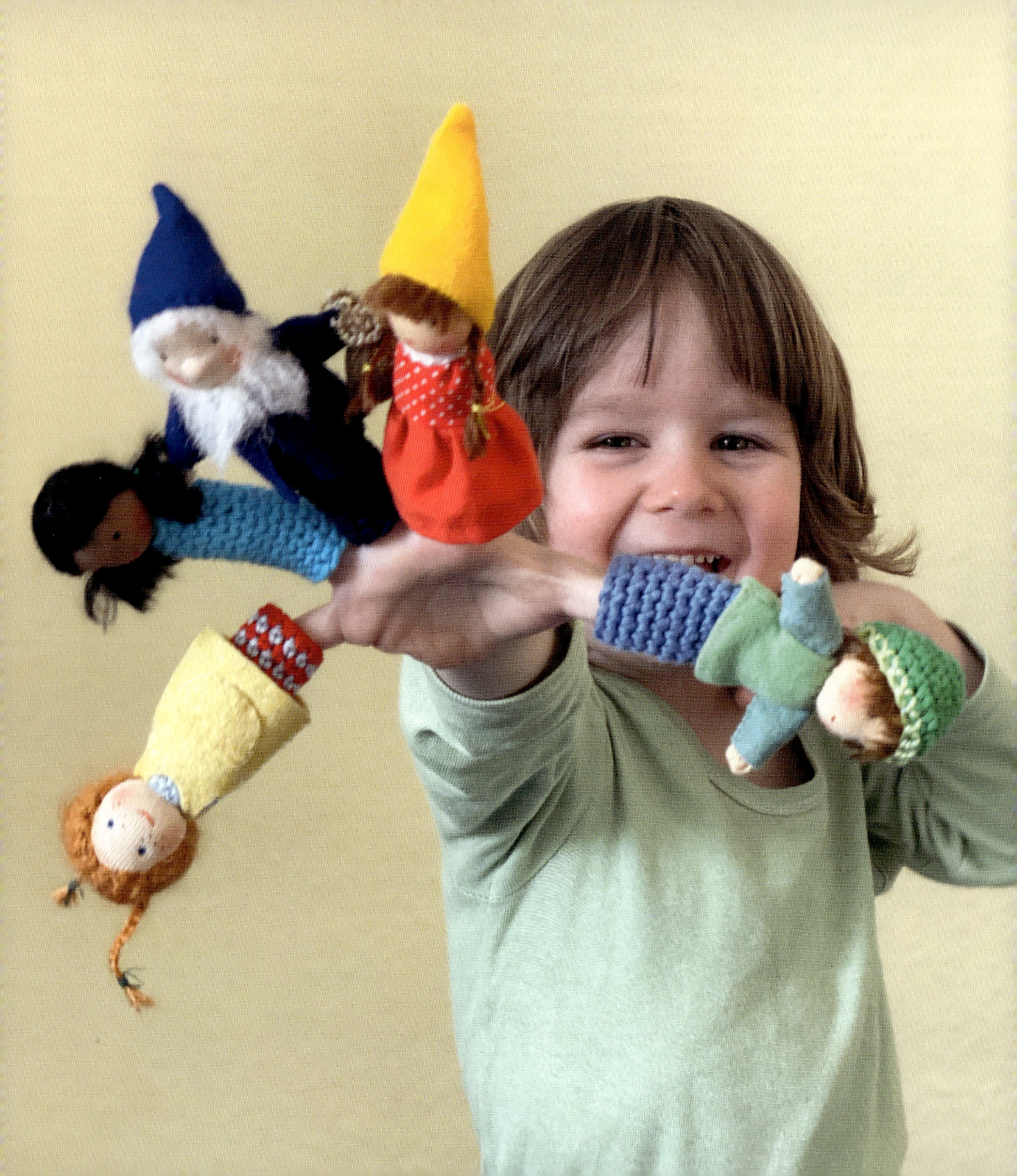

Noch mehr Fingerpuppen

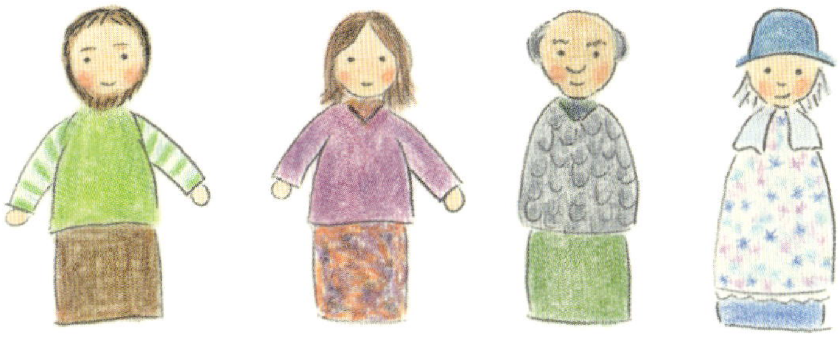

Kleidung, Mützen, Umhänge, Haare oder Bärte – das Aussehen der Fingerpuppen kann vielfältig und nach eigenen Vorlieben gestaltet und mit hübschen Details ausgeschmückt werden. Auf diese Weise entstehen viele kleine Figuren, die sich in ihrem Stil ähneln, doch wird kein Püppchen mit einem anderen identisch sein, und alle haben ihren ganz eigenen, individuellen Charakter.

Auf den nachfolgenden Seiten zeige ich, wie Sie weitere, ganz unterschiedliche Fingerpuppen herstellen können und dadurch eine Sammlung vielfältiger Charaktere erhalten. Mit den Figuren erweitern sich auch die benötigten Materialien, und teilweise sind auch zusätzliche Handarbeitstechniken erforderlich, die bei den jeweiligen Püppchen erläutert werden.

Seien Sie bei der Gestaltung Ihres Fingerpüppchens experimentierfreudig! Behalten Sie jedoch auch im Hinterkopf, dass gerade für die ganz kleinen Kinder einfache Puppen aus belastbarem Material oft geeigneter sind als detailliert ausgeschmückte. Zumal fein ausgearbeitete Details in den forschenden Händen kleiner Kinder schneller kaputtgehen können. Und auch die einfach gearbeiteten Puppen sind sehr wertvoll für Kinder, da sie die Fantasie auf einzigartige Weise fördern!

Zur Gestaltung von Kinder- und Erwachsenenpuppen

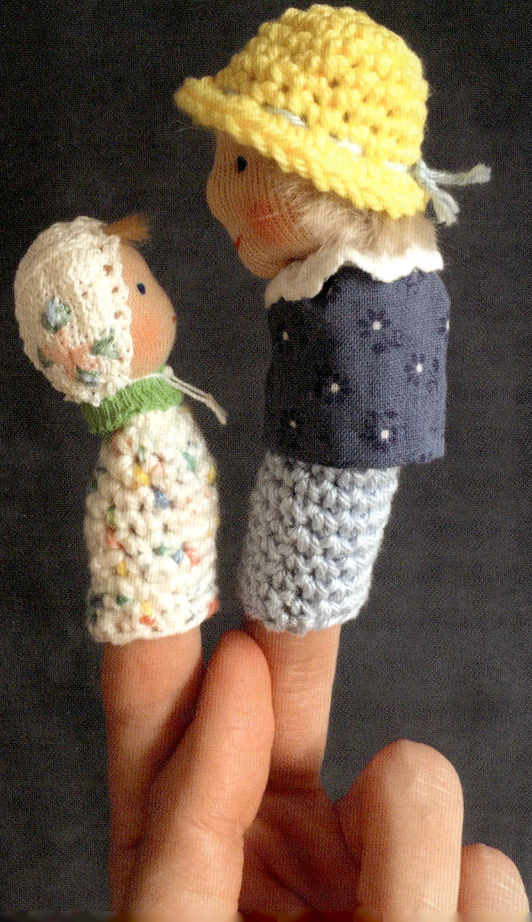

Auf den folgenden Seiten stelle ich zunächst zwei Kinderfiguren vor, den Jungen Levi und das Mädchen Nelly, danach wird die Herstellung mehrerer Erwachsenenfiguren beschrieben (ab S. 56).
Die Puppen erwachsen wirken zu lassen, ist gar nicht so einfach, denn das runde Gesicht und die Proportionen lassen sie eher kindlich aussehen. Ich versuche daher, den «Erwachsenencharakter» durch Frisur, Bart, Augenbrauen oder eine Nase zu betonen, und überlasse den Rest der Fantasie der Kinder.
Älteren Figuren wie etwa Oma oder Opa können stärkere Gesichtszüge gegeben werden; diese entstehen durch Abbinden oder Aufnähen von etwas Schafwolle. Ebenso kann eine Nase bei einem Püppchen den Charakter unterstreichen, gerade wenn es sich um eine Figur mit einem starken Ausdruck handelt. Möchten Sie hingegen einem Puppenkind ein Näschen machen, dann sollte dies immer zart und klein angedeutet werden und somit eher einer Stupsnase ähneln.

Junge Levi

Der kleine Junge Levi trägt ein oranges Oberteil und darüber eine blaue Latzhose. Unter seiner bunt melierten Mütze guckt frech das blonde Haar hervor.
Ich habe seinen Körper zweifarbig gehäkelt und anschließend den Hosenlatz und die Träger aufgehäkelt. Levis Haar ist aus blondem Mohairstoff.

Zusätzliches Material

- 2 Garne in verschiedenen Farben für Oberteil und Hose
- Mohairstoff für die Haare (ca. 1 x 9 cm breit)
- Garn für die Mütze

Kopf und Gesicht

Stellen Sie den Kopf und das Gesicht des Jungen nach der Grundanleitung her.

Körper mit Latzhose

Der Körper wird, wie in der Grundanleitung beschrieben, in Spiralrunden gehäkelt.
1. Oberteil: Häkeln Sie etwa 4 Runden in der Farbe des Oberteils.

2. Hose: Wechseln Sie die Farbe für die Latzhose. Damit Sie die beim Farbwechsel entstehenden Fäden von Oberteil und Hose später nicht vernähen müssen, können Sie diese in der 1. Runde der neuen Farbe mit einhäkeln.
Den Körper nach etwa 9 Reihen beenden und das Fadenende, wie im Grundmodell beschrieben, vernähen.

3. Latz: Beim Farbwechsel in Spiralen entsteht ein kleiner Versatz **(Abb. 1)**; um ihn zu kaschieren, wird der Latz der Hose darübergehäkelt. Häkeln Sie auf die dort liegenden Maschenglieder des Körpers 4 feste Maschen und 1 zusätzliche Wendeluftmasche **(Abb. 2)**. Die Arbeit wenden und weitere 2 Reihen mit jeweils 1 Wendeluftmasche häkeln. Nun das Garn

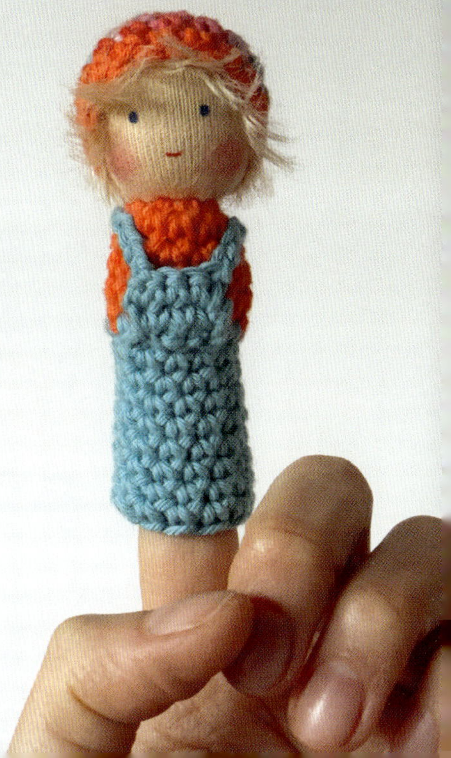

abschneiden, dabei einen langen Endfaden (ca. 25 cm) hängen lassen, aber nicht durch die Schlinge ziehen, da später daraus einer der Träger der Latzhose gehäkelt wird. Anschließend den Anfangsfaden auf der Innenseite des Latzes vernähen. Auf die gleiche Weise auf der Rückseite des Körpers einen zweiten Latz an den Körper häkeln **(Abb. 3)**.

4. Kopf aufnähen: Der Kopf wird, wie im Grundmodell beschrieben, an den Körper genäht (siehe S. 40). Einen Kragen hat die Figur nicht.

5. Hosenträger: Mit den liegen gebliebenen Endfäden je einen Hosenträger aus ca. 6 Luftmaschen häkeln **(Abb. 4)**. Überprüfen Sie die Länge der Träger, sie führen am Hals entlang zum jeweils anderen Latz. Stimmt die Länge, beenden Sie die Luftmaschenkette und nähen die Träger mit dem Endfaden am Latz fest.
Damit die Träger nicht verrutschen, können Sie sie mit ein paar Stichen am Körper annähen **(Abb. 5)**.

Tipp

Um mehr Haarfülle zu erhalten, können auch zwei Streifen aufeinandergenäht werden.

Haare

7. Mohair zuschneiden: Der Kopf der Puppe wird später von einer Mütze bedeckt sein, daher wird nur ein Haarkranz aufgenäht. Sie benötigen dafür einen knapp 1 x 9 cm breiten Mohairstoff-Streifen oder mehrere kurze Streifen eines Mohairrests, die Sie aneinandersetzen. Achten Sie beim Zuschneiden auf die Strichrichtung der Haare und schneiden Sie nur den Trägerstoff, nicht aber die Haare des Mohairs. Dafür in kleinen Schnitten auf der Rückseite des Stoffs entlangschneiden, sodass die untere Scherenspitze das Haar scheitelt **(Abb. 6)**.

8. Haar aufnähen: Stecken Sie den Mohairstreifen mit Stecknadeln am Kopf fest. Achten Sie darauf, dass er nicht zu tief sitzt, da sonst der Trägerstoff unter der Mütze herausgucken kann. Nähen Sie den Haarstreifen auf den Kopf **(Abb. 7)**.

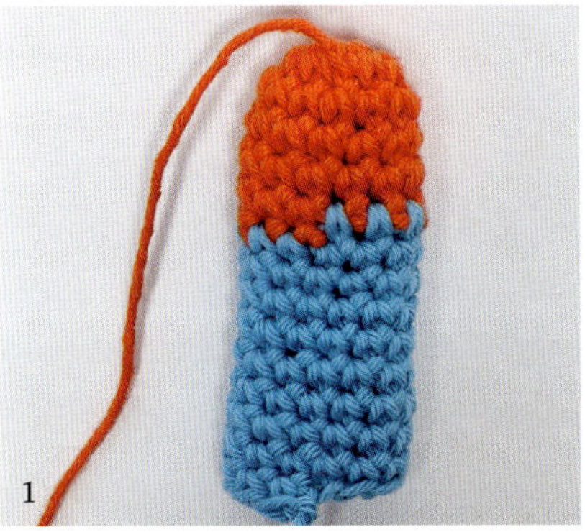
1

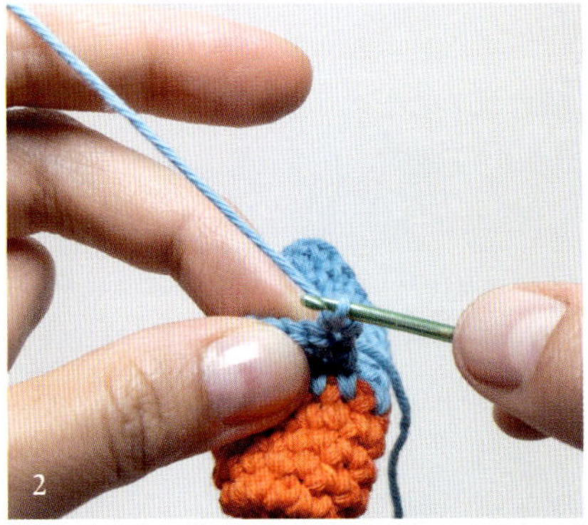
2

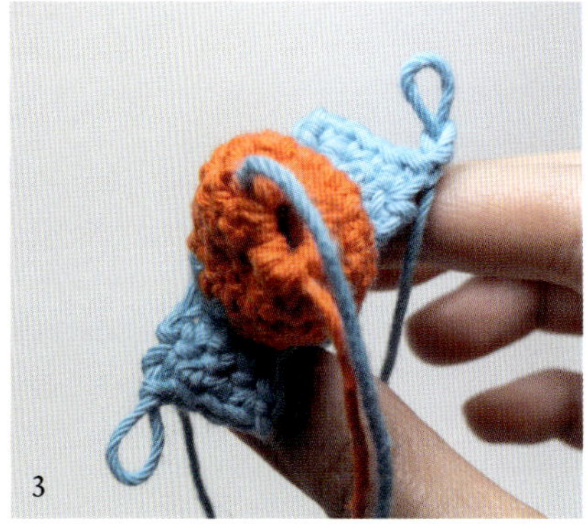
3

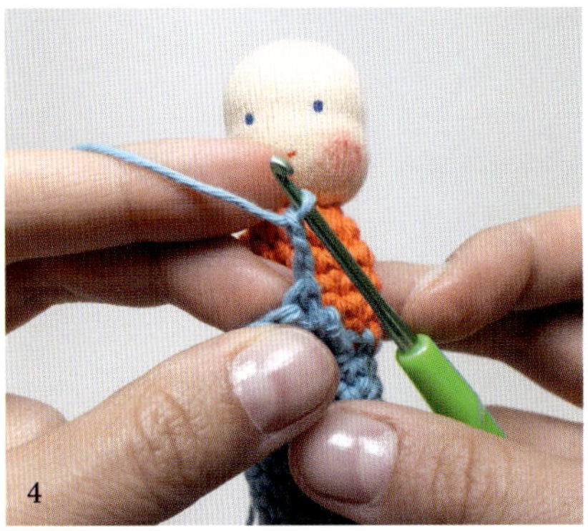
4

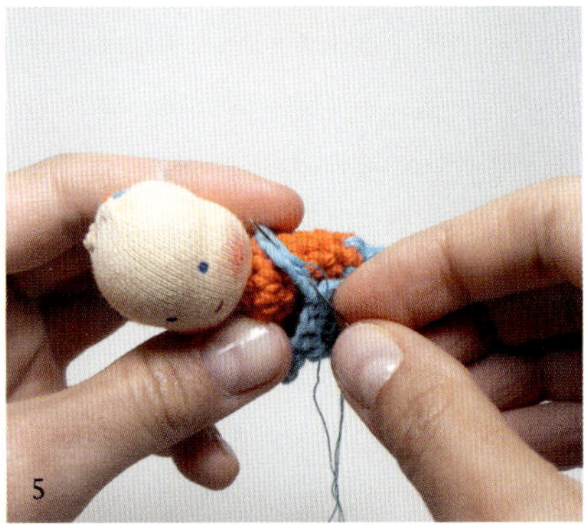
5

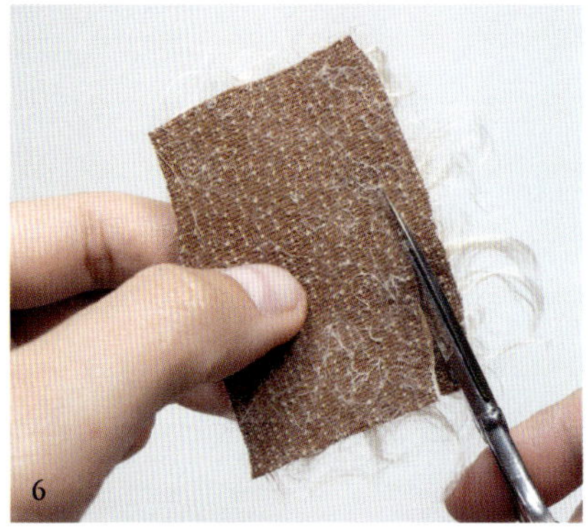
6

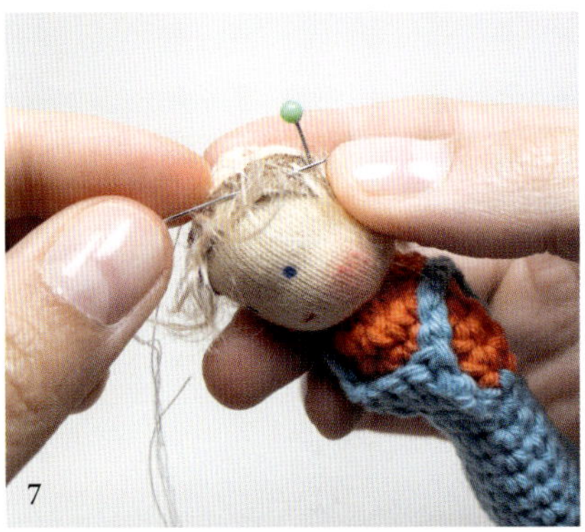
7

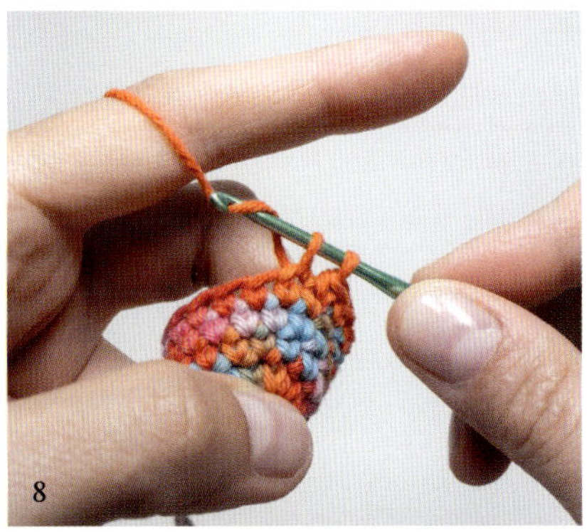
8

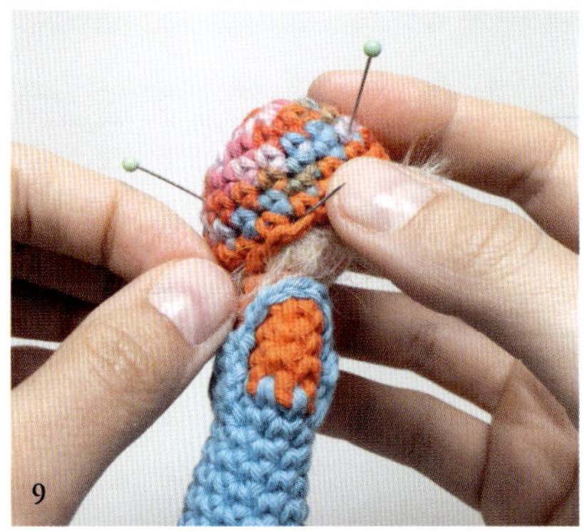
9

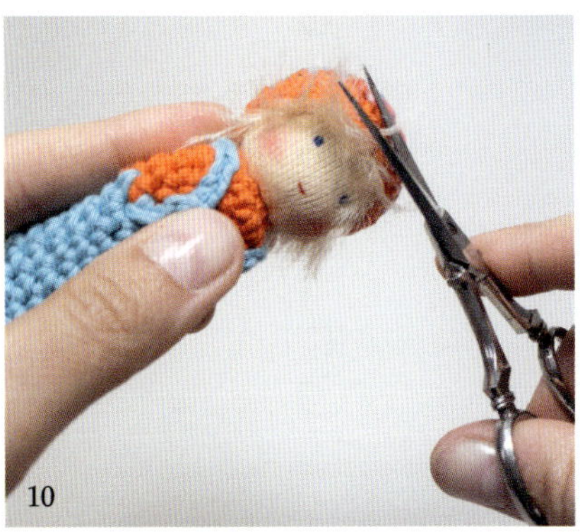
10

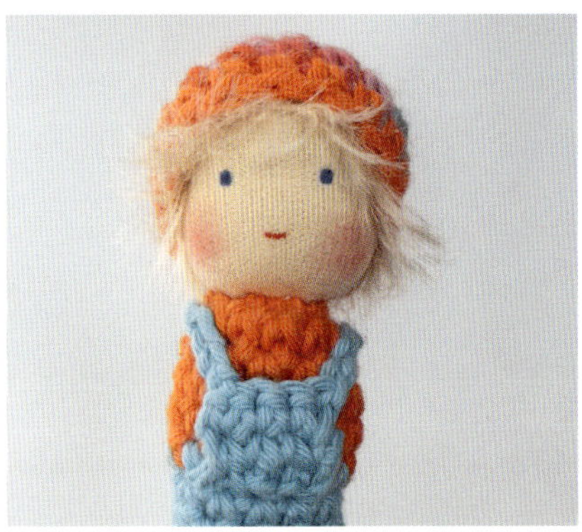

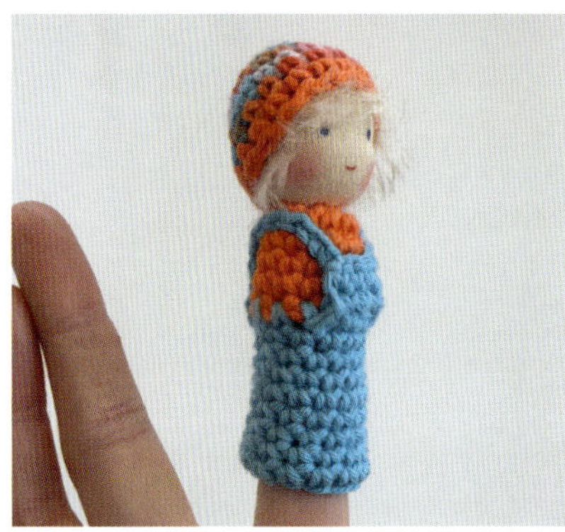

Tipp

Ist die Mütze etwas zu groß geworden, können in der letzten Runde ein paar Maschen abgenommen werden. Ist sie etwas eng, hilft es mitunter, sie zu dehnen. Sollte das alles nicht helfen, muss die Mütze wieder aufgetrennt und neu gehäkelt werden. Gegebenenfalls in der 3. Runde ein paar Maschen mehr zunehmen.

Mütze

9. Häkeln: Die Mütze wird ebenso wie der Körper in Spiralrunden gehäkelt. Dafür 6 feste Maschen in einen Fadenring häkeln und in der nächsten Runde auf 12 Maschen verdoppeln, indem in jede Masche 2 feste Maschen gehäkelt werden. In der 3. Runde wird jede 3. Masche verdoppelt, sodass es am Rundenende 16 Maschen sind. Ab jetzt in Spiralen weiterhäkeln, bis die Mütze gut auf den Kopf der Fingerpuppe passt **(Abb. 8)**. Mit dem Endfaden eine saubere Häkelkante nähen und anschließend die Fäden im Inneren der Mütze vernähen.

10. Mütze annähen: Die Mütze auf den Kopf der Puppe setzen und mit Stecknadeln feststecken. Achten Sie darauf, dass nur das Haar, nicht aber der Trägerstoff des Haares unter der Mütze hervorschaut. Mit Matratzenstich am Mützenrand entlang an den Kopf nähen und ebenso mit ein paar Stichen am Oberkopf festnähen **(Abb. 9)**.
Anschließend den Faden möglichst unsichtbar im Nacken der Puppe vernähen.

11. Haare kürzen: Bei Bedarf können jetzt die Haare mit der Schere vorsichtig etwas gekürzt werden **(Abb. 10)**, zum Beispiel wenn das Haar sehr lang ist und das Gesicht verdeckt.

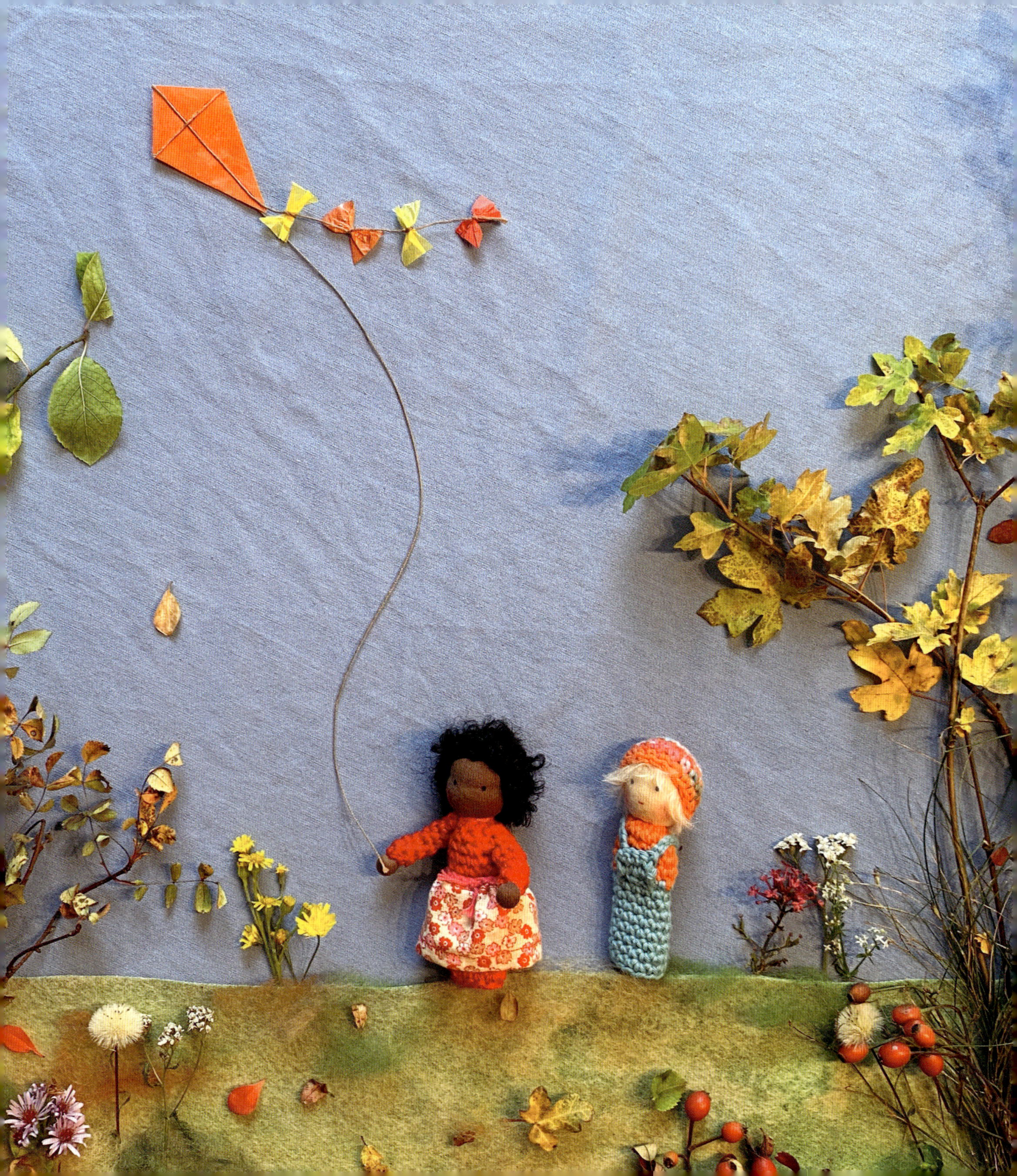

Mädchen Nelly

Zusätzliches Material

- für Arme und Hände ein Stück Trikot
- Garn für den Kragen und das Rockbündchen
- Baumwollstoff für den Rock
- Puppenhaargarn mit Locken (Bouclé-Garn)

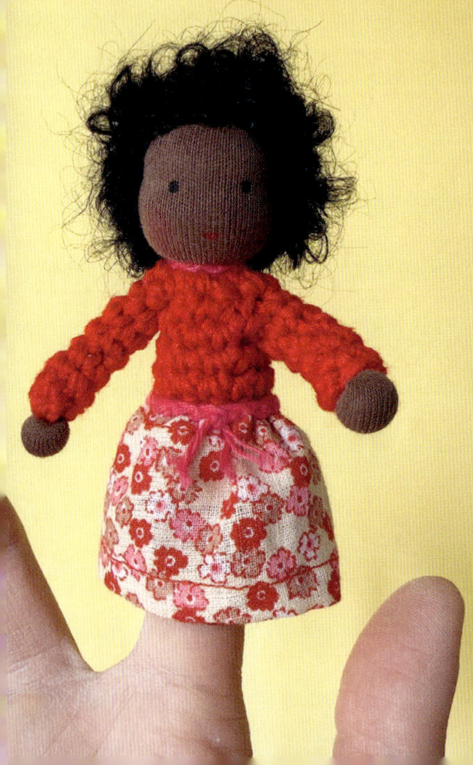

Nelly hat einen roten Körper mit gehäkelten Armen. Dazu trägt sie einen Blumenrock mit kleinen roten und rosa Blümchen. Ihr Kragen und das Rockbündchen sind aus gehäkelten Luftmaschenketten. Nellys Haar ist wild gelockt und wird als Perücke gehäkelt.

Kopf und Körper

1. Kopf und Gesicht: Stellen Sie den Kopf nach der Grundanleitung her und malen Sie das Gesicht auf.

2. Körper häkeln: Häkeln Sie den Körper, wie in der Grundanleitung beschrieben.

3. Arme aus Trikot: Schneiden Sie aus dem Trikot ein längliches Rechteck mit den Maßen 12 x 3 cm zu. Für die Hände werden aus Wolle zwei kleine, etwa erbsengroße Wollebällchen geformt **(Abb. 1)**, mit Trikot stramm überzogen und anschließend mit einem stabilen Faden an Handgelenk und Arm mehrmals straff umwickelt **(Abb. 2)**. Schneiden Sie die Arme in der Mitte durch, sodass sie zwei einzelne, gleich lange Arme erhalten **(Abb. 3)**.

4. Ärmel häkeln: Die Ärmel werden in Reihen aus festen Maschen von Ärmelbund zu Schulter hin und zurück gehäkelt.
Behalten Sie einen längeren Anfangsfaden, denn er wird später zum Vernähen benötigt. Begonnen wird mit einer Luftmaschenkette aus 5 Maschen und 1 zusätzlichen Wendeluftmasche. Häkeln Sie 7 Reihen mit jeweils 5 festen Maschen und am Ende 1 Wendeluftmasche. Die letzte Reihe des Ärmels wird wie folgt gehäkelt: Die 1. Masche überspringen, 2. und 3. Maschen häkeln, 4. Masche überspringen und den Ärmel in der letzten Masche mit einer Kettmasche beenden, so ergibt sich eine kleine Wölbung für die Schulter. Den Arbeitsfaden abschneiden, jedoch erneut länger lassen, da auch dieser später zum Nähen verwendet wird **(Abb. 4)**.

5. Ärmel zusammennähen: Den Trikotarm auf das Häkelstück legen und in den Ärmel einschlagen. Ver-

näht wird mit dem Anfangsfaden des Häkelstücks: Durch die Außenmasche des gegenüberliegenden Ärmelbunds stechen, um den Ärmel um das Handgelenk zu schließen. Bevor der Arm ganz zugenäht wird, sollte das Handgelenk mit 1–2 Stichen am Ärmel angenäht werden, sodass der Arm nicht mehr verrutschen kann **(Abb. 5)**. Danach den Ärmel bis auf die letzten beiden Reihen mit dem Matratzenstich zunähen **(Abb. 6)**.
Der restliche Faden wird vernäht, indem er zurück in Richtung Handgelenk durch den Ärmel und das innenliegende Trikot genäht wird, sodass dabei der Arm mit dem Ärmel gut vernäht wird. Herausstehendes Trikot am Ärmel wird abgeschnitten **(Abb. 7)**. Stellen Sie den zweiten Ärmel auf die gleiche Weise her.

6. Arme an den Körper nähen: Mit dem zweiten verbleibenden Arbeitsfaden wird der Arm an den Körper genäht. Setzen Sie ihn mit der Öffnung auf den Körper und nähen den ersten Stich oben am Hals seitlich des Fadenrings. Nun reihum mit Matratzenstich Ärmel und Körper verbinden **(Abb. 8)**. Beim Annähen des zweiten Armes kontrollieren, ob beide symmetrisch am Körper angenäht sind. Wenn ja, können Sie die Fäden vernähen und abschneiden. Andernfalls trennen Sie den Arm nochmals auf und nähen ihn erneut an.

Hals und Kragen

7. Kopf annähen: Nähen Sie den Kopf an den Körper, wie es in der Grundanleitung beschrieben steht.

8. Kragen häkeln: Einen Anfangsfaden von ca. 10 cm stehen lassen und eine Luftmaschenkette häkeln, die genau um den Hals der Puppe passt. Die Kette beenden und wieder einen etwa 10 cm langen Faden stehen lassen. Die Luftmaschenkette im Nacken des Püppchens verknoten und beide Endfäden in Richtung Hinterkopf nähen.

Haare

9. Perücke häkeln: Perücken werden wie die Mütze in festen Maschen und Spiralrunden gehäkelt. Gerade bei dunkler Lockenwolle ist es manchmal schwer, die Maschen zu erkennen; es braucht mitunter etwas Geduld, aber die Arbeit lohnt sich!

Tipp

Sollten die Arme zu kurz geraten sein, versuchen Sie sie durch Dehnen etwas zu strecken. Sind sie zu lang und unproportional zum Körper, kann der Körper evtl. durch Anhäkeln einer weiteren Reihe verlängert werden.

Beim Arbeiten darauf achten, dass die Schlingen des Wollgarns entweder auf der Innen- oder der Außenseite liegen. Häkeln Sie 6 feste Maschen in einen Fadenring und verdoppeln Sie jede Masche in der darauffolgenden Runde auf insgesamt 12 Maschen, indem Sie in jede Masche 2 feste Maschen häkeln. In der nächsten Runde wird jede 3. Masche verdoppelt, sodass es am Ende 16 Maschen sind. Ab nun weiter in Spiralen häkeln **(Abb. 9)**, bis die Perücke gut auf dem Kopf sitzt. Beide Fäden im Inneren der Perücke vernähen und abschneiden.

Tipp: Ist die Perücke etwas zu groß, können in der letzten Runde ein paar Maschen zusammengehäkelt werden. Ist sie zu eng, können Sie versuchen, sie etwas zu dehnen. Gelingt das nicht, muss sie aufgemacht und erneut gehäkelt werden (evtl. in der 3. Runde ein paar Maschen mehr zunehmen).

10. Perücke aufnähen: Die Perücke auf den Kopf setzen und mit Stecknadeln fixieren. Einmal rundherum am Haaransatz auf den Kopf nähen und auch mit ein paar Stichen am Oberkopf festnähen. Anschließend den Faden vernähen.

Rock

11. Rock nähen: Schneiden Sie ein ca. 7 x 14 cm großes Stück Stoff zu. Versäubern Sie die Oberkante mit einem einfach umgeschlagenen Saum, sodass ein kleiner Tunnel entsteht. Die untere Kante doppelt umschlagen und säumen. Den Stoff rechts auf rechts zusammenlegen und die Stoffkante seitlich schließen. Danach den Rock wenden.

12. Rock an den Körper nähen: Fädeln Sie einen stabilen Faden durch den Tunnelzug des Rocks, sodass sich dieser kräuseln kann **(Abb. 10)**. Ziehen Sie ihn dem Mädchen an und ziehen Sie den Faden leicht zu, sodass er am Körper sitzt, jedoch nicht zu eng zugezogen ist, damit der Finger später gut im Körper sitzen kann. Die Rockfalten werden gleichmäßig um den Körper verteilt und auf Höhe der Taille mit kleinen Stichen an den Körper genäht, wobei sich die Naht des Rockes hinten befindet.

13. Gehäkeltes Rockbündchen: Schlagen Sie eine Luftmaschenkette mit längerem Anfangsfaden an, ihre Länge richtet sich nach dem Umfang des Körpers. Die Luftmaschenkette am Rücken doppelt verknoten und mit beiden Garnenden – eines rechts-, das andere linksherum – Rock und Körper zusammennähen und vorne mittig mit einem Doppelknoten beenden. Kurze Fadenenden zur Zierde hängen lassen. Gegebenenfalls mit Nähgarn nochmals drumherumnähen **(Abb. 11)**.

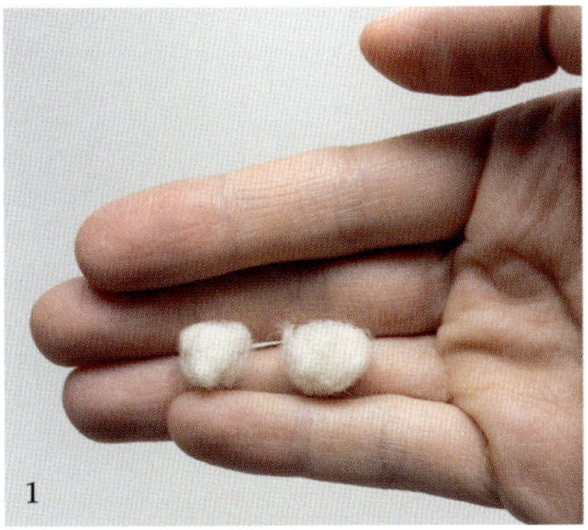
1

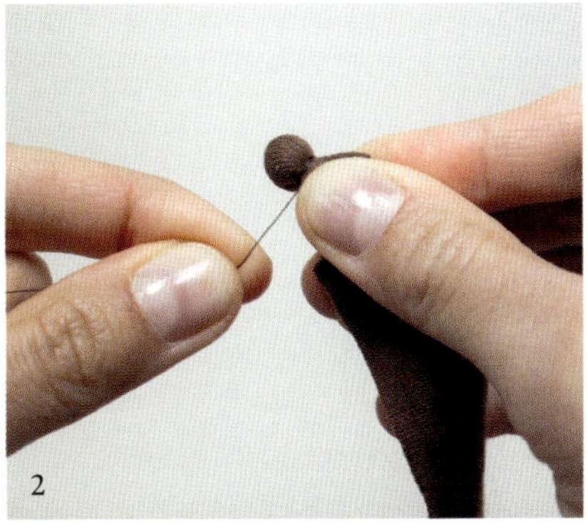
2

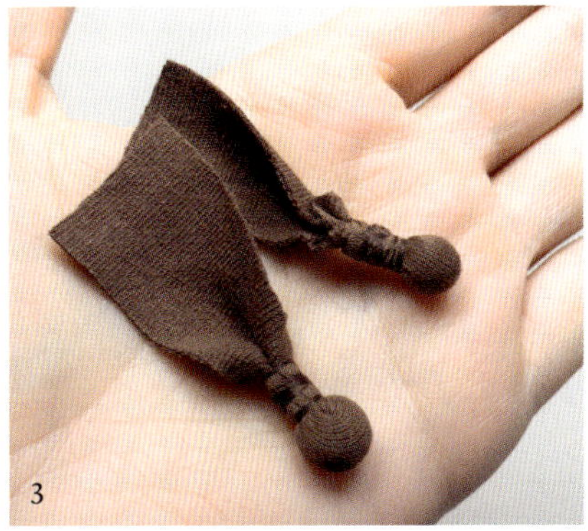
3

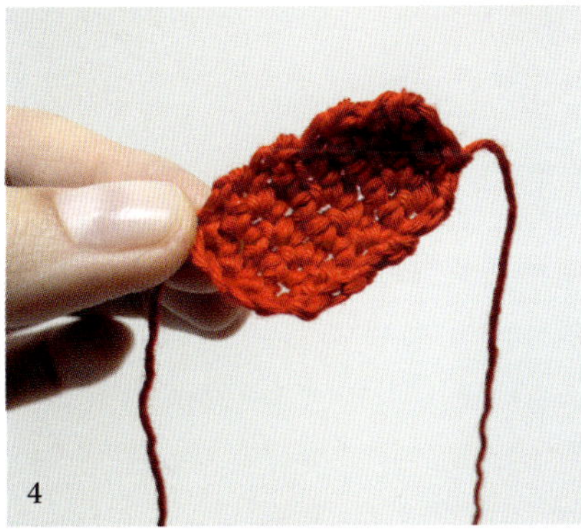
4

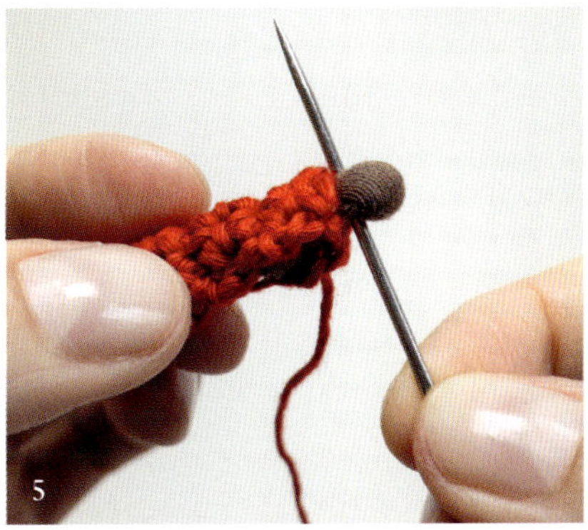
5

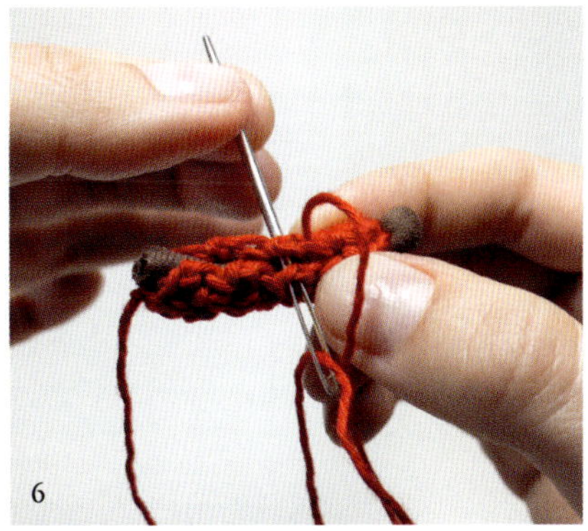
6

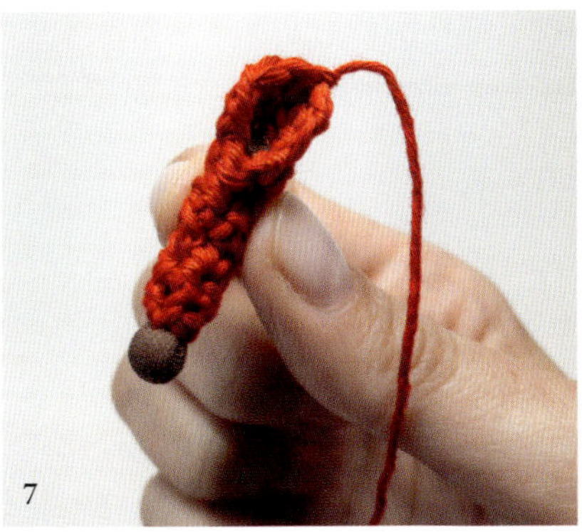
7

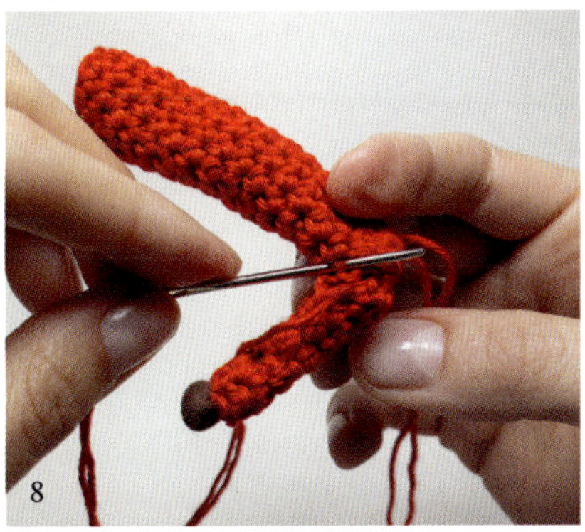
8

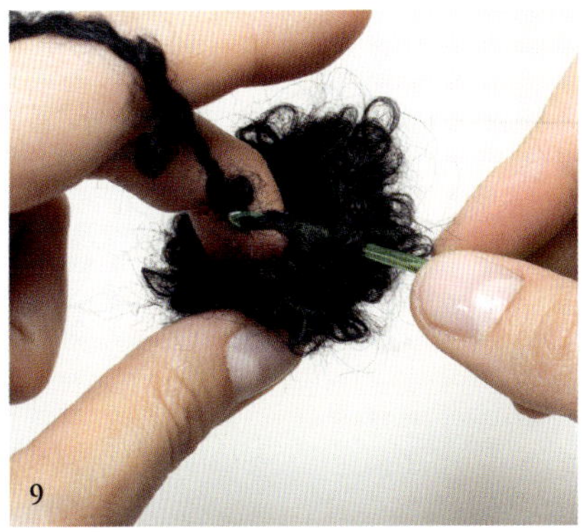
9

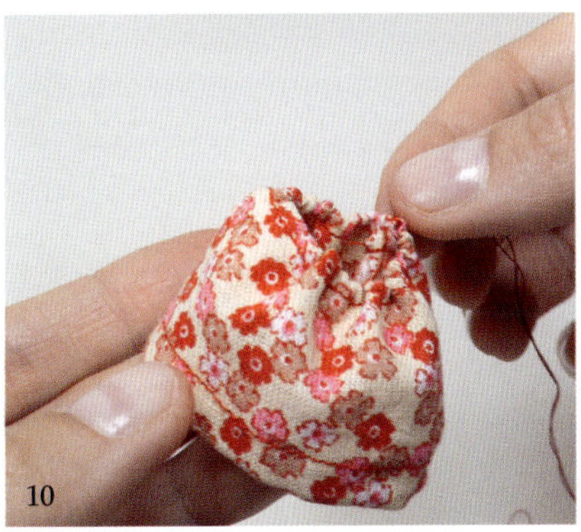
10

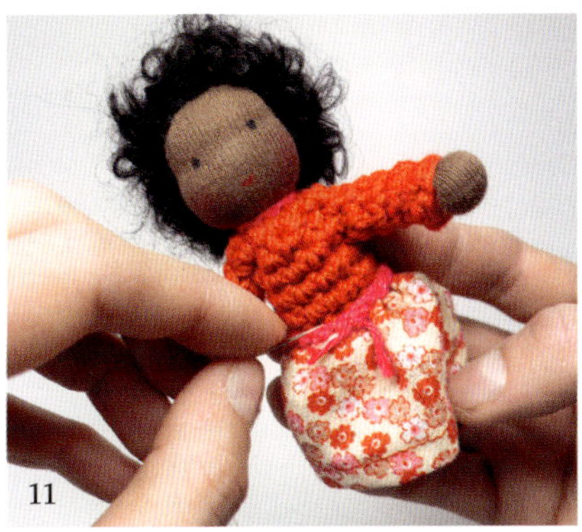
11

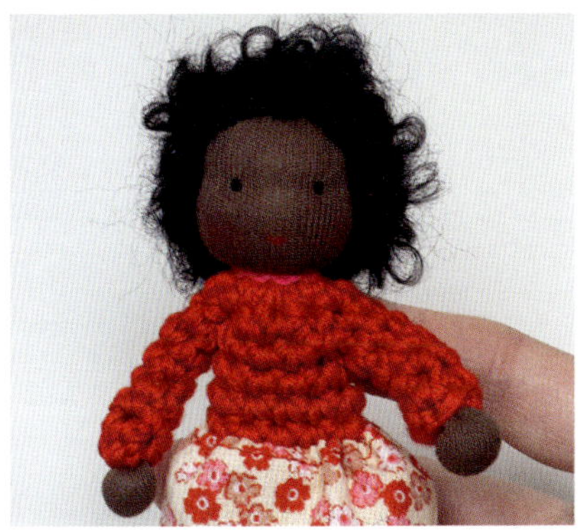

Mutter Sina

Das Baumwollgarn für den Körper der Mutter hat einen hübschen Farbverlauf. Ihr Oberteil ist aus Filz, und dorthinein werden Arme und Hände aus Trikot eingearbeitet. Den Kragen ziert eine gekaufte Borte. Das Haar habe ich aus dickem Wollgarn zugeschnitten, aufgenäht und im Nacken zu einem Zopf gebunden, es könnte aber auch offen gelassen werden.

Zusätzliches Material

- Filz für das Oberteil
- Trikot für die Arme
- ein Stück Bommelborte für den Kragen
- dickes Wollgarn für die Haare

Kopf und Gesicht

1. Den Kopf nach der Grundanleitung herstellen; das Gesicht aufmalen.

Körper und Arme

2. Körper häkeln: Häkeln Sie den Körper, wie in der Grundanleitung beschrieben.

3. Arme aus Trikot: Stellen Sie die Arme wie bei dem Mädchen auf S. 52 (Schritt 3) her; die Arme jedoch nicht auseinanderschneiden, sondern in einem Stück verbunden lassen.

Oberteil

3. Zuschneiden: Das Oberteil wird nach dem Schnittmuster ohne Nahtzugabe zugeschnitten. Um den Halsausschnitt zu ermitteln, falten Sie die Ärmel aufeinander und schneiden Sie mittig ein kleines Loch ein. Dies dient Ihnen zur Orientierung.

4. Nähen: Die Trikotarme in die Ärmel legen (gegebenenfalls feststecken) und die beiden Seitennähte von Saum zu Ärmel in kleinen Stichen mit Schlingstich schließen **(Abb. 1)**. Säumen Sie die Ärmel am Handgelenk knappkantig und nähen Sie sie an den Handgelenken fest.

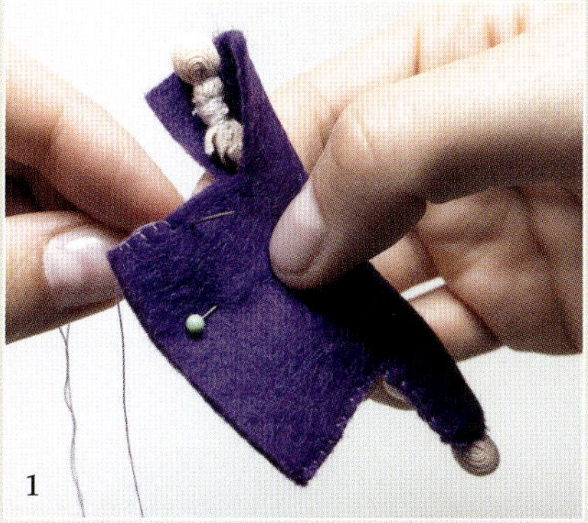
1

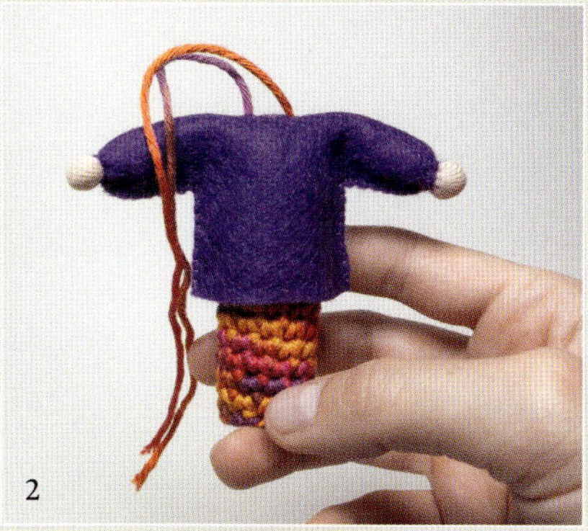
2

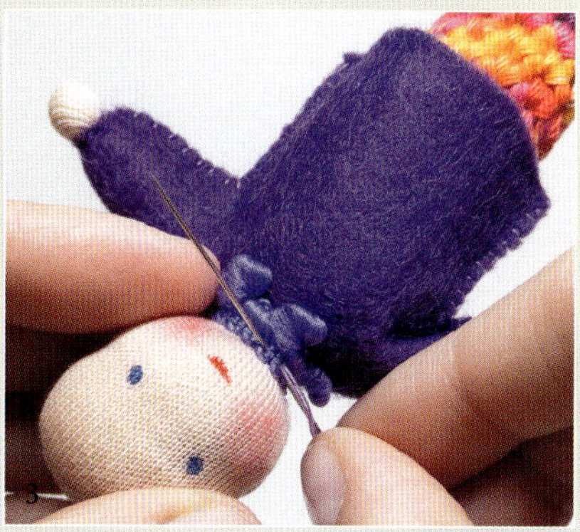
3

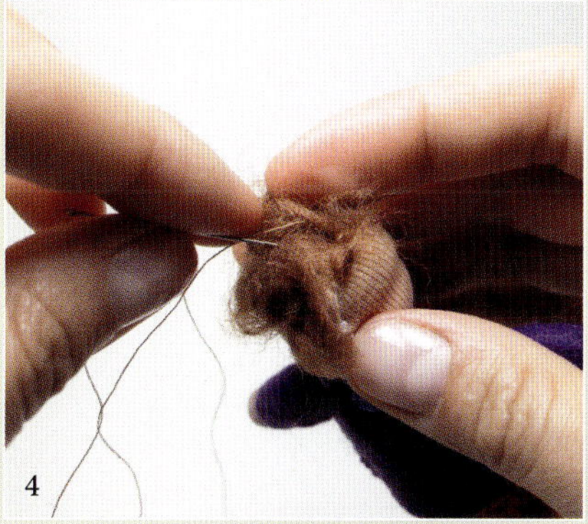
4

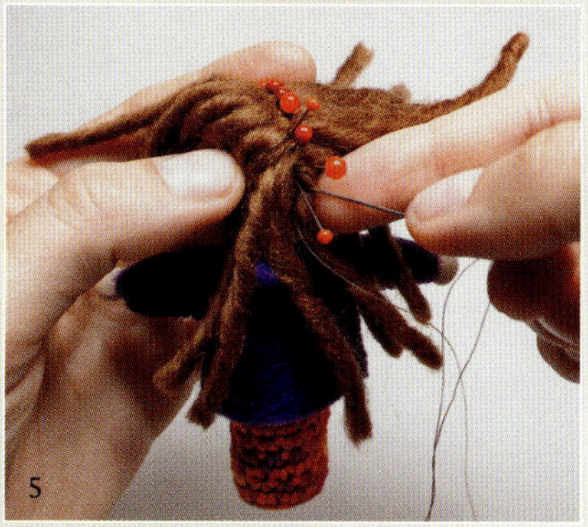
5

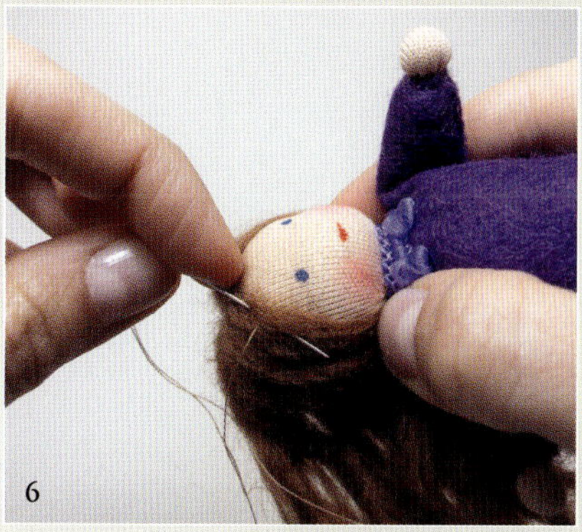
6

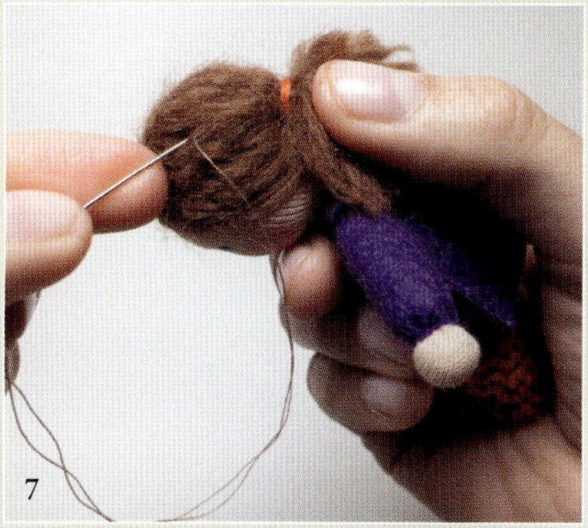
7

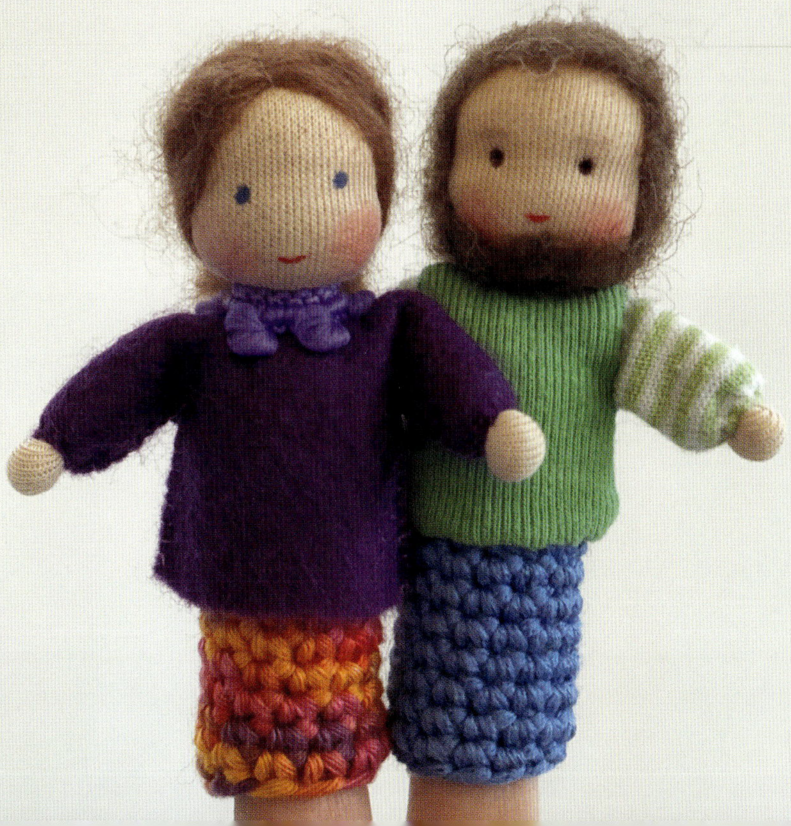

Setzen Sie das Oberteil auf den Körper und nähen Sie beide Garnfäden des Körpers erst durch das Armtrikot und dann durch den Filz durch; dabei werden beide Teile am Körper fixiert **(Abb. 2)**. Anschließend können Sie mit ein paar Stichen das Oberteil oben am Körper annähen.

Hals und Kragen

6. Kopf annähen: Nähen Sie den Kopf an den Körper (siehe Grundanleitung).

7. Kragen: Als Kragen wurde hier eine gekaufte Bommelborte verwendet. Die Borte um den Hals legen, dabei die Länge ermitteln und dann abschneiden. Damit die Borte an den Enden nicht aufgeht, können sie mit der Flamme eines Feuerzeugs versiegelt werden. Schließen Sie die Naht im Nacken, nähen Sie die Borte einmal um den Hals herum in feinen Stichen an den Kopf **(Abb. 3)** und vernähen anschließend den Faden auf dem Hinterkopf.

Haare

8. Sichtbare Nähte am Hinterkopf: Für das Haar wird dickes Wollgarn auf den Kopf genäht. Sind am Hinterkopf die Nähte stark zu sehen, kann vor dem Aufnähen der einzelnen Haarsträhnen eine dünne Schicht auseinandergepflückte Haarwolle aufgenäht werden **(Abb. 4)**.

9. Haare aufnähen: Um die Haarlänge zu ermitteln, eine Haarsträhne von der einen zur anderen Seite über den Kopf legen und an der gewünschten Länge abschneiden. Weitere Haarsträhnen in dieser Länge zuschneiden. Die Haarsträhnen werden vorne beginnend auf dem Kopf drapiert und mit feinen Stichen ca. 2 cm lang mittig aufgenäht **(Abb. 5)**, sodass ein Mittelscheitel entsteht. Für das Nackenhaar 2–3 Strähnen am Hinterkopf festnähen und nach hinten legen. Bei Bedarf weitere Strähnen am Kopf annähen. Die einzelnen Wollsträhnen mit der Nadelspitze vorsichtig auseinanderkämmen und um den Kopf legen. Anschließend die Haare weiter mit kleinen Stichen bis auf Höhe des Nackens am Kopf rundherum festnähen **(Abb. 6)**. Sichtbare Stiche mit der Nadelspitze wegkämmen, sodass sie nicht mehr zu sehen sind.

10. Frisieren: Das Haar im Nacken zu einem Zopf binden und gegebenenfalls nochmals mit ein paar Stichen festnähen **(Abb. 7)**. Danach erst das Haar auf die gewünschte Länge kürzen.

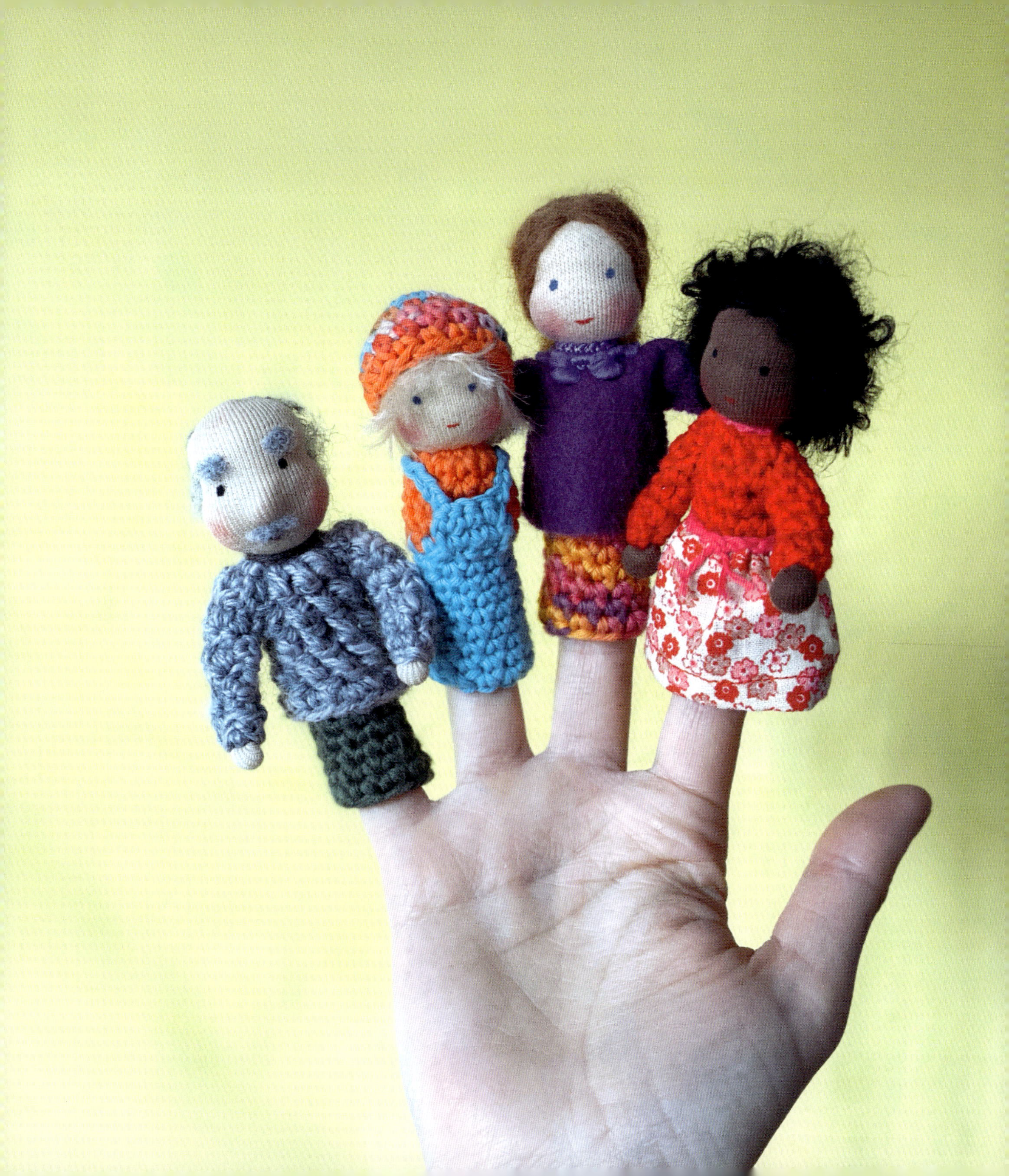

Vater Petro

Vater Petro trägt einen grünen Jersey-Pullunder, die grün-weiß gestreiften Ärmel sind ebenfalls aus Jersey. Um der Figur einen älteren Ausdruck zu verleihen, hat der Vater aufgemalte Augenbrauen und einen Vollbart aus Schafwolle.

Zusätzliches Material

- brauner Buntstift für die Augenbrauen
- Trikot für die Arme und Hände
- Jersey-Stoff für die Ärmel
- Jersey-Stoff für den Pullunder
- Schafwolle für Haare und Bart

Kopf und Gesicht

1. Stellen Sie den Kopf nach der Grundanleitung her und gestalten Sie anschließend das Gesicht.

2. Augenbrauen aufmalen: Die Augenbrauen werden zart mit einem angespitzten braunen Buntstift aufgemalt. Sie können auch vorher mit Trickmarker vorgemalt werden.

Körper

3. Auch der Körper wird nach der Grundanleitung hergestellt.

Arme aus Trikot

4. Die Arme wie bei dem Mädchen auf S. 52 in Schritt 3 herstellen; sie werden jedoch nicht durchgeschnitten.

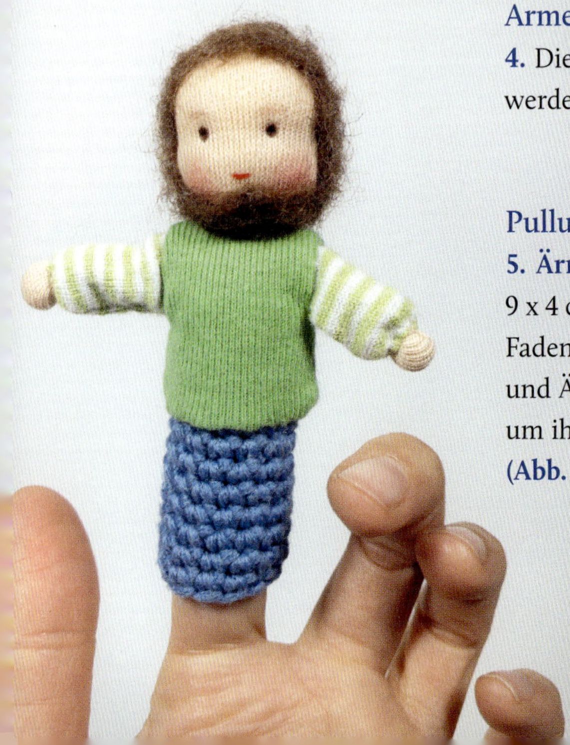

Pullunder und Ärmel aus Jersey

5. Ärmel nähen: Für die Ärmel schneiden Sie ein Stoff in den Maßen 9 x 4 cm zu. Beachten Sie beim Zuschneiden von Jersey unbedingt den Fadenlauf. Auf dem Bild **(Abb. 1)** können Sie das Verhältnis von Körper und Ärmeln sehen. Der Ärmelstoff sollte etwas länger als die Arme sein, um ihn am Handgelenk nach innen einschlagen und säumen zu können **(Abb. 2)**.

Den Stoff an der Längsseite mittig auf rechts falten. Beide Ärmelkanten werden schmalkantig zugenäht, dabei bleibt die Mitte offen (siehe Schnittmuster). Falten Sie die Ärmel aufeinander und schneiden Sie an der Oberkante mittig ein kleines Loch als Halsausschnitt hinein, um die Mitte zu markieren. Anschließend wenden.

6. Arme annähen: Die Trikotarme werden in die Ärmel gesteckt. Die Ärmel knappkantig säumen und an den Handgelenken festnähen **(Abb. 3)**. Den Körper in die Öffnung stecken und die beiden Garnenden des Körpers durch den Ärmelstoff hindurchnähen. Anschließend die offene Kante der Ärmel mit ein paar Stichen am Körper festnähen **(Abb. 4)**.

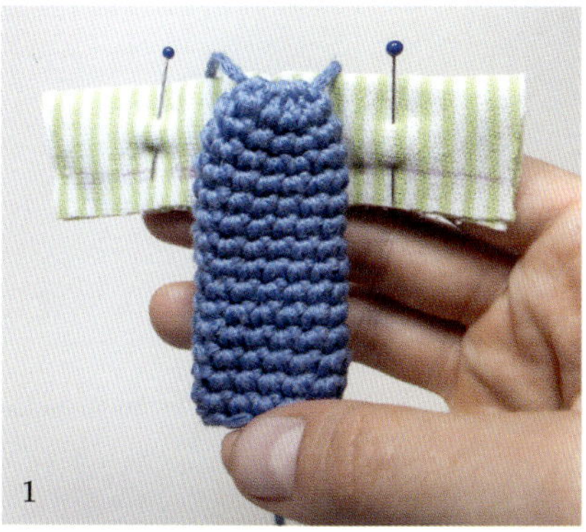
1

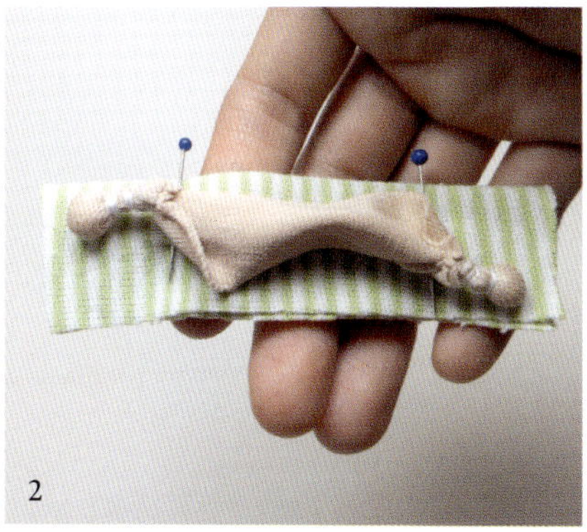
2

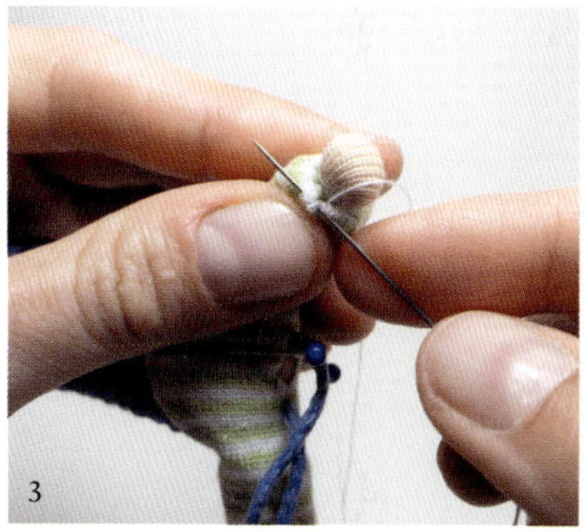
3

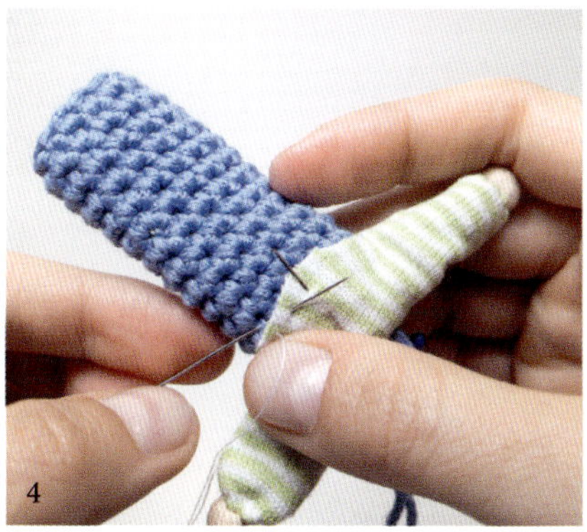
4

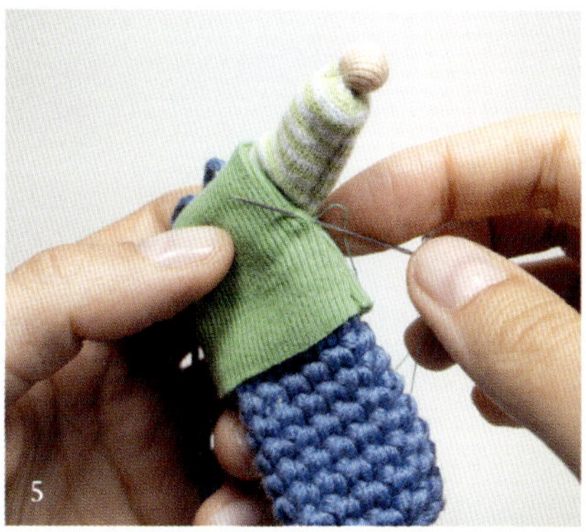
5

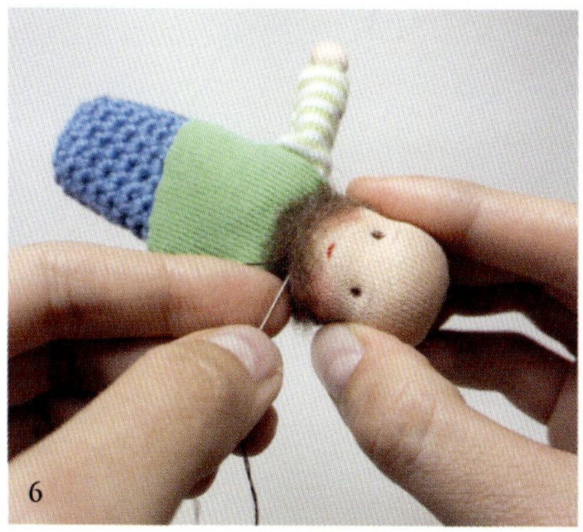
6

7. Pullunder: Der Pullunder besteht aus einem ca. 4 x 8 cm großen Stoff (auch hier den Fadenlauf beachten). Den Stoff mittig auf rechts falten und die Seitennähte zur Hälfte schließen, anschließend wenden. Ermitteln Sie auch hier den Halsausschnitt, indem Sie den Stoff falten und in der Mitte ein kleines Loch einschneiden. Ziehen Sie den Pullunder über den Körper und holen Sie die Arme durch die Öffnung. Nähen Sie auch hier die Garnenden des Körpers durch den Pullunder.
Der Pullunder wird mit kleinen Stichen an den Ärmeln und am Körper gesäumt und festgenäht **(Abb. 5)**.

Kopf annähen

8. Nähen Sie den Kopf, wie in der Grundanleitung beschrieben, auf den Körper. Da der Bart den Hals verdecken wird, ist ein Kragen nicht notwendig.

Bart

9. Für einen Bart wird etwas Wolle auseinandergezupft und auf Kinn und Backen gelegt. Fixieren Sie ihn gegebenenfalls mit ein paar Stecknadeln und nähen Sie ihn mit gleichfarbigem Zwirn in kleinen Stichen an **(Abb. 6)**. Mit der Nadelspitze kann die sichtbare Naht überkämmt werden.

Haare

10. Nähen Sie das Haar, wie bei der Grundanleitung beschrieben, auf den Kopf.

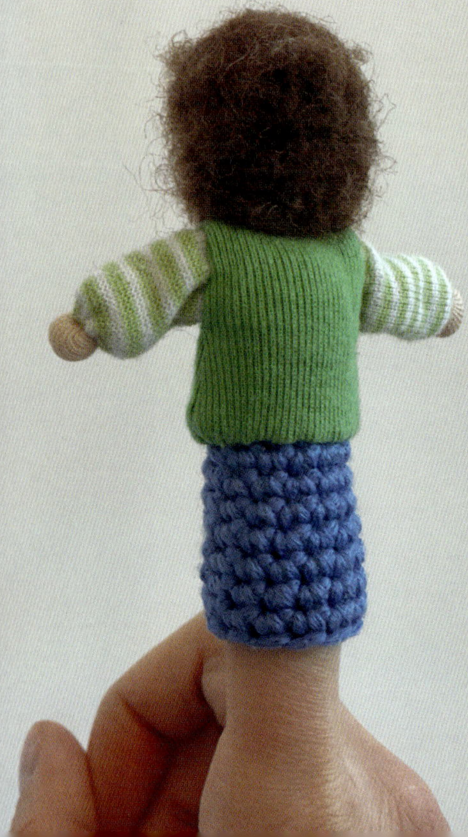

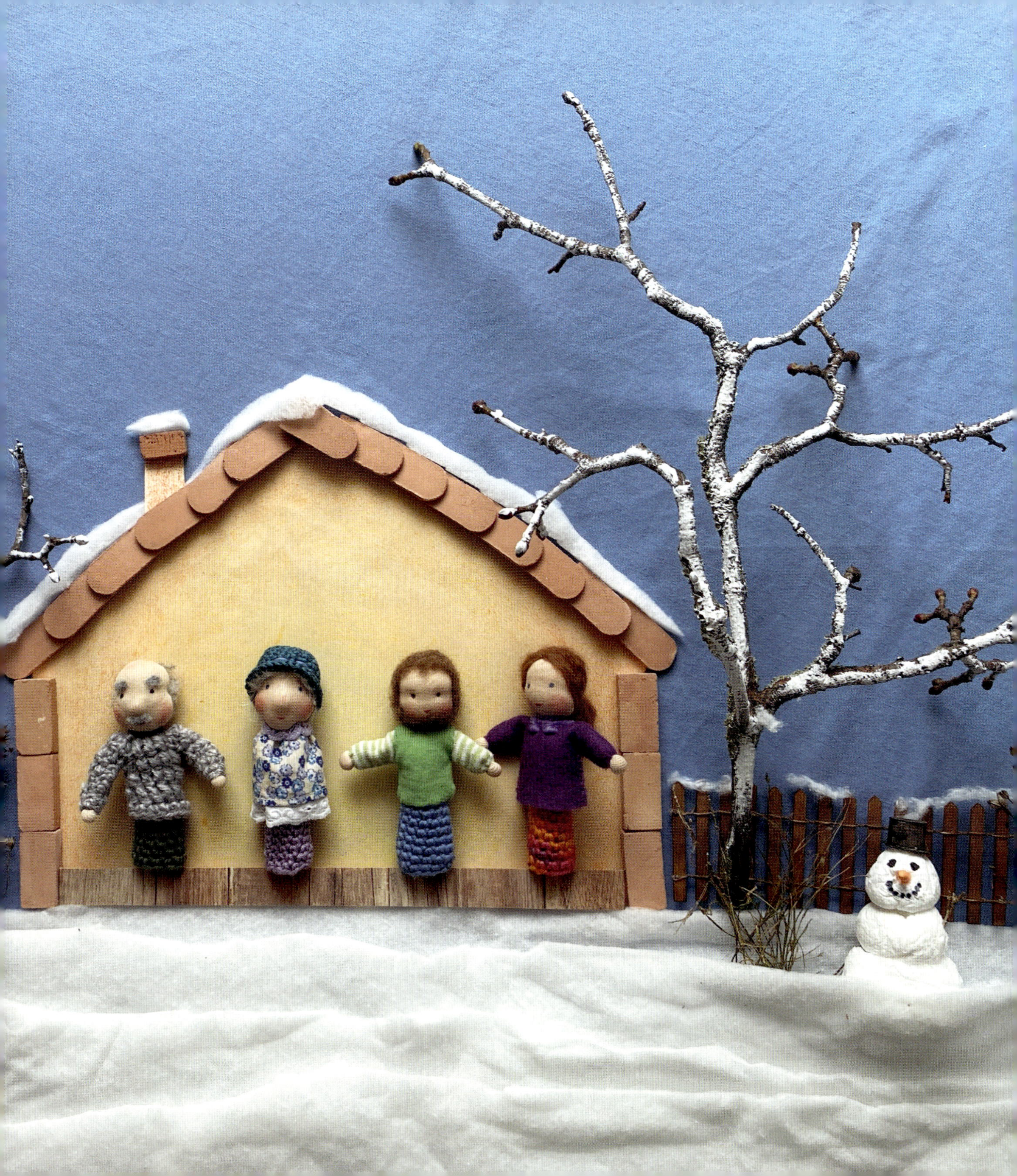

Oma Lida

Zusätzliches Material

- gut dehnbarer Trikotstoff für den Kopf
- etwas Schafwolle für Nase, Kinn und Wangen
- graues oder weißes Garn (z.B. Stopfgarn) für die Augenbrauen
- Baumwollstoff für das Oberteil
- Spitzenborte für das Oberteil
- gekaufte Häkelborte für den Kragen
- weißen Mohairstoff für das Haar
- Garn für den Hut

Oma Lida hat ein freundlich-rundliches Gesicht. Ihre Gesichtszüge wie Nase, Wangen und Kinn sind aufgearbeitet, um sie älter wirken zu lassen. Auch die aufgestickten Augenbrauen und das grau-weiße Haar unterstreichen ihr Alter.
Sie trägt ein geblümtes Oberteil mit Spitze und einer kleinen Häkelborte am Kragen und auf dem Kopf einen Hut.

Kopf

1. Der Kopf wird gestopft und abgebunden, wie in der Grundanleitung beschrieben.

2. Nase: Die Nase liegt ca. 2–3 Maschen unterhalb der Augenlinie. Um die richtige Stelle am Kopf zu finden, können Sie testweise mit einer Stecknadel die Stelle markieren, an der die Nase sitzen soll, und darüber den Trikotstoff spannen. Für die Nase nehmen Sie einen dünnen Strang Schafwolle und machen mittig einen Knoten hinein **(Abb. 1)**. Die Enden des Wollstrangs zusammenzwirbeln und durch das Öhr einer dicken Nähnadel fädeln. Stechen Sie die Nadel an der durch die Stecknadel markierte Stelle im Kopf durch, sodass der Wollknoten als Nase an der markierten Stelle sitzt **(Abb. 2 und 3)**.
Die beiden Enden der Wolle werden am Hinterkopf mit ein paar Stichen festgenäht.

3. Kinn und Wangen: Für die Wangen können Sie das Gesicht unterhalb der Nase nochmals so abbinden, dass zwischen Wangen und Kinn eine Kerbe entsteht **(Abb. 4)**.

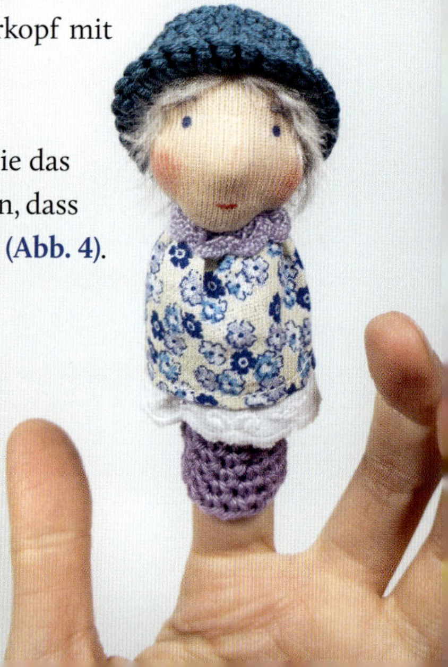

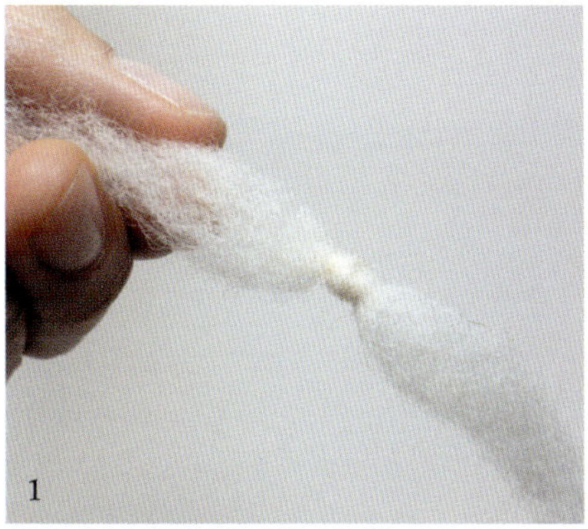
1

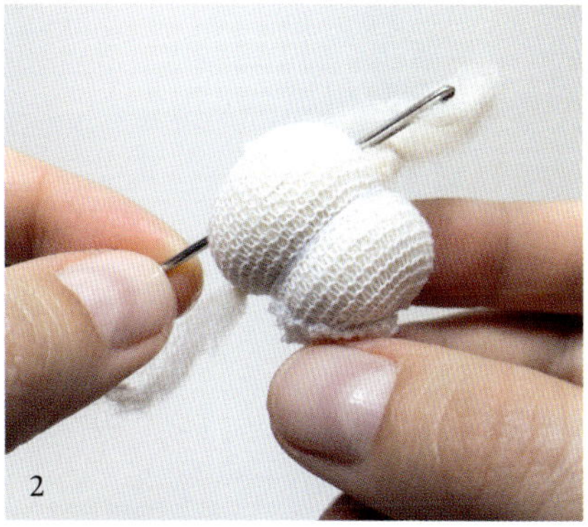
2

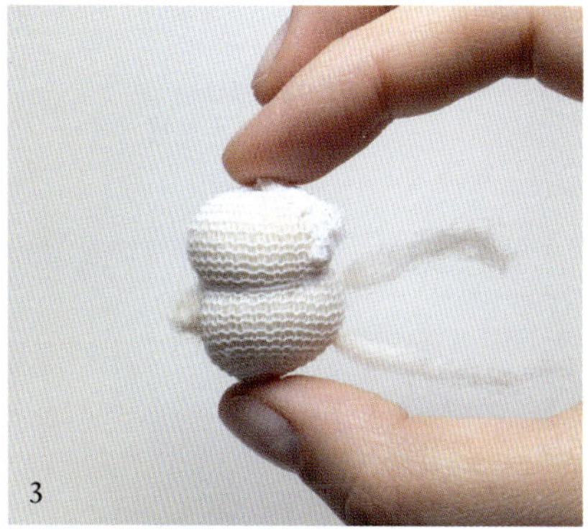
3

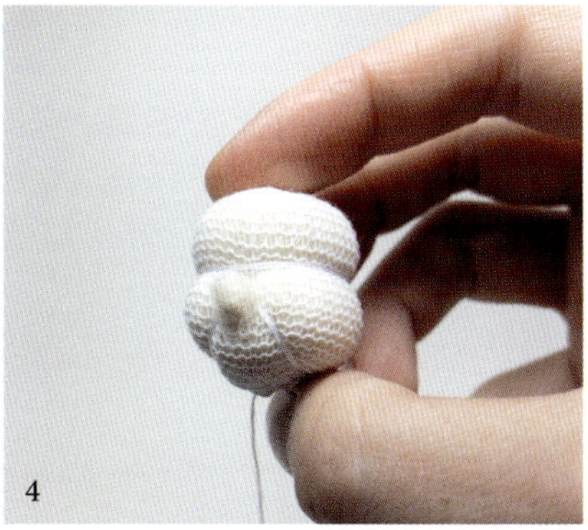
4

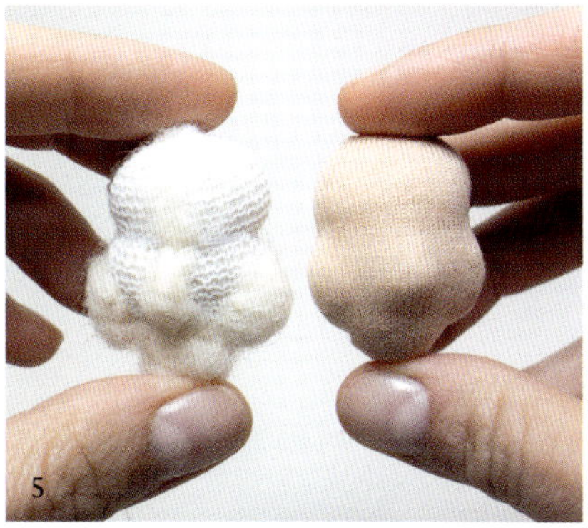
5

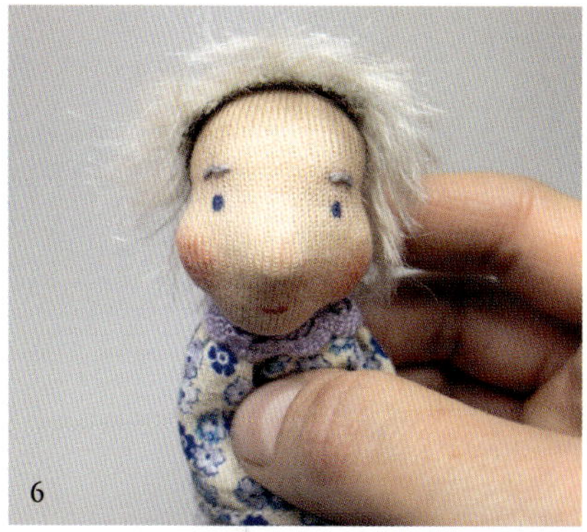
6

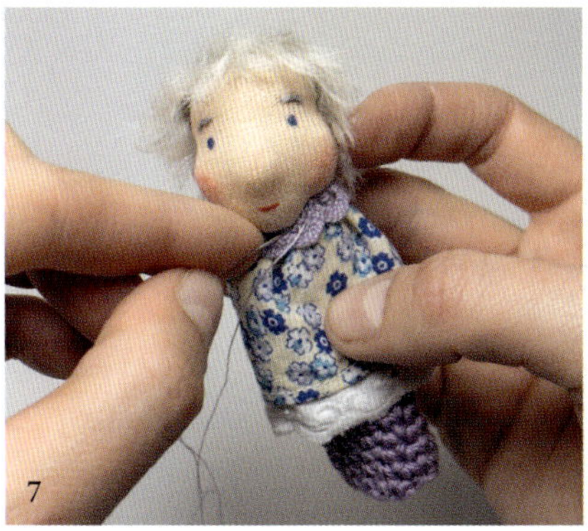
7

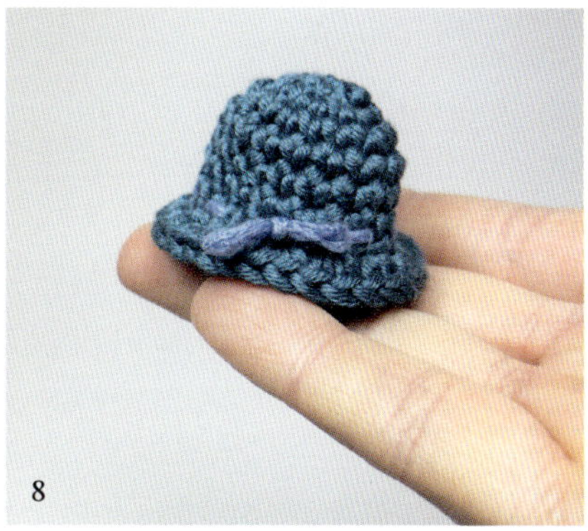
8

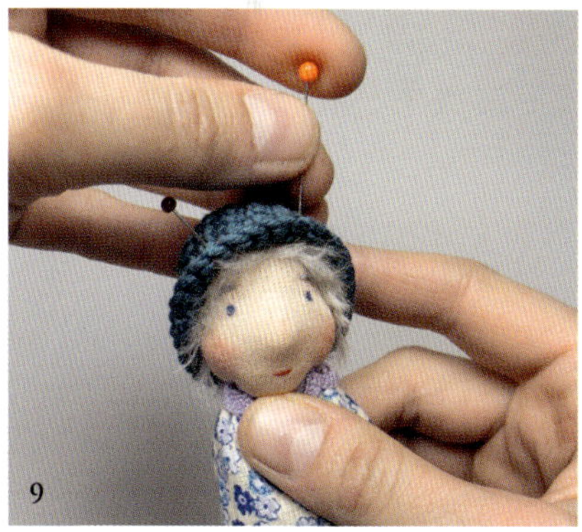
9

Tipp

Für mehr Ausdruck lassen sich durch Aufnähen von Schafwolle markante Stellen im Gesicht herausarbeiten. So kann ein nach oben versetzter Wollstrang an der Nase ein Nasenrücken werden, für die Wangen können zwei gleich große, mit den Fingern geformte feste Schafwollkugeln aufgenäht werden. Sie werden an die Stellen der Wangen platziert und mit kleinen Stichen festgenäht. Ebenso wird das Kinn angesetzt und angenäht (Abb. 5, links).

Gesicht

4. Trikotstoff beziehen: Um die modellierten Gesichtszüge auch auf dem bezogenen Gesicht gut erkennen zu können, muss das Trikot gut dehnbar sein, damit es straff überzogen werden kann **(Abb. 5, rechts)**. Bezogen wird der Kopf, wie in der Grundanleitung beschrieben.

5. Augen und Mund: Malen Sie, wie in der Grundanleitung beschrieben, die Augen und den Mund auf.

Augenbrauen sticken: Die Augenbrauen werden mit einem Markierstift aufgemalt. Dann vom Hinterkopf aus nach vorne zu einem äußeren Punkt der Augenbraue stechen und diese mit zwei kleinen Stichen Garn aufsticken. Die andere Augenbraue wird ebenso gestickt **(Abb. 6)**.

Körper

6. Stellen Sie den Körper nach der Grundanleitung her.

Oberteil ohne Arme

Das Oberteil wird ähnlich wie Nellys Rock (S. 54) genäht.

7. Oberteil: Schneiden Sie ein ca. 6,5 x 11 cm großes Stoffstück zu. Die Unterkante doppelt umschlagen und mitsamt der Spitzenborte versäubern.
Den Stoff rechts auf rechts zusammenlegen und die seitliche Naht schließen und anschließend wenden. Schlagen Sie die Halskante zum Säumen nach innen und überprüfen Sie seine Länge an der Figur. Sollte es zu lang sein, kürzen Sie den Stoff entsprechend oder machen einen breiteren Umschlag.
Der Saum wird mit einem stabilen Kräuselfaden gerafft und der Faden am Rücken verknotet.
Nähen Sie das Oberteil in kleinen Stichen an den Hals; die Rückennaht des Oberteils befindet sich hinten.

Kragen aus einer Häkelborte

8. Häkelborte annähen: Die Borte locker um den Hals der Figur legen und entsprechend abschneiden. Die Borte wird an der Oberkante mit einem stabilen Faden gekräuselt, um den Hals gelegt und im Nacken der Puppe verknotet. Nähen Sie erst die Seitenkanten zusammen und anschließend die Borte mit kleinen Stichen am Hals fest **(Abb. 7)**.

Haare

9. Die Haare werden als Haarkranz wie bei dem Jungen Levi auf S. 48 und 50 auf den Kopf genäht.

Hut

10. Hutdeckel: Häkeln Sie den Hutdeckel in Spiralrunden wie die Mütze auf S. 50. Beenden Sie die letzte Runde mit 1 Kettmasche und 1 darauf liegenden Luftmasche.

11. Hutkrempe: Für die Krempe wird nun jede Masche der Runde verdoppelt, indem 2 Maschen in 1 Masche gehäkelt werden. Die Runde mit 1 Kettmasche beenden und die Fäden im Inneren des Huts vernähen.

12. Hutschnur: Oberhalb der Krempe wird Garn als Hutschnur durch die Maschen gewebt, verknotet und abgeschnitten **(Abb. 8)**.

13. Hut aufnähen: Nähen Sie den Hut mit kleinen Stichen auf den Kopf der Puppe **(Abb. 9)**.

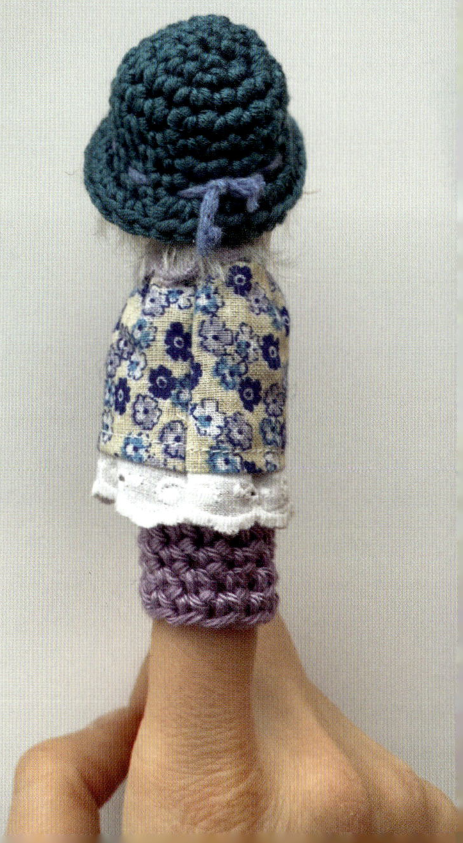

Opa Nikolai

Zusätzliches Material

- sehr dehnbarer Trikotstoff für den Kopf, wegen der Glatze etwas höher als üblich
- etwas Schafwolle für Nase, Kinn und Wangen
- 2 Farben Baumwoll- oder Wollgarn für den Körper
- Kragen: etwas Wollgarn
- Schafwolle für Augenbrauen, Haar und Bart

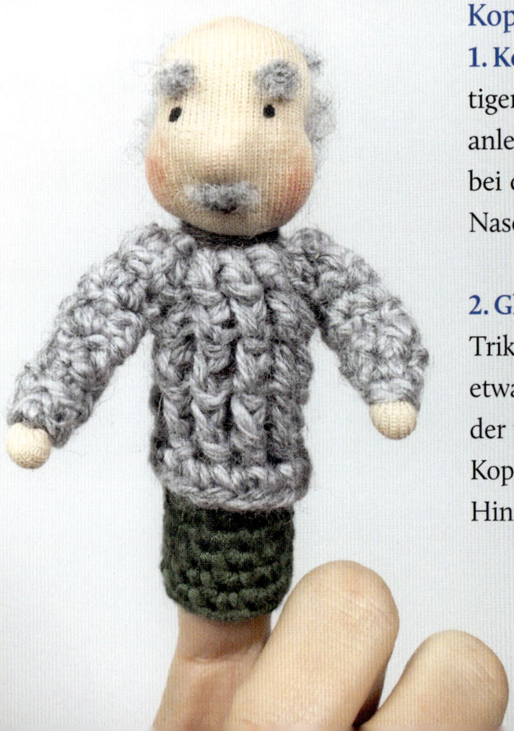

Opa Nikolais Oberteil ist aus Wolle, sein Unterteil aus Baumwollgarn. Bei dem Oberteil habe ich Reliefstäbchen gehäkelt; dadurch erhält es den Charakter eines Wollpullovers. Anschließend wurden die Arme gehäkelt und aufgenäht.
Die gedeckten Farben von Ober- und Unterteil unterstreichen Opas Alter. Ebenso wie bei Oma Lida sind seine Gesichtszüge deutlich ausgearbeitet; zusätzlich ziert sein Haupt eine Halbglatze, an die ich dünn gezupfte, graue Schafwolle genäht habe. Auch der Oberlippenbart und die Augenbrauen wurden aus etwas Schafwolle gemacht und aufgenäht.

Kopf mit Halbglatze

1. Kopf mit Kinn und Wangen: Fertigen Sie den Kopf wie in der Grundanleitung an und arbeiten Sie, wie bei der Oma auf S. 64 beschrieben, Nase, Kinn und Wangen aus.

2. Glatze: Den Kopf mit einem Stück Trikotstoff überziehen, der am Kopf etwas höher überstehen sollte, da der vordere Teil als Glatze über den Kopf gezogen wird. Die Naht am Hinterkopf schließen und die Seiten kürzen, sodass sie knapp über den Kopf stehen, während der Vorderteil an der Stirn länger bleibt **(Abb. 1)**. Die Seiten mit ein paar Stichen zusammennähen. Danach das Trikot einschlagen, stramm entlang des Kopfs legen, mit Stecknadeln feststecken und die untere Kante festnähen. Die zwei seitlichen Nähte mit Matratzenstich versäubern **(Abb. 2)**.

Gesicht

3. Malen Sie das Gesicht entsprechend der Grundanleitung auf.

Körper

4. Oberteil aus Reliefstäbchen: Das Oberteil des Körpers wird in Reliefstäbchen gehäkelt. Dafür werden 12 feste Maschen in einen Fadenring gehäkelt und anschließend 4 Spiralrunden in Reliefstäbchen gearbeitet **(Abb. 3)** und mit 1 Kettmasche beendet. Das Oberteil wird an der unteren Kante etwas breiter. Dafür 1 Runde nur in das äußere Maschenglied häkeln und dabei jede 3. Masche verdoppeln. Beenden Sie die Runde mit 1 Kettmasche und vernähen Sie den Faden zu einer sauberen Kante und anschließend nach oben in Richtung Hals.

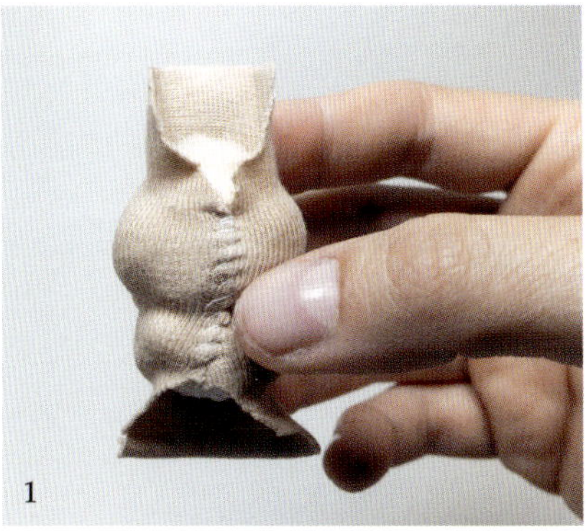
1

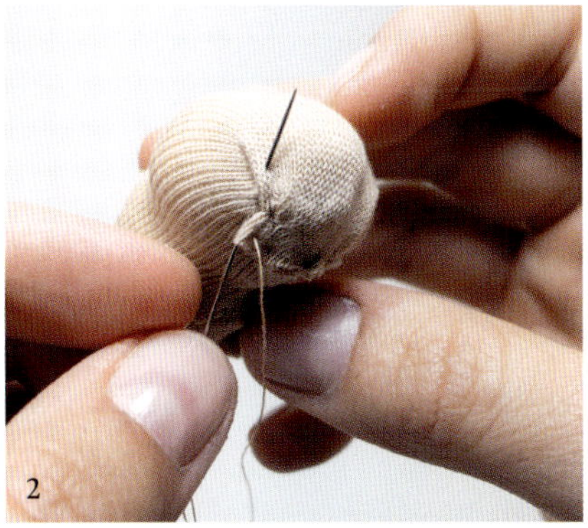
2

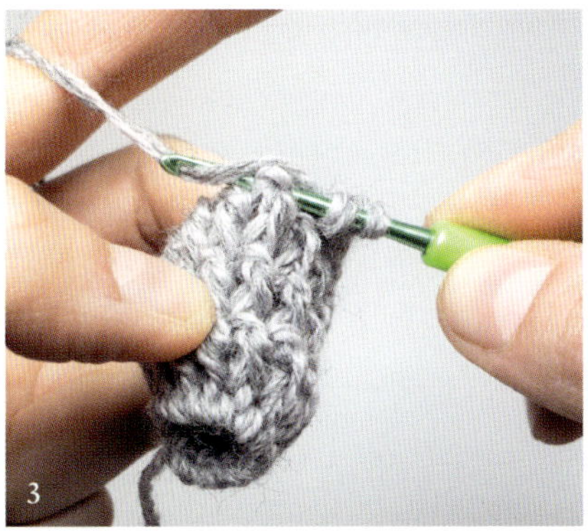
3

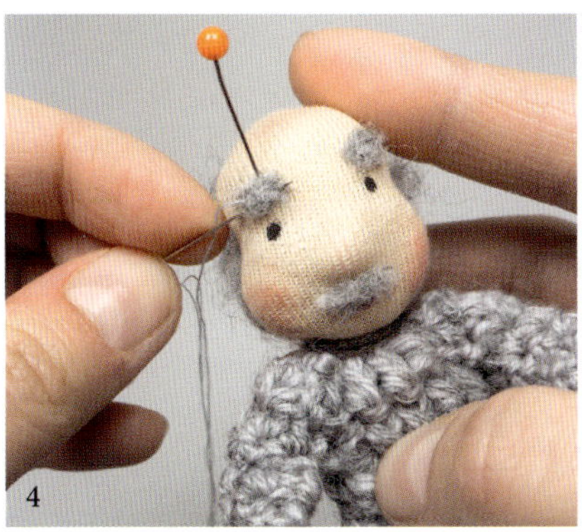
4

5. Unterteil: Der untere Bereich des Körpers wird in einer neuen Garnfarbe gehäkelt. Die 1. Runde wird in die zuvor ausgelassenen inneren Maschenglieder des Oberteils gehäkelt, dabei kann der Anfangsfaden direkt eingehäkelt werden, um ihn später nicht vernähen zu müssen. Häkeln Sie 6 Spiralrunden und beenden Sie die Arbeit wie in der Grundanleitung beschrieben. Auch diesen Faden in Richtung Hals vernähen.

6. Arme: Die Arme werden, wie auf S. 52 beschrieben, hergestellt und angenäht.

Hals und Kragen

7. Kopf und Körper werden wie in der Grundanleitung zusammengenäht, jedoch sollten die Fäden am Hinterkopf vernäht werden, damit sie später nicht auf der Glatze sichtbar sind.

8. Kragen: Für den Kragen wickeln Sie etwas Wollgarn um den Hals. Im Nacken verknoten und die Fadenenden am Hinterkopf vernähen.

Augenbrauen und Oberlippenbart

9. Zwirbeln Sie mit den Fingern etwas Wolle für den Bart und zwei gleich große Wollstränge für die Augenbrauen zusammen. Die Wolle an die entsprechenden Stellen mit einer Stecknadel feststecken und, vom Nacken der Figur her kommend, die Wolle mit einigen kleinen Stichen an den Kopf nähen **(Abb. 4)**. Sollten Stiche sichtbar sein, kann mit der Nadelspitze vorsichtig über die Wolle «gekämmt» werden.

Haare

10. Für das Kopfhaar wird etwas Schafwolle auf die seitlichen, sichtbaren Nähte am Kopf und ebenso am Hinterkopf platziert und angenäht.

Fritz der Clown

Zusätzliches Material

- kleine, helle Holzperle für die Nase
- gut dehnbarer Trikotstoff für den Kopf, etwas höher
- rotes Stickgarn für den Mund
- Garn mit Farbverlauf für den Körper
- Tüll für die Halskrause (1,5–2 cm x 25–30 cm)
- gelbe Filzwolle oder Märchenwolle für das Haar
- feiner Pinsel und rote Textilfarbe für die Nase

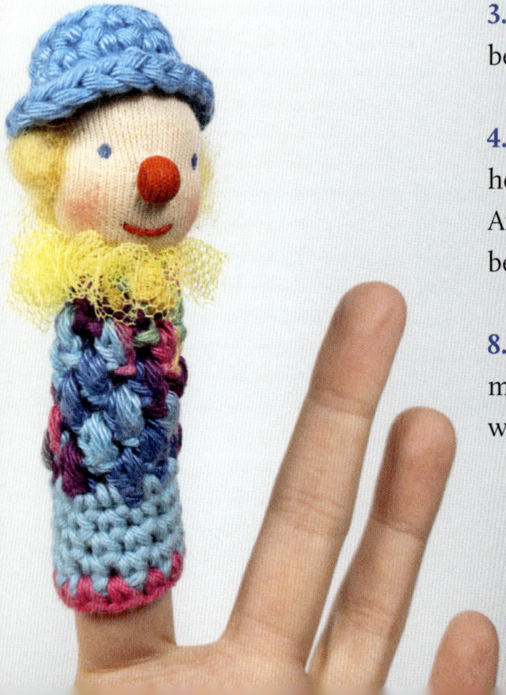

Dem lustigen Clown habe ich ein fröhlich-buntes Aussehen gegeben. Sein Oberteil ist aus Garn mit Farbverlauf und in Büschelmaschen gehäkelt, wodurch die einzelnen Büschel des Musters hübsch zur Geltung kommen. Fritz trägt eine gelbe Halskrause und auf seinem Büschelhaar einen kleinen blauen Hut.
Natürlich darf auch die rote Clownsnase nicht fehlen! Sie ist aus einer Holzperle unter dem Trikot gemacht und wurde anschließend rot angemalt. Der breite, lachende Mund ist diesmal gestickt.

Kopf und Gesicht

1. Stopfen Sie den Kopf nach der Grundanleitung und binden Sie die Augenlinie ab.

2. Perlennase: Für die Nase des Clowns eignet sich eine kleine, helle Holzperle. Sie wird unterhalb der Augenlinie an den Kopf genäht, sodass das Loch der Perle waagrecht zur Augenlinie verläuft **(Abb. 1)**.

3. Trikot überziehen: Der Clown hat eine hohe Stirn; sie wird ähnlich wie bei dem Opa (siehe S. 68) gemacht **(Abb. 2)**.

4. Rote Clownsnase: Mit einem stabilen Faden wird die Perlennase rundherum abgebunden, und die Fadenenden werden am Hinterkopf vernäht. Anschließend wird die Nase mit einem feinen Pinsel mit roter Stofffarbe bemalt.

8. Gestickter Mund: Mit einem Markierstift einen lachelnden Mund aufmalen. Dann das Sticktwist vom Hinterkopf ausgehend zu einem Mundwinkel durchstechen. Aus dem Stickgarn einen einzelnen Faden lösen, da er zum Annähen des restlichen Stickgarns gebraucht wird. Das Stickgarn durch den anderen Mundwinkel zurück zum Hinterkopf nähen. Formen Sie mit dem Stickgarn einen schönen, lächelnden Mund und nähen Sie mit dem einzelnen Faden des Stickgarns mit 2–3 kleinen Stichen den Mund am Trikot fest **(Abb. 3)**. Abschließend wird er zum Hinterkopf durchgestochen und dort vernäht. Ebenso die restlichen Fäden des Stickgarns vernähen; ziehen Sie die Fäden jedoch nicht zu stramm, damit das Garn am Mund nicht zu fest wird. Als Letztes malen Sie die Augen auf das Gesicht.

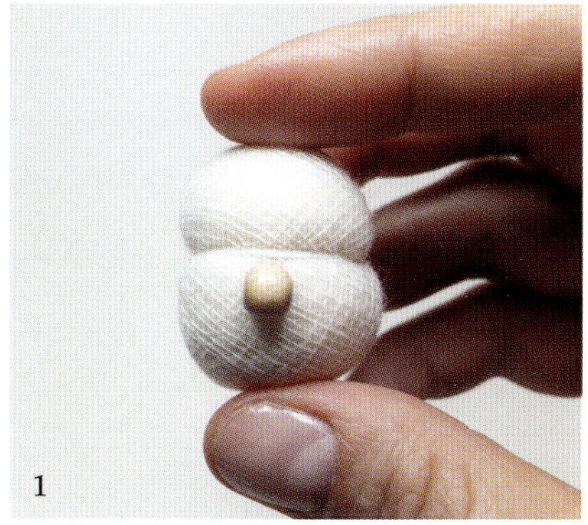

1

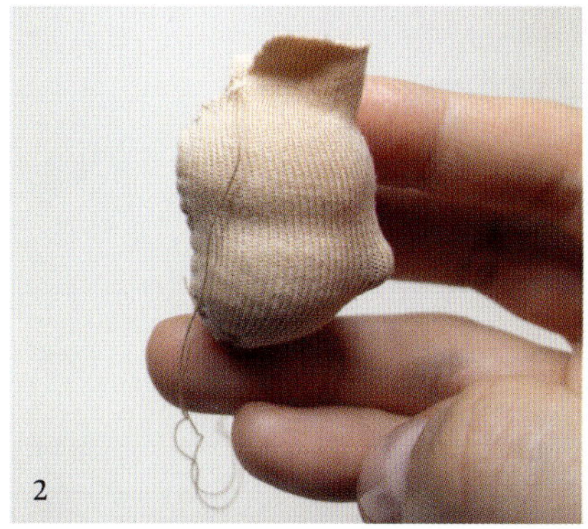

2

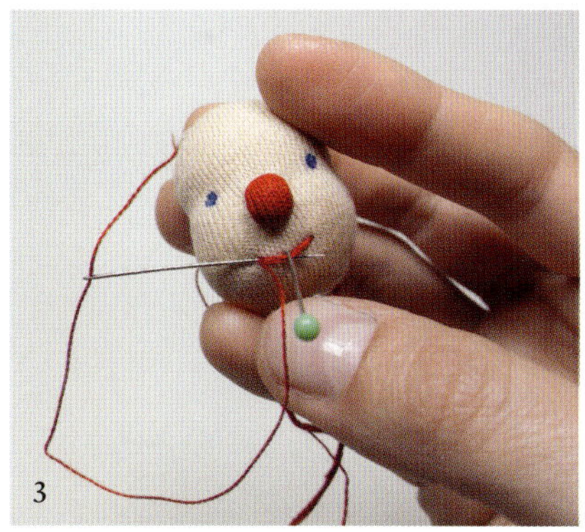

3

Körper

6. Oberteil aus Büschelmaschen: Das Oberteil des Clowns wird mit Büschelmaschen in Spiralrunden gehäkelt.

Wie üblich 12 Maschen in einen Fadenring häkeln und anschließend 2 Luftmaschen obendrauf. Nun werden die Büschelmaschen gehäkelt, indem Sie in die nächste Masche 3 Stäbchen häkeln und den Arbeitsfaden durch alle 7 Schlingen auf der Häkelnadel ziehen; dabei werden die 3 Stäbchen zusammengehäkelt. Auf diese Büschelmasche wird 1 Luftmasche gesetzt und die nächste Masche der Runde übersprungen, um dann erneut eine Büschelmasche zu häkeln **(Abb. 4)**.

Wiederholen Sie die Schritte, bis Sie insgesamt 6–7 Runden gehäkelt haben, und beenden Sie die Runde mit 1 Kettmasche.

7. Unterteil: Der untere Teil des Körpers wird in Spiralrunden in festen Maschen gehäkelt. Die letzte Reihe kann nochmals in einer anderen Farbe gehäkelt werden.

Arbeiten Sie alle Fadenenden beim Häkeln mit ein oder vernähen Sie sie am Ende, wobei zwei lange Arbeitsfäden oben am Hals für das Fixieren des Kopfes benötigt werden.

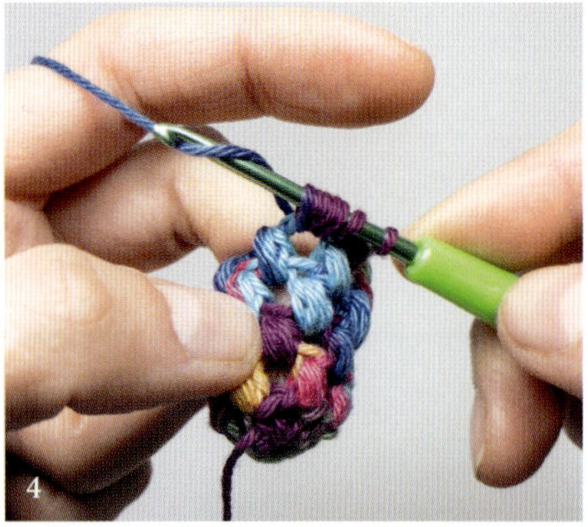

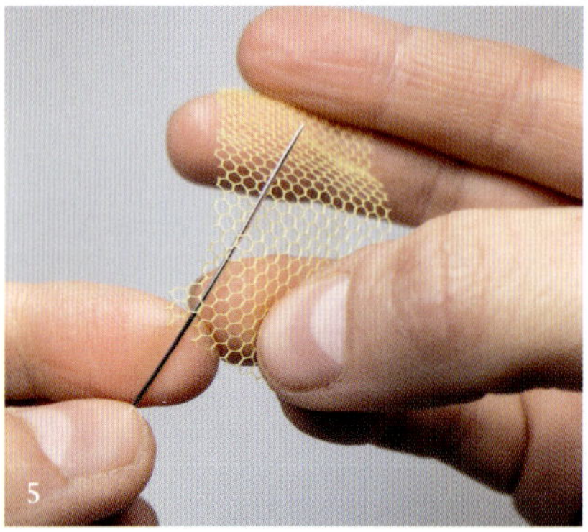

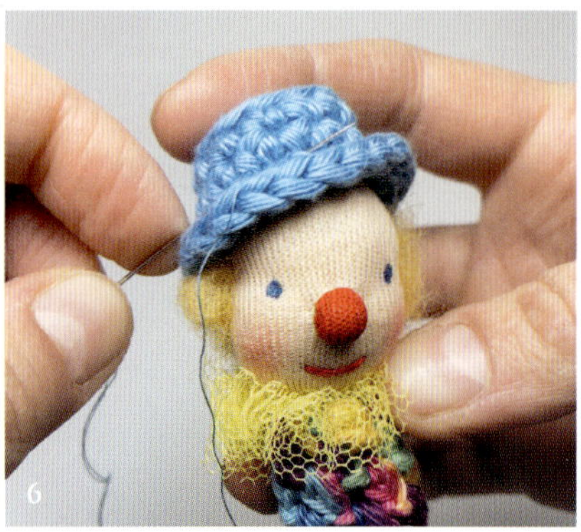

Hals und Kragen

8. Nähen Sie den Kopf wie üblich an den Körper.

9. Halskrause: Für die Halskrause wird ein stabiler Kräuselfaden in den Rand eines 1,5–2 cm breiten Tüllstreifens genäht **(Abb. 5)**. Schieben Sie den Tüll zusammen, sodass viele kleine Falten entstehen, knoten Sie ihn als Kragen um den Hals des Clowns und vernähen Sie die Fadenenden.

Haare

10. Auf den Kopf-Seitennähten des Trikotstoffs und im Nacken wird gelb gefärbte Wolle als Haar aufgenäht; dadurch werden alle Falten und sichtbaren Nähte kaschiert. Nähen Sie die Haare wie auf S. 42 beschrieben auf.

Kleiner Hut

11. Hutdeckel: Häkeln Sie 6 feste Maschen in einen Fadenring und verdoppeln Sie in der nächsten Runde jede Masche. In der 3. Runde wird 1 Reihe nur in das innere Maschenglied gehäkelt; so ergibt sich eine Hutkante. Anschließend 1 Runde in beide Maschenglieder arbeiten.

12. Hutkrempe: Arbeiten Sie 1 Runde nur in das äußere Maschenglied und häkeln Sie dabei in jede Masche 2 Maschen, sodass eine Hutkrempe entsteht. Beenden Sie die Arbeit und vernähen Sie die Fäden im Inneren des Hutes.
Den Hut auf dem Kopf des Clowns platzieren und dort festnähen **(Abb. 6)**.

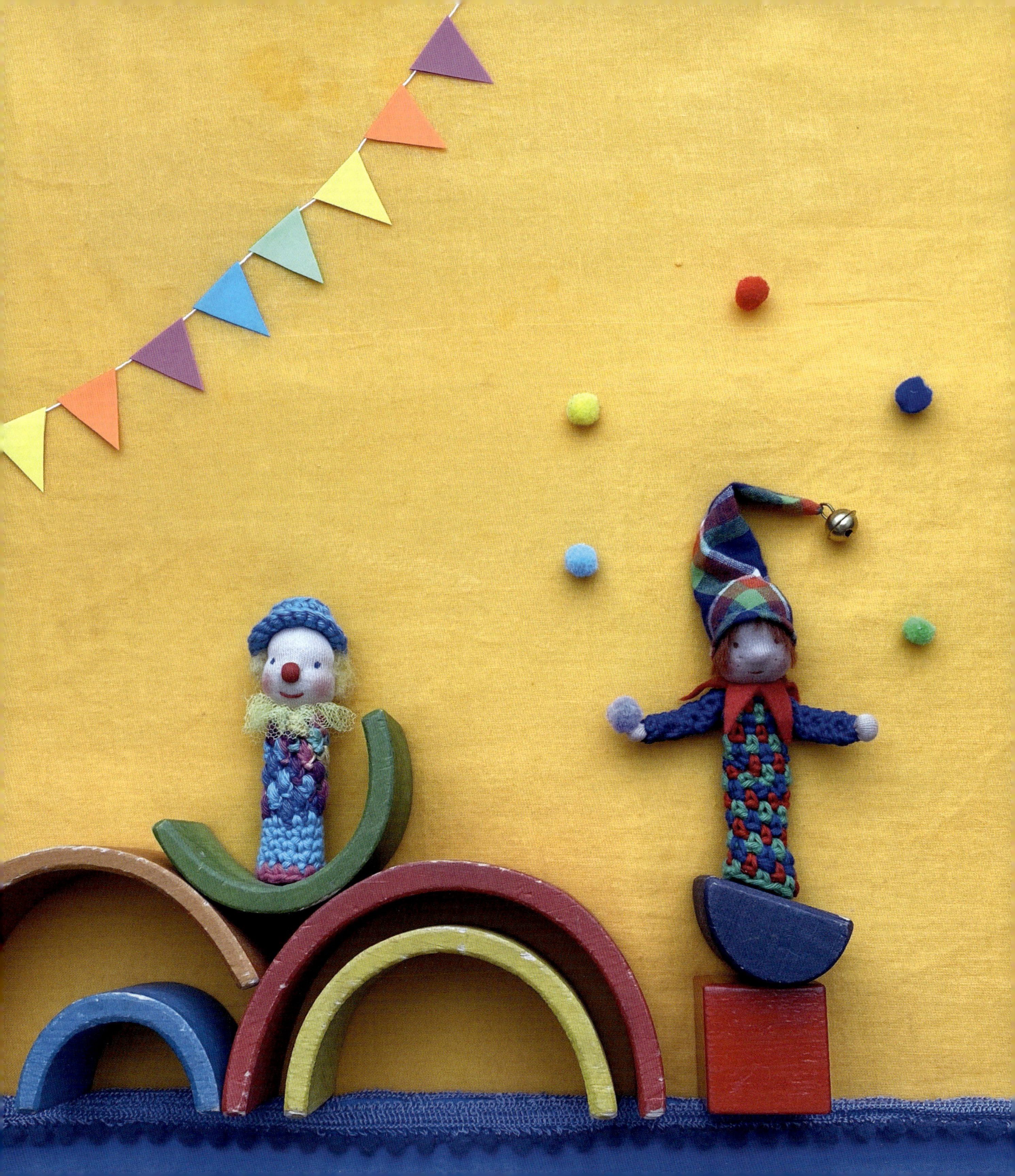

Kasperle Franz

Zusätzliches Material

- etwas Schafwolle oder eine Holzperle für die Nase
- braune Stofffarbe oder Nähgarn für die Sommersprossen
- Baumwoll- oder Wollgarn in 3 Farben für den Körper
- Mohairstoff für das Haar
- Stoff für die Zipfelmütze
- ggf. eine Glocke für die Zipfelmütze
- Filz für den Zipfelkragen

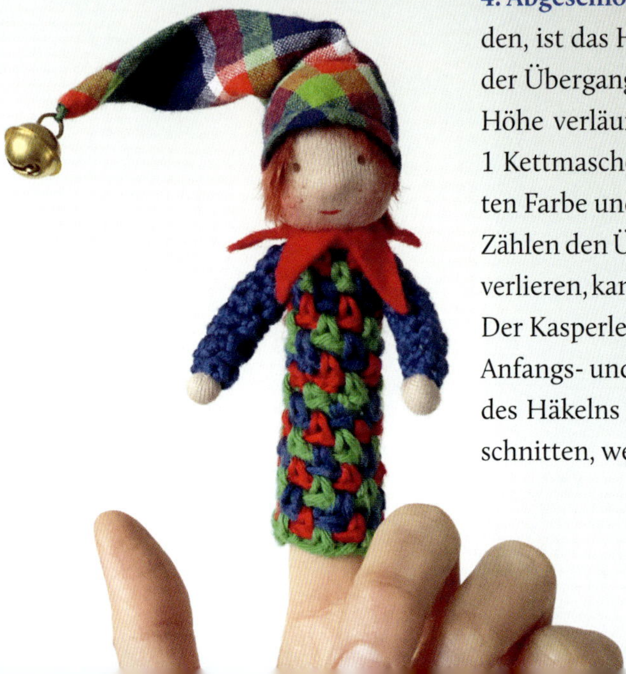

Kasperle trägt eine Zipfelmütze mit Glöckchen, farblich passend ist sein Körper im «Moss Stitch»-Muster. Sein freundlich-frecher Charakter wird durch den Zipfelkragen, einen lächelnden Mund und Sommersprossen unterstrichen.

Kopf und Körper

1. Kopf: Den Kopf wie in der Grundanleitung herstellen und dem Kasperle eine ausgeprägte Nase machen (wie bei der Oma auf S. 64).

2. Sommersprossen: Malen Sie mit einem Trickmarker ein paar Sommersprossen in das Gesicht **(Abb. 1)**. Sie können sie entweder mit einer in brauner Farbe getauchten Nadelspitze auftupfen oder mit kleinen Stichen hellbraunen Nähgarns etwa eine Trikotrippe breit aufsticken.

3. Körper und Arme: Der Körper vom Kasperle ist in abgeschlossenen Runden des «Moss Stitch»-Musters gehäkelt.

4. Abgeschlossene Runden: Soll der Körper mehrfarbig oder gestreift werden, ist das Häkeln in abgeschlossenen Runden zu empfehlen, denn so ist der Übergang am Rundenanfang und -ende nicht sichtbar, da er auf einer Höhe verläuft. Jede Reihe beginnt mit 1 Steigeluftmasche und wird mit 1 Kettmasche beendet. Beim Farbwechsel wird die Kettmasche in der alten Farbe und die Steigeluftmasche in der neuen Farbe gehäkelt. Um beim Zählen den Überblick der Maschen bzw. Rundenanfang und -ende nicht zu verlieren, kann mit einem Markierfaden oder Ähnlichem gearbeitet werden. Der Kasperle-Körper ist abwechselnd blau, rot und grün gehäkelt. Alle drei Anfangs- und auch die Endfäden werden später im Kopf vernäht. Während des Häkelns bleiben die drei Arbeitsfäden hängen und werden erst abgeschnitten, wenn der Körper fertig gehäkelt ist.

5. Moss Stitch: 12 Maschen in einen Fadenring häkeln und den Ring mit 1 Kettmasche schließen. Die 1. Runde beginnt mit 1 Steigeluftmasche, danach 1 feste Masche und 1 Luftmasche häkeln. Nun 1 Masche überspringen, um dann wieder 1 feste Masche und 1 Luftmasche zu häkeln; dies wiederholen, bis die Runde fertig gehäkelt ist **(Abb. 2)**. Die Runde mit 1 Kettmasche schließen und die Farbe wechseln. Jede weitere neue Runde beginnt mit 1 Steigeluftmasche in der neuen Garnfarbe. Wieder 1 feste Masche und 1 Luftmasche im Wechsel häkeln, wobei die feste Masche in den Luftmaschenzwischenraum der Vorrunde gehäkelt wird. Die Runde mit 1 Kettmasche beenden. Insgesamt werden bei diesem Muster 16 Runden gehäkelt, dabei wird die letzte Runde mit festen Maschen gehäkelt.

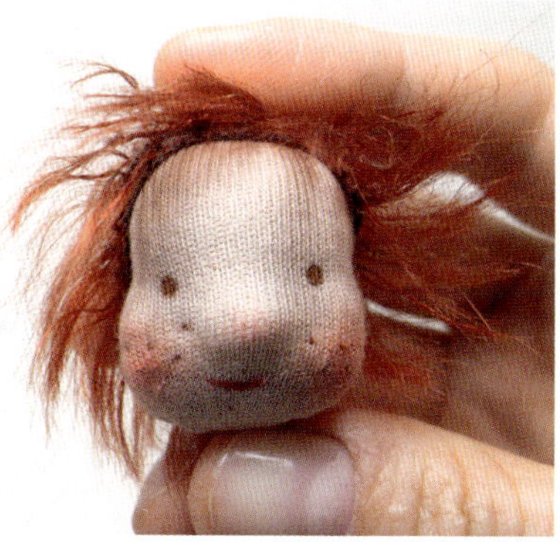

1

6. Arme: Die Arme werden, wie auf S. 52f. beschrieben, hergestellt und an den Körper genäht.

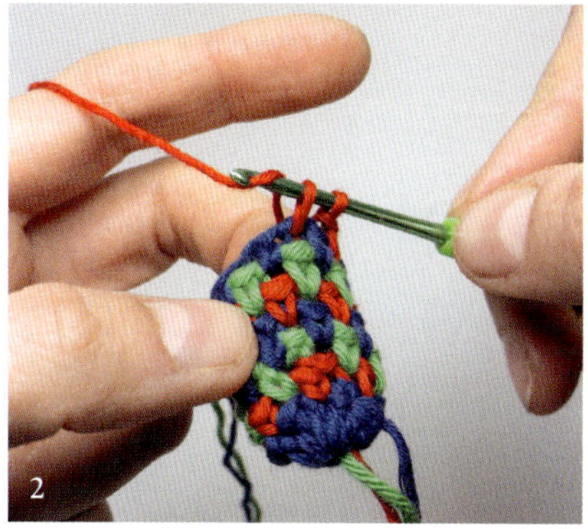

2

Hals, Haare und Mütze

7. Nähen Sie Kopf und Körper auf die übliche Weise zusammen.

8. Zipfelkragen: Den Kragen aus Filz nach dem Schnittmuster zuschneiden, ihn danach kräuseln **(Abb. 3)** und die Fadenenden im Nacken verknoten. Anschließend wird der Kragen am Hals festgenäht.

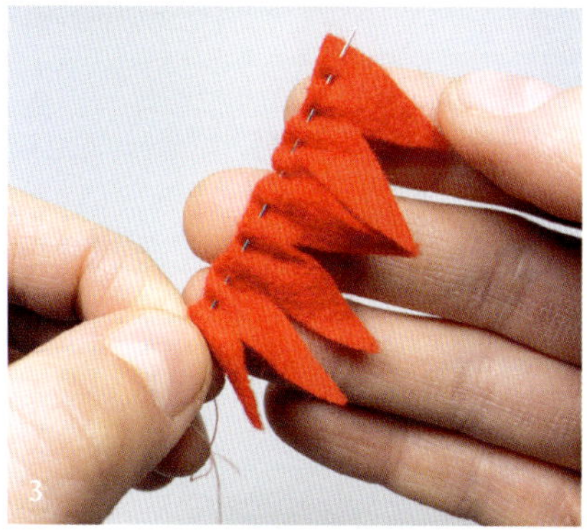

3

9. Haare: Da das Kasperle eine Mütze aufhat, reicht ein angenähter Haarkranz aus Mohairfell, wie auf S. 48 und 50 beschrieben.

10.Zipfelmütze: Die lange Mütze wird aus Baumwollstoff nach dem Schnittmuster zugeschnitten. Schließen Sie die seitliche Naht und wenden Sie die Mütze. Am Zipfel kann ein Glöckchen angenäht werden; bedenken Sie jedoch, dass dies für Kleinkinder ein potenziell verschluckbares Teil ist. Den Rand der Mütze nach innen einschlagen, auf den Kopf des Kasperles setzen, mit ein paar Stecknadeln feststecken und annähen **(Abb. 4)**.

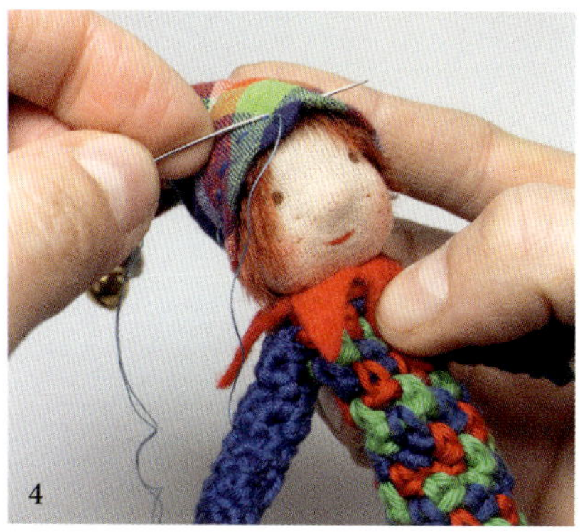

4

Wichtel Juri

Der kleine Wichteljunge hat einen zweifarbigen Körper mit Armen. Der Kragen und die Zwergenmütze aus Filz sind grün, und unter ihr schaut sein rötliches Haar hervor.

Zusätzliches Material

- Baumwoll- oder Wollgarn in 2 Farben für Ober- und Unterteil des Körpers
- Garn für den Kragen
- Mohairstoff für das Haar
- Filz für die Zwergenmütze

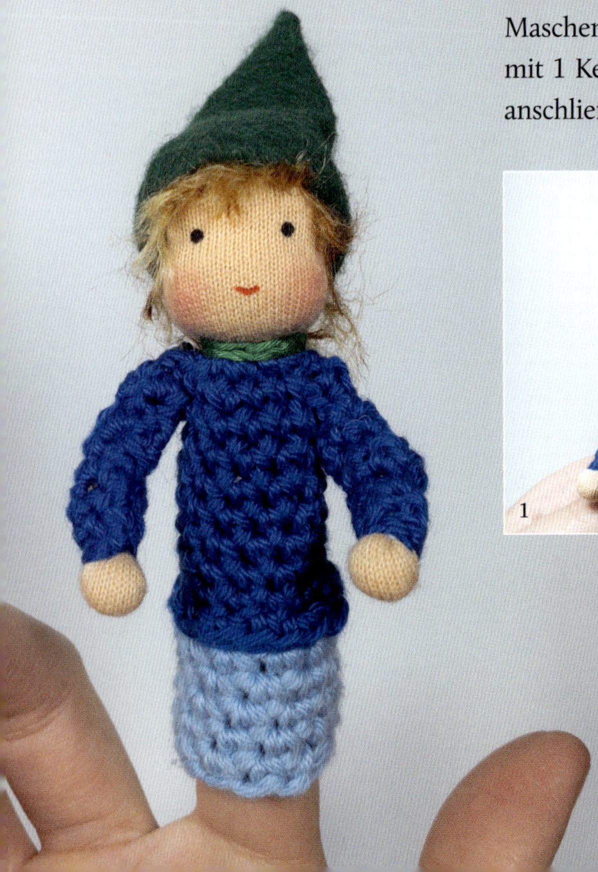

Kopf und Gesicht

1. Stellen Sie den Kopf und das Gesicht des Wichtels nach der Grundanleitung her.

Körper

2. Oberteil: Häkeln Sie 6 Spiralrunden, wie in der Grundanleitung beschrieben, und beenden Sie die Runde mit 1 Kettmasche. Das Oberteil wird, wie bei Opa auf S. 68 beschrieben, unten etwas breiter gehäkelt. Häkeln Sie dafür die letzte Runde nur in das äußere Maschenglied und nehmen dabei Maschen zu, indem Sie jede 4. Masche verdoppeln. Beenden Sie die Runde mit 1 Kettmasche. Den Faden zu einer sauberen Kante vernähen und ihn anschließend nach oben in Richtung Hals nähen.

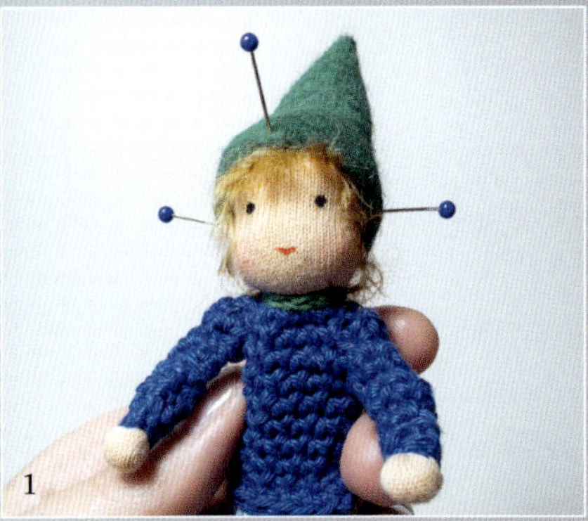

1

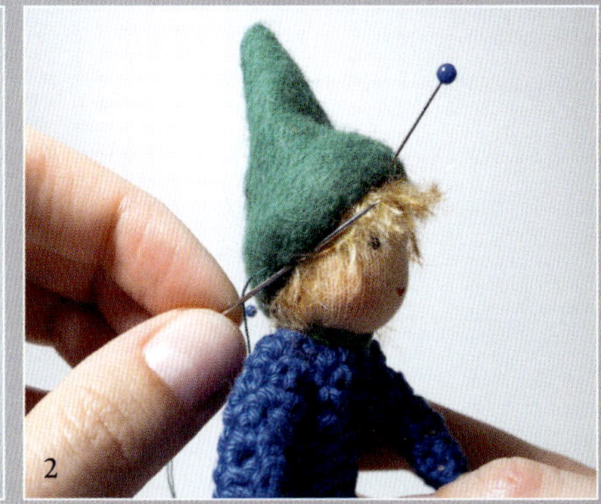

2

3. Unterteil: Die 1. Runde in der neuen Farbe wird in die zuvor ausgelassenen inneren Maschenglieder gehäkelt und der Anfangsfaden dabei direkt mit eingehäkelt. In Spiralen weiterhäkeln und nach ca. 8 Runden beenden, mit einer sauberen Häkelkante abschließen und den Faden nach oben vernähen.

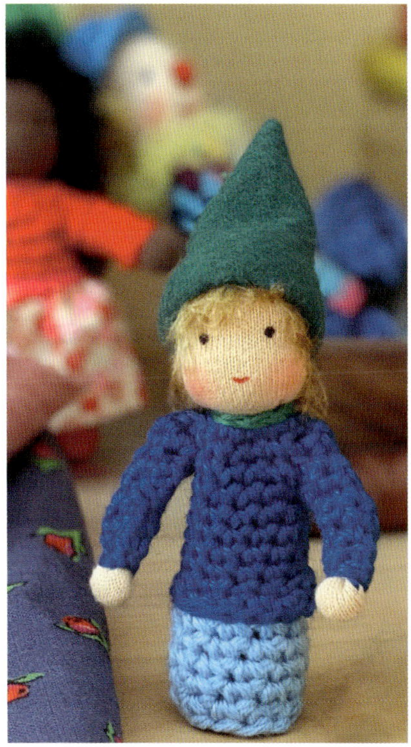

4. Arme: Die Arme erstellen Sie, wie auf S. 52f. beschrieben.

Hals und Kragen

5. Nähen Sie den Kopf an den Körper, wie im Grundmodell erklärt.

6. Kragen: Der Kragen besteht aus einer kurzen Luftmaschenkette, wie bei Nelly auf S. 53 beschrieben.

Haare

7. Nähen Sie einen Haarkranz auf den Kopf, wie auf S. 48 und 50 (Levi) gezeigt.

Zwergenmütze

8. Schneiden Sie die Mütze aus Filz nach dem Schnittmuster zu. Die seitliche Naht schließen und die Mütze wenden. Vor dem Aufnähen kann sie entweder in gewünschter Breite nach innen eingeschlagen oder ohne Umschlag auf dem Kopf festgenäht werden **(Abb. 1 und 2)**.

Ove der Zwerg

Zwerg Ove trägt einen warmen, blaugrünen Wollfilzmantel und eine rote Zwergenmütze aus Filz. Ich habe ihm außerdem eine kleine Knollennase ins Gesicht gearbeitet und einen prächtigen Vollbart aus Schafwolle aufgenäht.

Zusätzliches Material

- Filz für den Mantel
- Schafwolle für Bart und Haare
- Filz für die Zwergenmütze

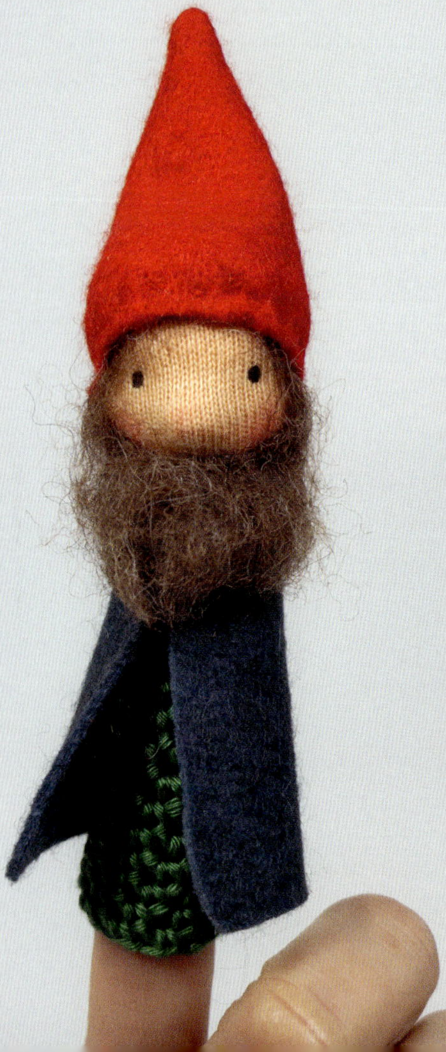

Kopf, Körper, Hals und Kragen

1. Kopf und Gesicht: Stellen Sie einen Kopf mit Nase her (die Beschreibung dazu findet sich bei Oma Lida auf S. 64), und bemalen Sie das Gesicht.

2. Körper: Der Körper wird wie in der Grundanleitung gehäkelt.

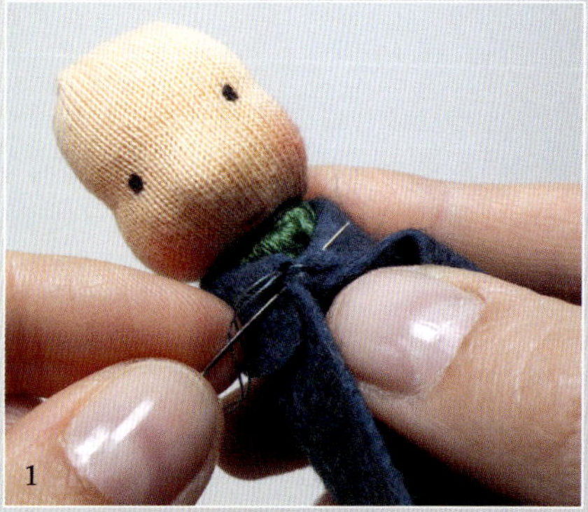
1

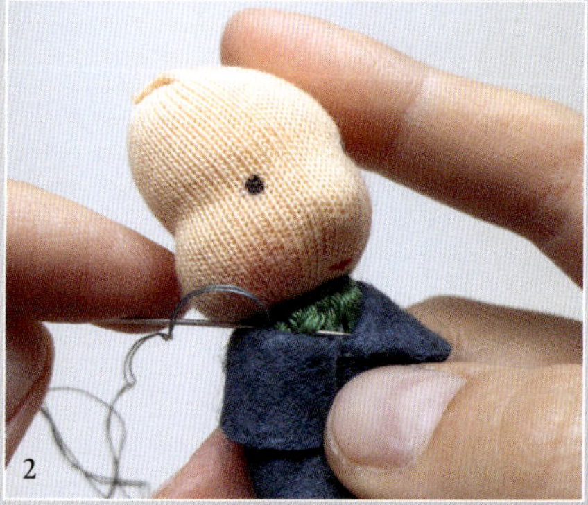
2

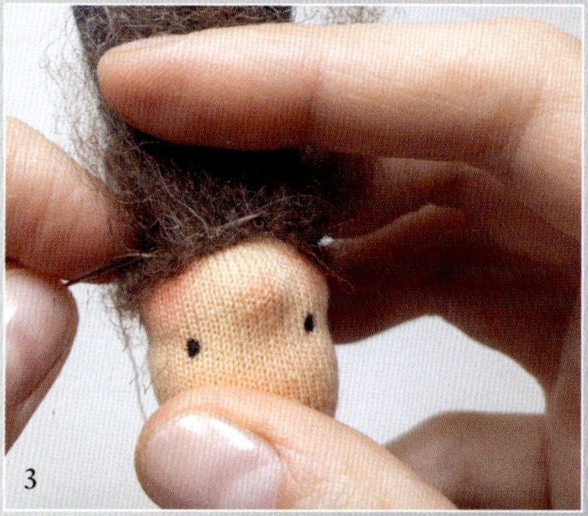
3

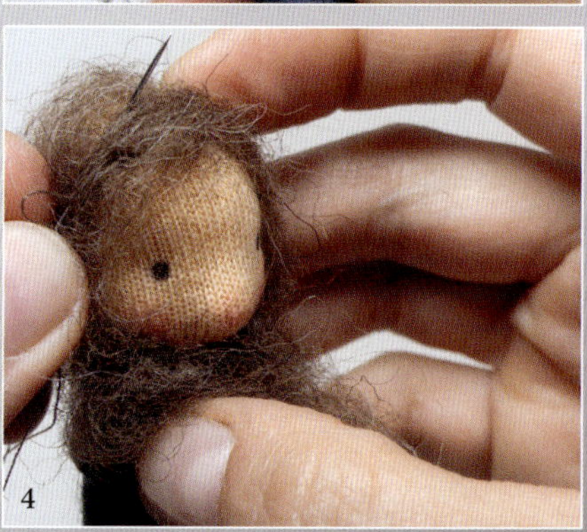
4

3. Hals und Kragen: Kopf und Körper werden, wie in der Grundanleitung beschrieben, miteinander verbunden. Da der Hals des Zwerges von seinem Bart und dem Mantel verdeckt wird, braucht er keinen extra Kragen.

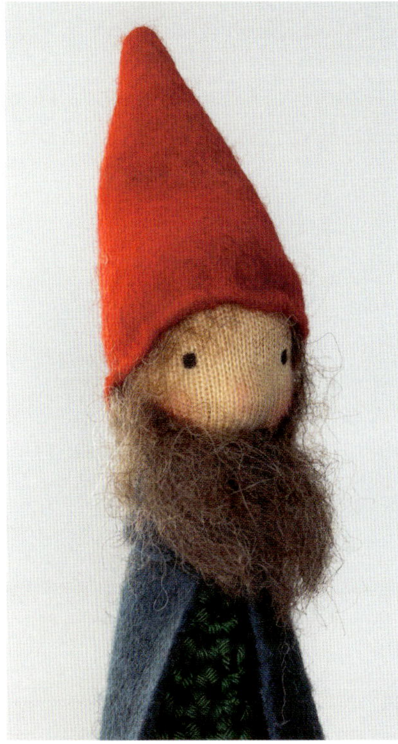

Mantel mit Kragen

4. Schneiden Sie den Mantel nach dem Schnittmuster zu. Der Kragen wird nach außen gefaltet, der Mantel vorne mit ein paar Stichen geschlossen **(Abb. 1)** und dabei auch am Körper angenäht. Nähen Sie den Mantel mit Matratzenstich entlang der Kante an den Hals fest **(Abb. 2)**.

Bart und Haare

5. Bart: Einen Strang Wolle zupfen und mit 2–3 Stecknadeln am Kopf feststecken. Den Bart mit kleinen Stichen am Kopf annähen **(Abb. 3)**. Erst wenn er gut im Gesicht sitzt und angenäht ist, wird er auf die gewünschte Länge durch vorsichtiges Zupfen oder Schneiden gekürzt.

6. Haare: Das Haupthaar wird wie bei der Grundanleitung aufgenäht, wobei es ausreicht, die Wolle als Haarkranz um den Kopf zu drapieren und anzunähen (Abb. 4).

Zwergenmütze

7. Die Mütze, wie beim Wichteljungen beschrieben, herstellen und an den Kopf nähen (vgl. S. 77).

Zwergen-mädchen Ida

Zusätzliches Material

- Stoff für das zweiteilige Kleid
- Wollgarn für das Haar
- Filz für die Zwergenmütze

Das kleine Zwergenmädchen trägt über seinem gehäkelten Körper ein zweiteiliges Baumwollkleid. Werden andere Farben bzw. Stoffe miteinander kombiniert, kann dies auch wie ein Oberteil mit Rock aussehen.

Idas Haar aus rotbraunem, dünnem Wollgarn habe ich zu zwei seitlichen Zöpfen geflochten und ihr eine leuchtend gelbe Zwergenmütze aufgesetzt.

Kopf, Gesicht und Körper

1. Fertigen Sie Kopf, Gesicht und Körper nach der Beschreibung der Grundanleitung an.

Zweiteiliges Kleid

2. Zuschneiden: Schneiden Sie die beiden Stoffteile zu und überprüfen Sie, ob sich der Stoff des Oberteils locker um den Körper des Fingerpüppchens legen lässt. Das Oberteil sollte nicht zu eng anliegen, damit der gehäkelte Körper beim Hineinschlüpfen nicht eingeengt wird.

3. Unterteil: Säumen Sie eine Längskante des Unterteils mit doppeltem Umschlag. Kräuseln Sie die andere Längskante mit einem Faden, sodass sie kleine Falten wirft. Der Stoff sollte durch das Kräuseln die gleiche Breite wie der Stoff des Oberteils bekommen (ca. 10 cm).

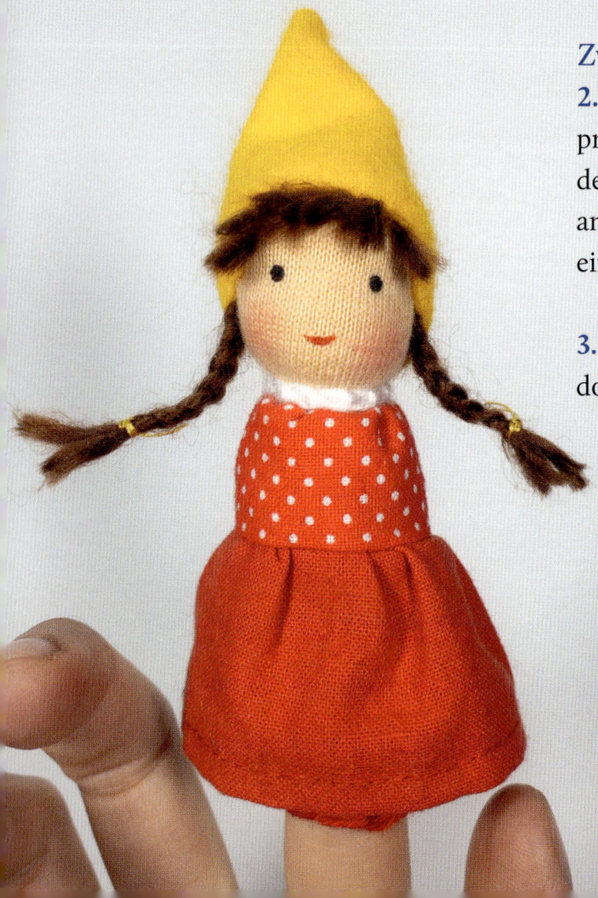

3. Zusammennähen und anpassen: Die beiden Teile rechts auf rechts zusammenstecken und darauf achten, dass sich die Raffung schön gleichmäßig verteilt **(Abb. 1)**. Nähen Sie die beiden Stoffe zusammen.
Die Kante des Oberteils nach innen schlagen und am Püppchen die Länge des Kleides überprüfen. Sollte es zu lang sein, kürzen Sie den Stoff entsprechend oder machen Sie eine breitere Halskante. Legen Sie das Kleid auf rechts zusammen und schließen Sie die rückwärtige Naht **(Abb. 2)**. Das Kleid wird gewendet und dem Püppchen angezogen **(Abb. 3)**.

4. An den Körper nähen: Nun wird der Saum am Hals mit einem stabilen Kräuselfaden zugezogen und per Matratzenstich knappkantig am Hals angenäht. Achten Sie dabei darauf, dass sich die Naht des Kleides hinten befindet.

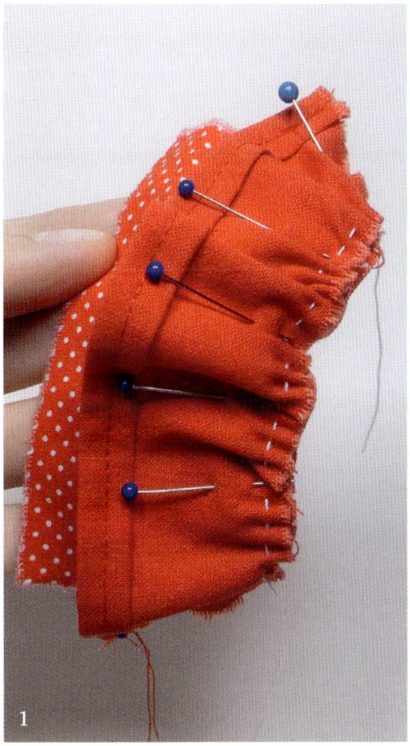
1

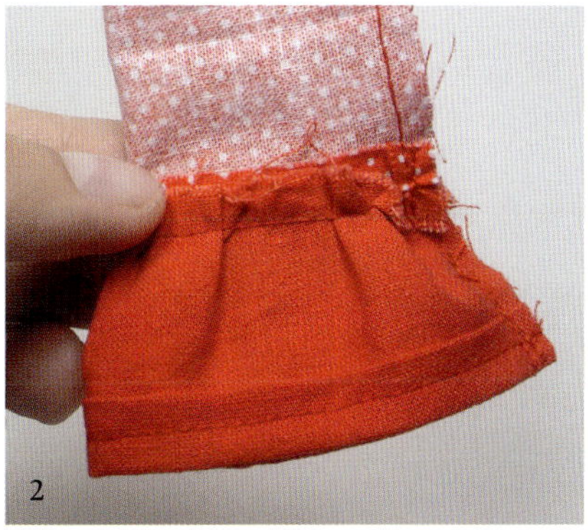
2

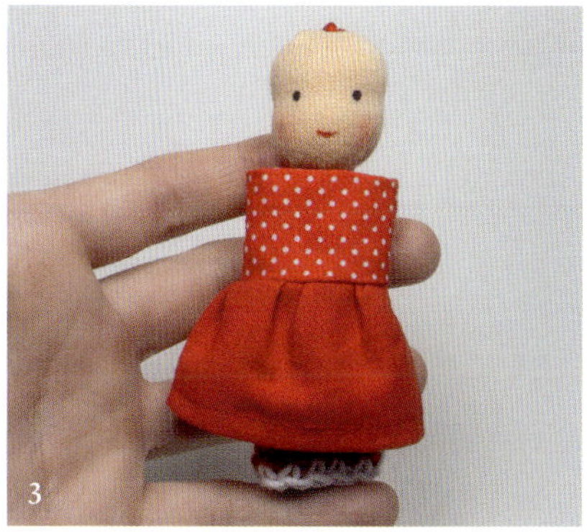
3

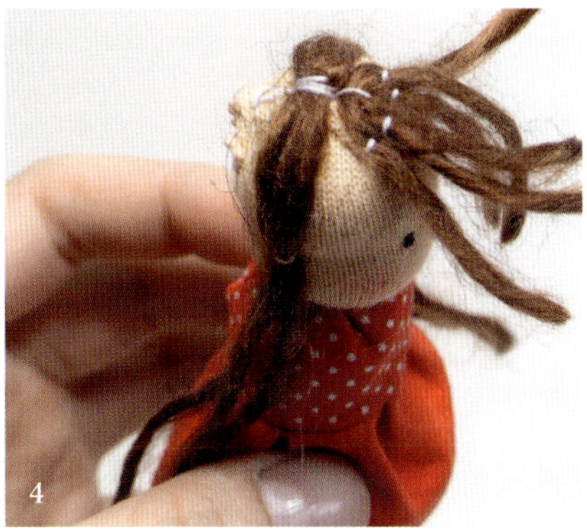
4

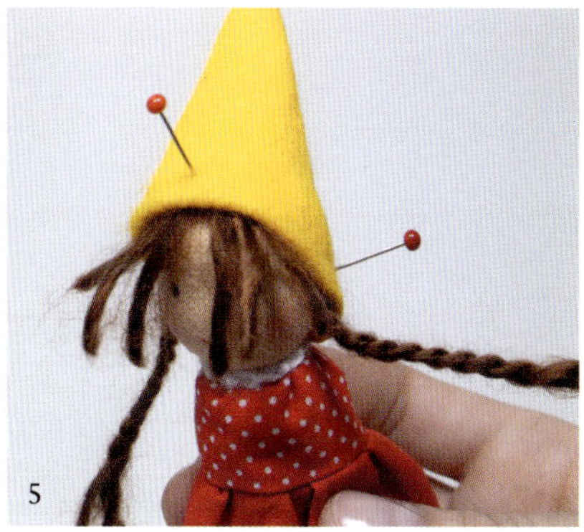
5

Kragen

5. Der Kragen besteht aus einer Luftmaschenkette und wird wie bei dem Mädchen Nelly auf S. 53 gehäkelt und angenäht.

Haare

6. Für die Haare wird etwas Wollgarn für Pony und Zöpfe zugeschnitten. Dabei sollte das Garn für die Zöpfe nicht zu kurz sein, sonst fällt es schwer, sie später zu flechten.

7. Zöpfe: Drei Garnfäden für die Zöpfe quer über den Kopf legen, am Oberkopf mit ein paar Stichen annähen. Auf der Höhe der Ohren ebenfalls mit ein paar Stichen an den Kopf nähen und zu Zöpfen flechten. Die Zöpfe am Ende mit einem Zwirnsfaden zusammenbinden oder -nähen.

8. Pony: Auch für die Ponyhaare etwas Wollgarn zuschneiden, am Oberkopf zurechtlegen und mit ein paar Stichen annähen (Abb. 4). Lassen Sie den Pony lieber etwas länger und kürzen Sie ihn erst auf die gewünschte Länge, wenn die Mütze angenäht ist.

Zwergenmütze

9. Nähen Sie die Mütze aus Filz, wie bei dem Wichteljungen Juri auf S. 77 erklärt **(Abb. 5)**.

Frisieren

10. Ist das Ponyhaar zu lang, können Sie es auf die gewünschte Länge kürzen und gegebenenfalls die einzelnen Wollfäden mit einer Nadel vorsichtig auseinanderkämmen.

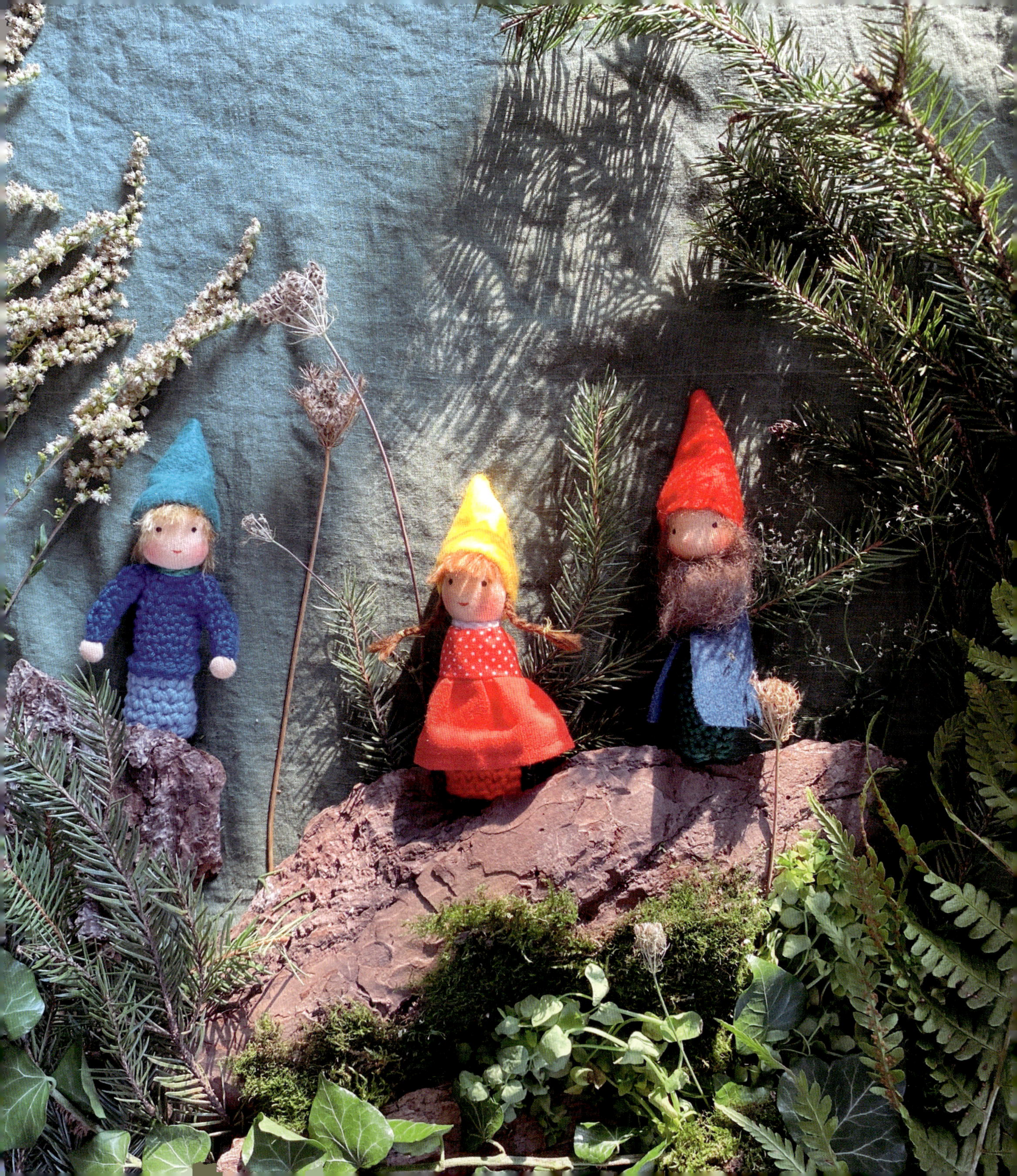

Marienkäfer Mary

Zusätzliches Material

- schwarzes Garn für den Körper
- roter und schwarzer Filz für den Flügelmantel
- schwarzes Wollgarn für das Haar
- Bürste

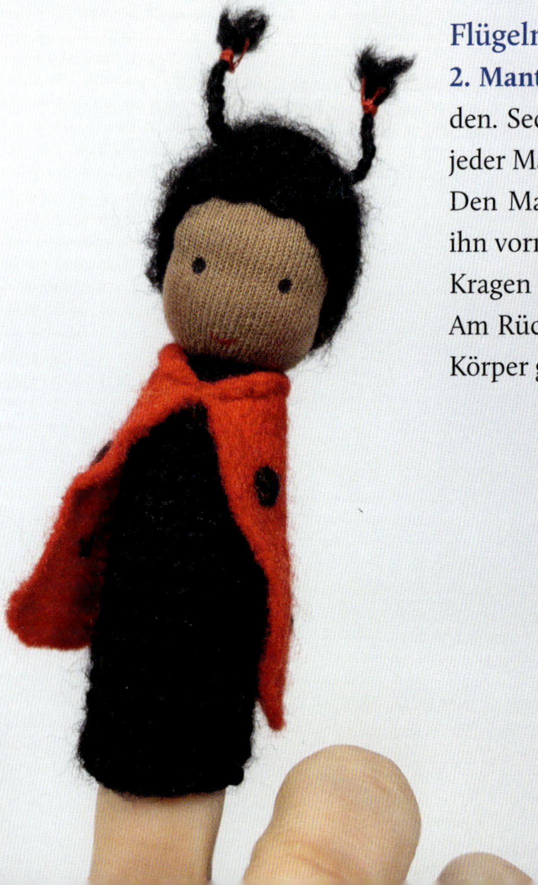

Das kleine Marienkäfermädchen trägt einen roten Mantel, auf den schwarze Punkte aufgenäht wurden. Statt sie aufzunähen, könnten die Punkte auch aufgemalt werden.
Mary trägt ein schwarzes Käppchen, und ihre Fühler sehen mit den roten Schleifen wie lustige kleine Zöpfe aus.

Kopf, Gesicht, Körper und Hals

1. Fertigen Sie Kopf, Hals und Körper nach der Grundanleitung an und nähen Sie den Kopf mit feinen Stichen an den Körper. Einen Kragen hat das Marienkäfermädchen nicht.

Flügelmantel

2. Mantel: Den Mantel aus dem Filz nach dem Schnittmuster zuschneiden. Sechs kleine Punkte aus schwarzem Filz ausschneiden und drei auf jeder Mantelseite aufnähen **(Abb. 1 und 2)**.
Den Mantel mit einem kleinen Kragen dem Marienkäfer umlegen und ihn vorne mit ein paar Stichen zunähen. Anschließend nähen Sie ihn am Kragen entlang an den Körper.
Am Rücken wird der Mantel mit schwarzem Garn im Steppstich an den Körper genäht **(Abb. 3)**.

Haare und Fühler

3. Käppchen: Häkeln Sie aus Wollgarn ein Käppchen, wie es auf S. 50 bei Levi beschrieben ist; behalten Sie jedoch einen langen Anfangs- und Endfaden zurück, da aus ihnen die Fühler gehäkelt werden.

4. Fühler: Die beiden langen Fäden in die vorletzte Runde an eine Stelle des Käppchens im Abstand von ca. 2 cm nähen. Mit dem Wollfaden eine enge Luftmaschenkette häkeln, sodass ein kleiner Fühler entsteht **(Abb. 4)**.
Ziehen Sie den Faden durch die Schlinge und umwickeln oder umnähen Sie das Ende mit rotem Zwirnsgarn, sodass er nicht mehr aufgehen kann. Der übrige Faden wird abgeschnitten. Den zweiten Fühler auf die gleiche Weise herstellen.

5. Auskämmen: Damit die gehäkelte Struktur des Käppchens nicht so deutlich sichtbar ist, werden die kleinen Wollfasern mit einer Bürste ausgekämmt; so wird das Haar etwas flauschiger. Anschließend platzieren Sie das Käppchen auf dem Kopf und nähen es fest.

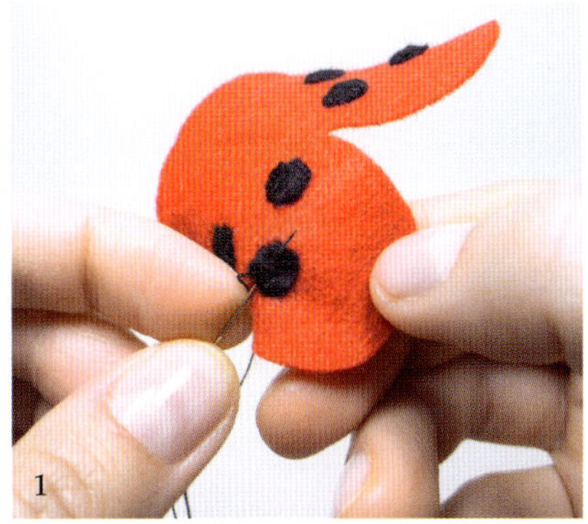
1

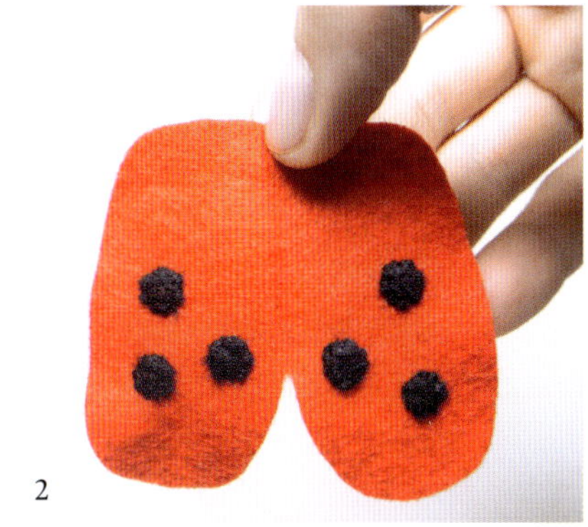
2

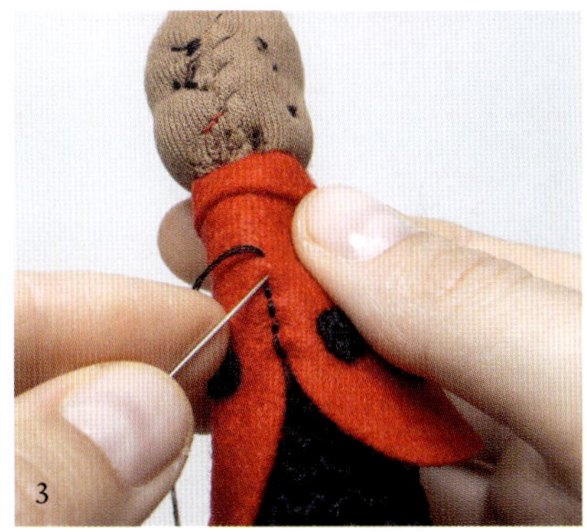
3

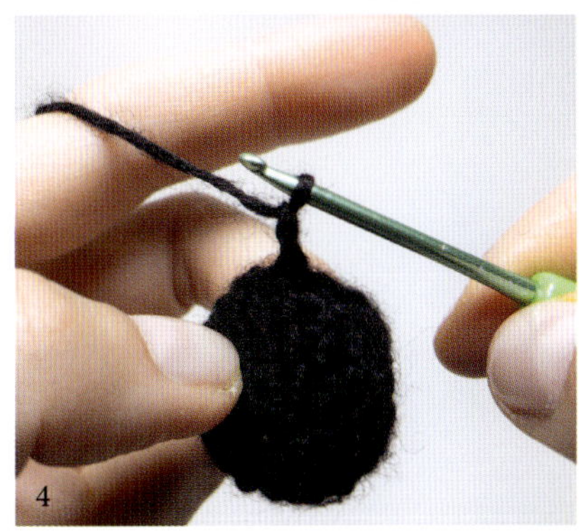
4

Biene Bo

Der gelb-braun gestreifte Körper der kleinen Biene wurde in abgeschlossenen Runden gehäkelt, um beim Farbwechsel einen sichtbaren Versatz mit Stufen zu vermeiden. Die Flügel der Biene sind aus Organza, einem transparenten, leicht schillernden, festen Gewebe. Sie wirken sehr zart und luftig, sind allerdings auch etwas empfindlicher und daher eher für ältere Kinder zu empfehlen. Bei einem Bienenpüppchen für jüngere Kinder würde ich die Flügel aus weißem Filz zuschneiden.

Zusätzliches Material

- Baumwoll- oder Wollgarn in Gelb und Braun für Körper und Käppchen
- Mohairstoff für das Haar
- weißes Organza-Gewebe oder weißen Filz für die Flügel
- etwas doppelseitiges Bügelvlies (Vliesofix) für die Flügel

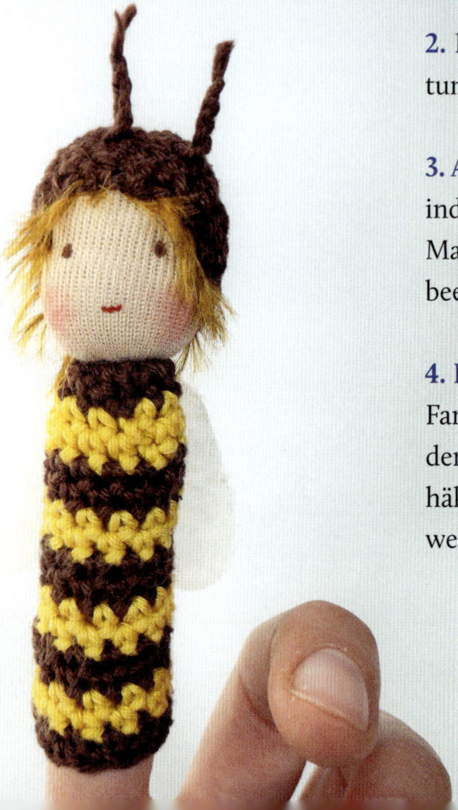

Kopf und Gesicht

1. Nähen und bemalen Sie Kopf und Gesicht nach der Grundanleitung.

Körper

Für den Körper werden je 2 Reihen in abgeschlossenen Runden in derselben Farbe gehäkelt, anschließend wird die Farbe gewechselt.

2. Fadenring: Beginnen Sie mit dem Fadenring, wie in der Grundanleitung beschrieben.

3. Abgeschlossene Runden: Jede Runde wird auf dieselbe Weise gehäkelt, indem mit 1 Steigeluftmasche begonnen wird, danach alle anderen Maschen der Runde gehäkelt werden und die Runde mit 1 Kettmasche beendet wird.

4. Farbe wechseln: Die Steigeluftmasche der neuen Runde in der neuen Farbe häkeln und anschließend in die gleiche Einstichstelle die 1. Masche der neuen Runde häkeln. Danach 2 Reihen in abgeschlossenen Runden häkeln (siehe Schritt 3) und erneut die Farbe wechseln **(Abb. 1)**. Insgesamt werden inklusive Fadenring 18 Runden gehäkelt.

Hals und Kragen

5. Kopf und Körper werden, wie in der Grundanleitung beschrieben, miteinander verbunden und mit feinen Stichen zusammengenäht, sodass kein Kragen notwendig ist.

Haare

6. Nähen Sie einen Haarkranz auf den Kopf, wie bei dem Jungen Levi auf S. 48 und 50 beschrieben.

Käppchen mit Fühler

7. Das kleine Käppchen mitsamt den Fühlern wird genauso hergestellt, wie es bei dem Marienkäfermädchen auf S. 84 beschrieben steht **(Abb. 2)**.

Flügel

8. Damit das feine Organza-Gewebe etwas stabiler ist, wird es mit doppelseitigem Bügelvlies (Vliesofix) aufeinandergebügelt. Anschließend die Flügel nach der Schnittvorlage zuschneiden. Sie werden am Rücken des Püppchens platziert und mit feinen Stichen einmal entlang der oberen Kante und einmal zwischen den Flügeln entlang an den Körper genäht **(Abb. 3)**.

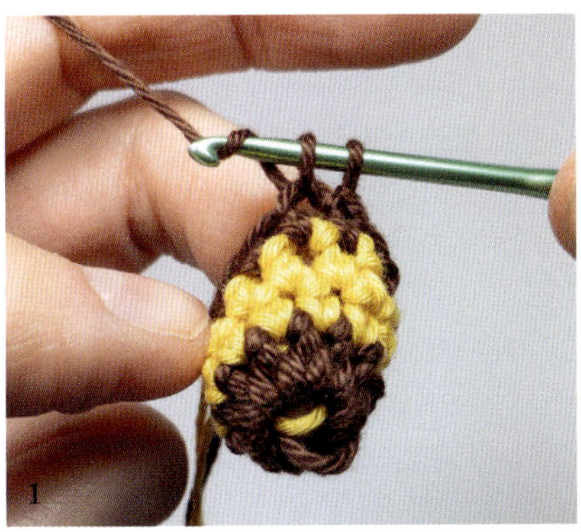

1

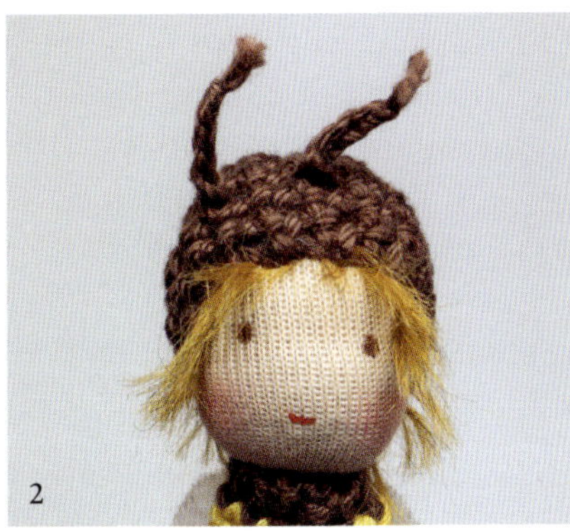

2

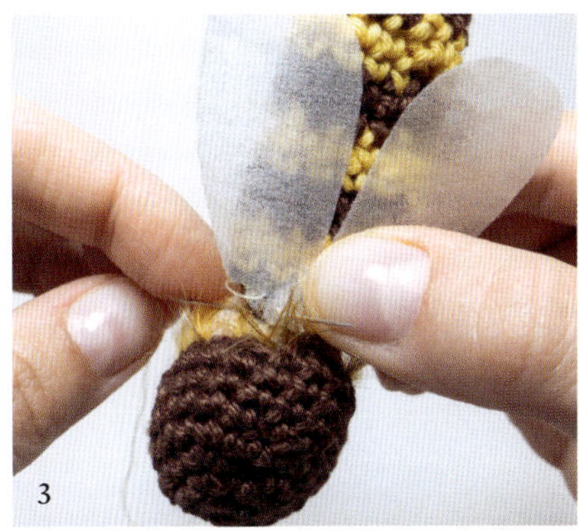

3

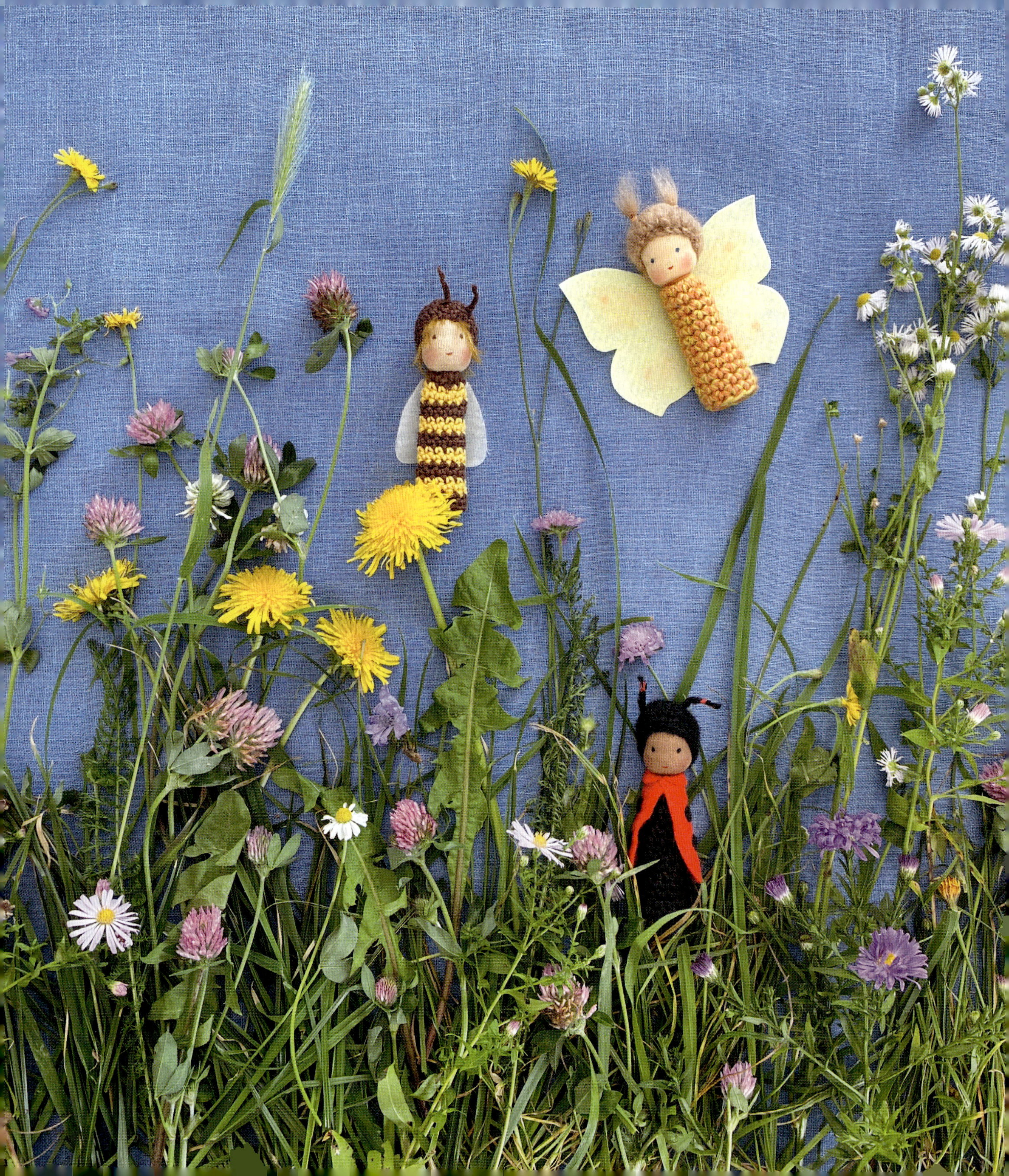

Schmetterling Claire

Bei dem Körper des Schmetterlings habe ich dünnes gelbes und oranges Baumwollgarn zusammengehäkelt; dadurch erhielt er ein interessantes meliertes Aussehen. Die Farbtöne des Körpers habe ich auch beim Bemalen der Flügel aufgegriffen. Ähnlich wie bei der Biene sind auch die Flügel des Schmetterlings etwas empfindlich, daher würde ich diese für jüngere Kinder aus Filz zuschneiden und ihn bemalen oder besticken.

Zusätzliches Material

- 2 dünne Baumwollgarne verschiedener Farbe für den Körper
- Vlieseline für die Flügel (ca. 23 x 10 cm)
- ein kleines Stück weißer Filz oder Stoff (ca. 6 mm x 4,2 cm) zur Verstärkung der Flügel
- Mohairwolle für das Puppenhaar

Kopf, Gesicht, Körper, Hals und Kragen

1. Fertigen Sie Kopf, Gesicht, Körper, Hals und Kragen nach der Grundanleitung an.

Haare mit Zöpfen

2. Perücke häkeln: Die Perücke wird ähnlich wie bei dem Mädchen Nelly auf S. 53f. gehäkelt. Achten Sie beim Häkeln darauf, die flauschigen Fäden des Mohairs mit den Fingern auf die Außenseite der Perücke zu streichen. Lassen Sie einen etwas längeren Anfangsfaden hängen, häkeln in einen Fadenring 6 feste Maschen und verdoppeln diese anschließend auf 12 Maschen. Danach verdoppeln Sie jede 2. Masche der Perücke. Nun in Runden weiterhäkeln, bis die Mütze gut auf den Kopf der Puppe passt. Beenden Sie die Arbeit mit einem langen Faden.

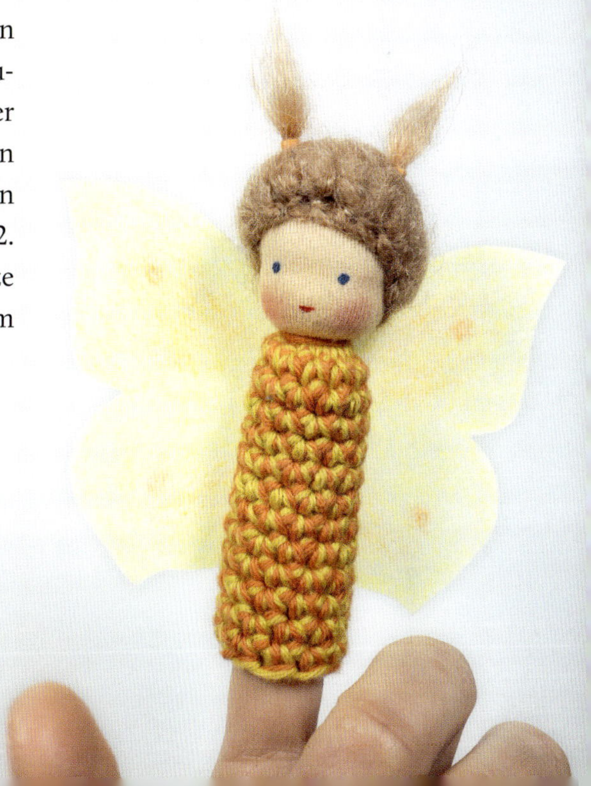

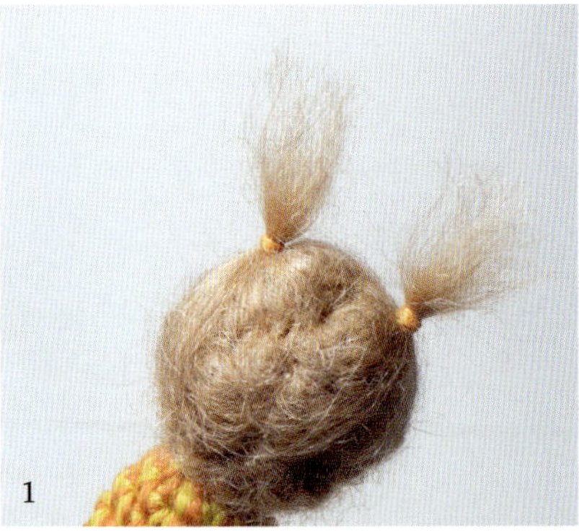

1

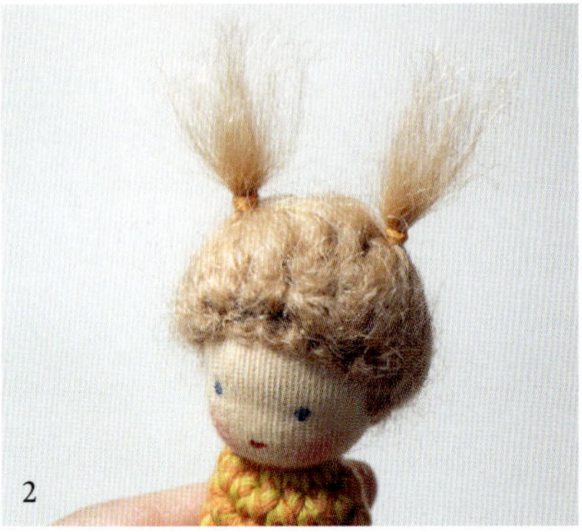

2

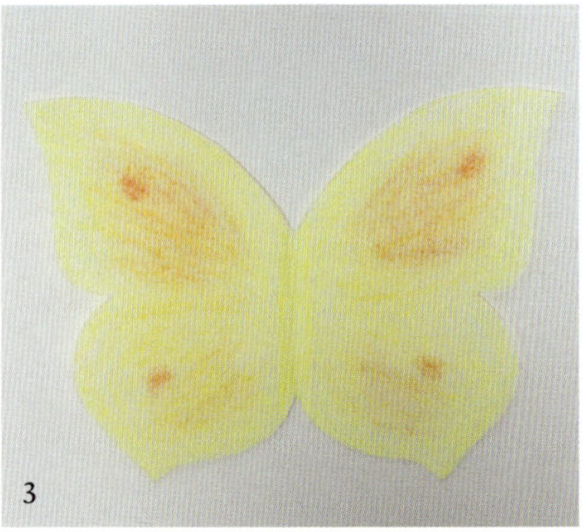

3

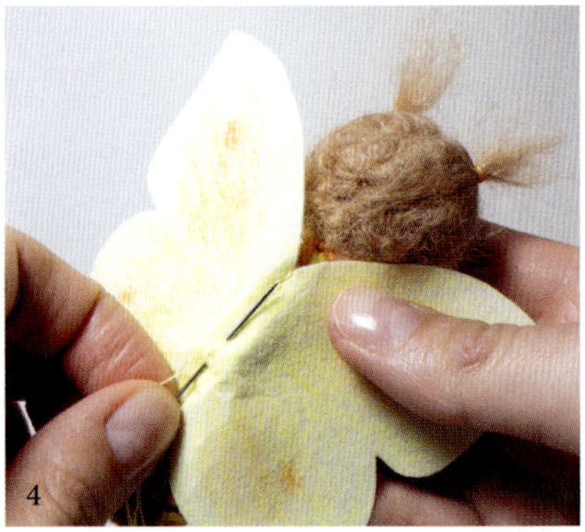

4

3. Zöpfe: Den Anfangs- und Endfaden auf der Außenseite der Perücke an den Oberkopf jeweils an die Stellen der Perücke nähen, an denen die Zöpfe sitzen sollen. Die Perücke einmal rund um den Haaransatz am Puppenkopf festnähen. Knüpfen Sie zu den beiden Anfangs- und Endfäden je eine weitere Haarsträhne in die Perücke, sodass die Zöpfe etwas voller werden. Vor dem Binden der Zöpfe kämmen Sie die Mohairperücke etwas aus und binden auch diese feinen Mohairhaare mit ein. Umwickeln Sie die Zöpfe fest mit buntem Garn und vernähen Sie den Faden am Zopf **(Abb. 1 und 2)**. Die Zöpfe auf die gewünschte Länge kürzen und die Perücke weiter an den Kopf der Puppe nähen.

Flügel

4. Zuschneiden und bügeln: Falten Sie die Vlieseline in der Längsseite, sodass die Klebeseite innen liegt. Um die Flügelmitte zu verstärken, wird mittig zwischen die beiden Lagen ein schmales Stoffstück hineingelegt. Überprüfen Sie mithilfe des Flügel-Schnittmusters, ob diese Verstärkung mittig sitzt. Nun werden beide Vlieseline-Hälften zusammengebügelt. Anschließend das Schnittmuster übertragen und die Flügel ausschneiden.

5. Bemalen: Die Flügel können Sie im gewünschten Muster mit Buntstiften anmalen **(Abb. 3)**.

6. Aufnähen: Nähen Sie die Flügel mit kleinen Stichen auf dem Rücken der Puppe fest **(Abb. 4)**.

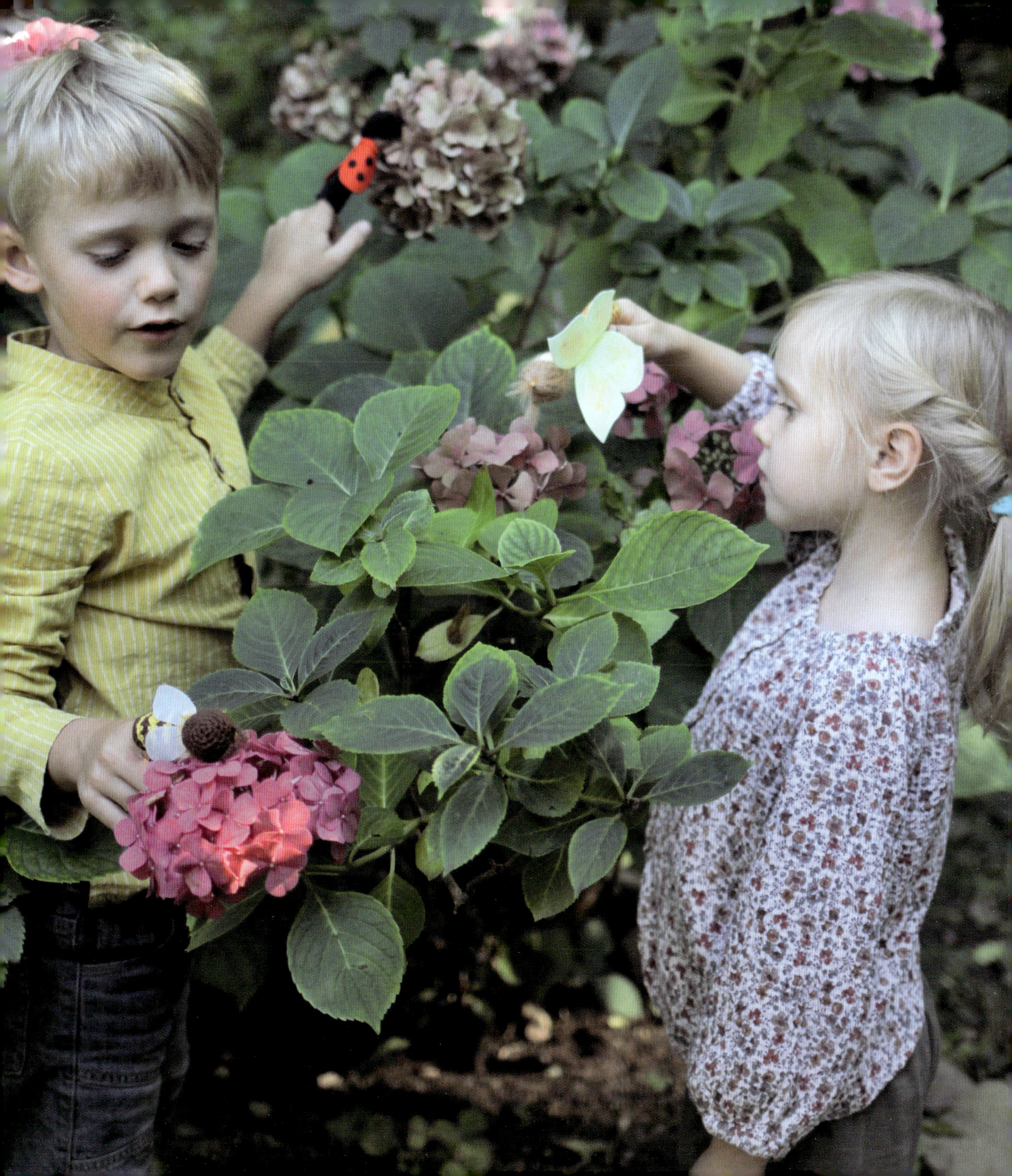

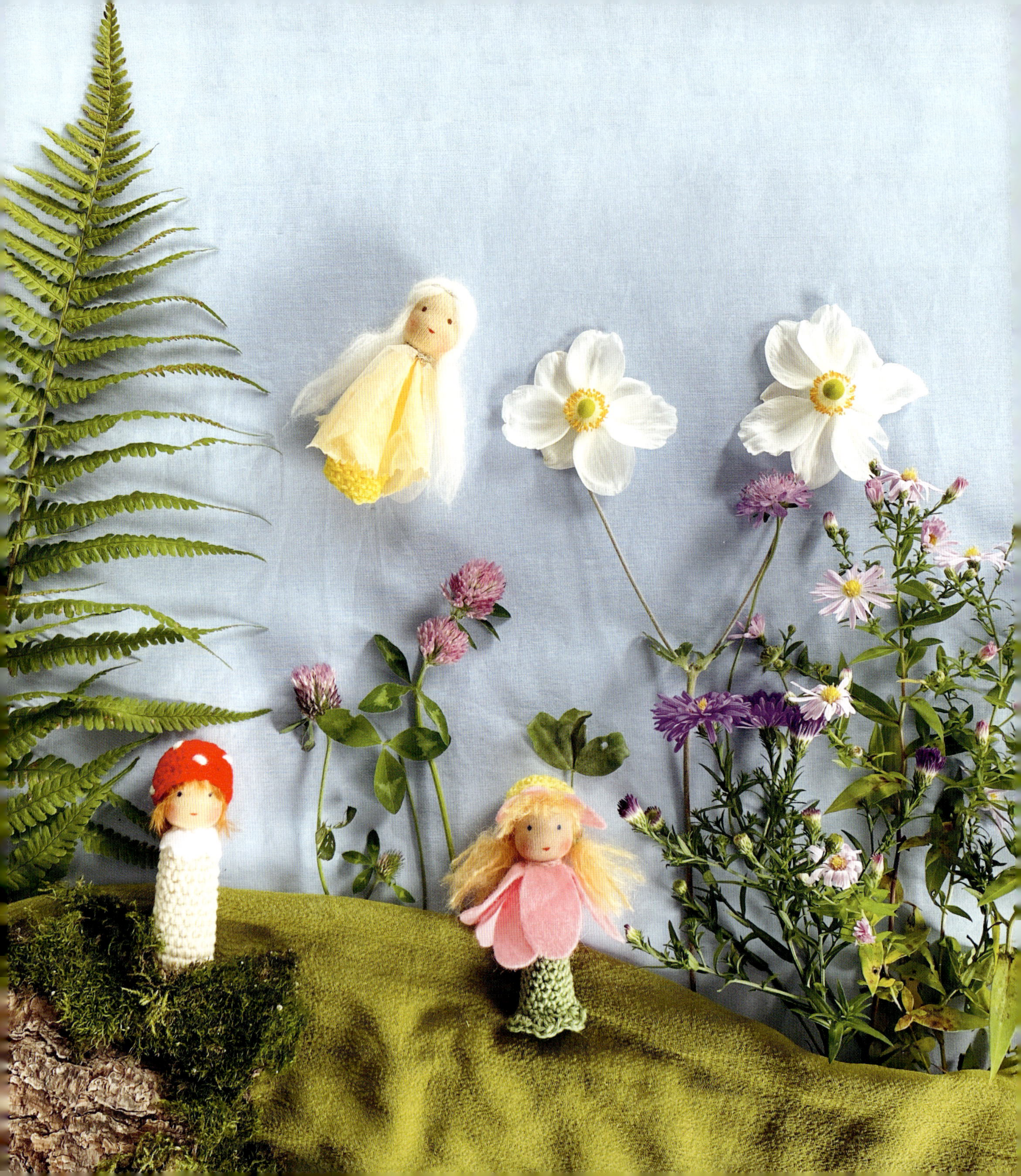

Blumenmädchen Rosa-Lina

Der grüne Körper des Blumenmädchens wird in festen Maschen gehäkelt und als Abschluss mit einem Wellenmusterrand verziert. Ihr Oberteil besteht aus Filz-Blütenblättern, und ihren Kopf mit den langen Zöpfen ziert ein hübscher Blütenhut.

Zusätzliches Material

- Filz für die Blütenblätter (Oberteil und Hut)
- etwas Baumwollgarn für den Kragen
- Mohairgarn für das Puppenhaar
- Baumwollgarn für den Blütenhut

Kopf und Gesicht

1. Fertigen Sie den Kopf nach der Grundanleitung an, und gestalten Sie das Gesicht.

Körper

2. Häkeln Sie ca. 13 Runden, wie in der Grundanleitung beschrieben, und beenden Sie die Runde mit 1 Kettmasche.

3. Wellenmuster: Der Körper wird mit einem gehäkelten kleinen Wellenmuster beendet. Um das Muster häkeln zu können, muss die Maschenanzahl der Runde durch 2 teilbar sein.
Überspringen Sie die 1 Masche der Runde und häkeln Sie in die darauffolgende Masche 4 Maschen in der folgenden Reihenfolge hinein: 1 feste Masche, 2 halbe Stäbchen, 1 feste Masche. Nun wieder 1 Masche überspringen und in die darauffolgende in der oben beschriebenen Reihenfolge 4 Maschen häkeln. Muster bis zum Rundenende wiederholen. Die Runde mit 1 Kettmasche beenden, den Arbeitsfaden auf etwa 10 cm Länge abschneiden, durch die Schlaufe ziehen und in Richtung Kopf vernähen.

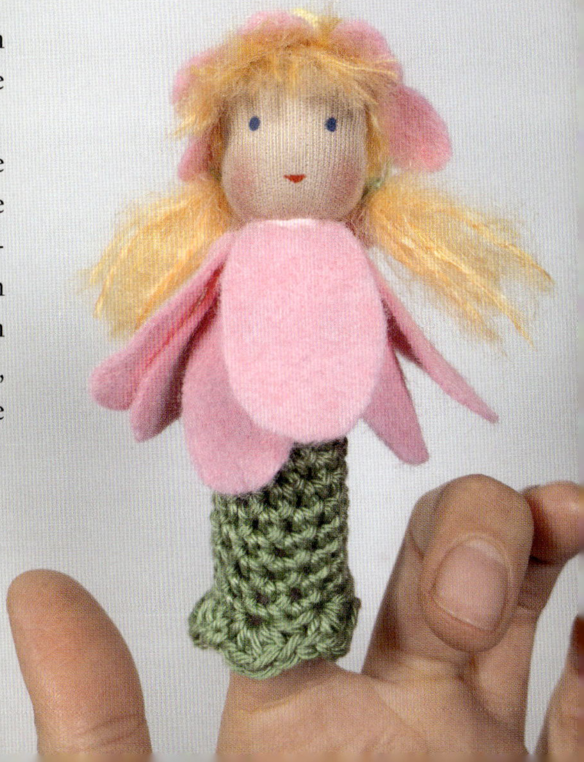

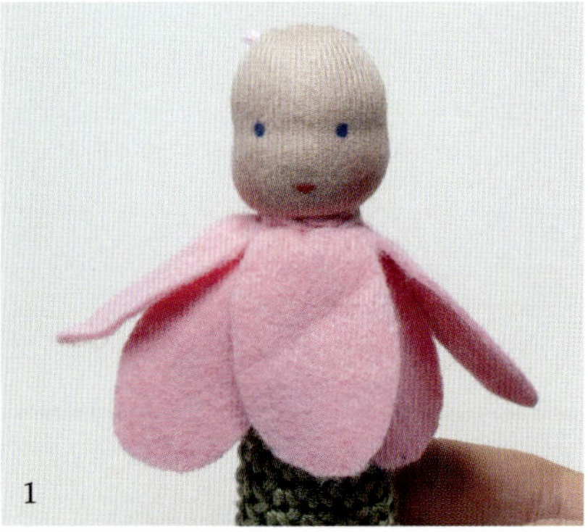

1

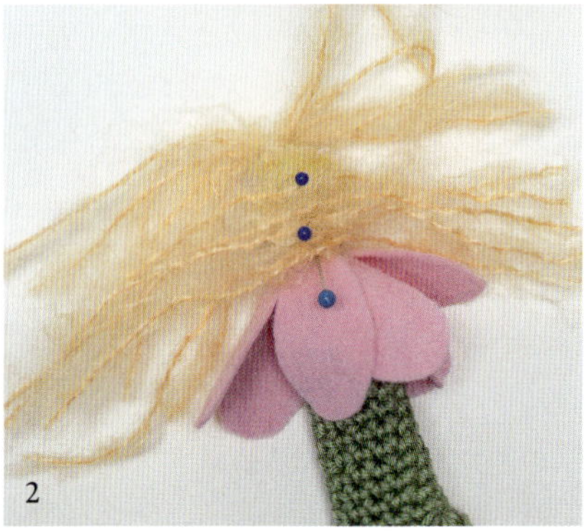

2

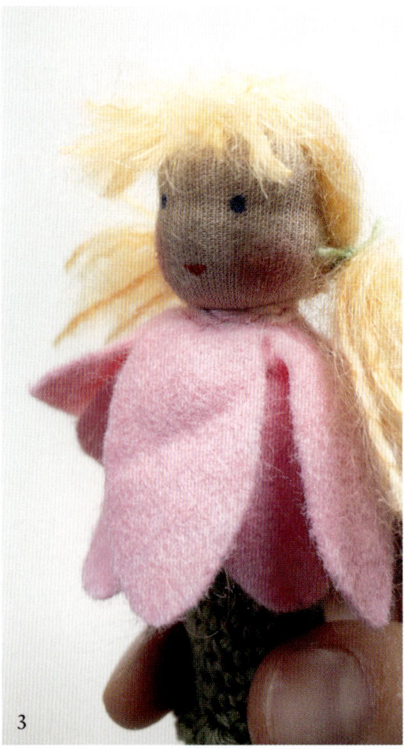

3

Hals

4. Nähen Sie Körper und Kopf nach der Grundanleitung zusammen.

Blütenblätter-Oberteil

5. Schneiden Sie das Blütenblätter-Oberteil nach dem Schnittmuster zu. Kräuseln Sie es mittig mit einem stabilen Faden und legen es gerafft um den Hals der Puppe. Die beiden Fäden im Nacken verknoten und am Hals der Blume festnähen **(Abb. 1)**.

Kragen

6. Der Kragen wird aus einer Luftmaschenkette aus Baumwollgarn gemacht (Beschreibung bei dem Mädchen Nelly auf S. 53).

Haare

7. Zöpfe: Einige Fäden aus Mohairwolle in der gewünschten Länge (z.B. je 12 cm) zuschneiden und von der Stirn bis zum Nacken mittig mit Stecknadeln am Kopf feststecken **(Abb. 2)**. Das Haar sollte auch den Trikotstoff im Nacken gut bedecken, da dieser möglicherweise unter den Blütenblättern zu sehen sein wird. Nähen Sie die Wollfäden entlang des Scheitels an den Kopf. Binden Sie die Zöpfe mit stabilem Garn rechts und links zusammen.

8. Pony: Für das Ponyhaar werden ebenfalls ein paar Wollfäden zugeschnitten und wie bei dem Pony des Zwergenmädchens auf S. 82 am Oberkopf angenäht. Kürzen Sie den Pony erst dann, wenn der Blütenhut aufgenäht wurde **(Abb. 3)**.

Blütenhut

9. Käppchen: Häkeln Sie die Kappe zu Beginn wie bei einer Mütze, indem Sie 6 Maschen in einen Fadenring häkeln und diese auf 12 Maschen verdoppeln. In der 3. Runde wird jede 3. Masche verdoppelt. Anschließend häkeln Sie 2 Spiralrunden weiter und beenden dann die Arbeit. Die Fäden werden im Inneren des Käppchens vernäht.

10. Blütenblätter: 2 oder 3 kleine, 2 mittlere und 2 lange Blütenblätter nach dem Schnittmuster zuschneiden. Sie werden auf der Innenseite des Käppchens platziert (3 kurze, je 1 mittleres und dann 2 lange Blütenblätter).
Die Blütenblätter mit Stecknadeln fixieren und anschließend von der Außenseite festnähen **(Abb. 4)**.

11. Aufnähen: Platzieren Sie die Hutseite mit den kurzen Blütenblättern vorne am Gesicht, sodass die Augen nicht verdeckt sind **(Abb. 5)**. Stecken Sie den Blütenhut mit ein paar Stecknadeln am Kopf fest und nähen Sie ihn wie eine Mütze auf dem Kopf auf **(Abb. 6)**.
Gegebenenfalls können Sie den Pony noch auf die gewünschte Länge kürzen.

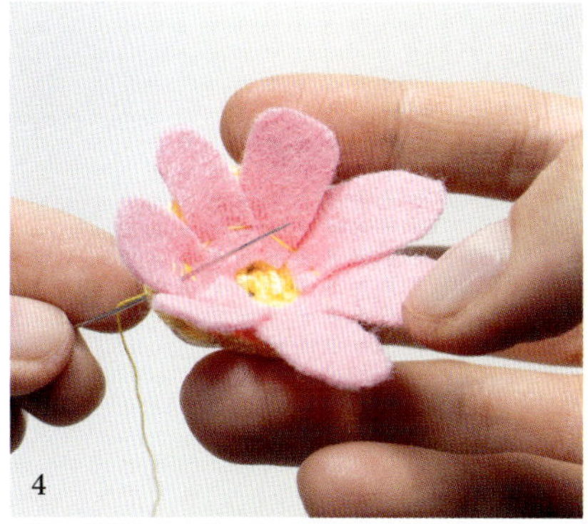
4

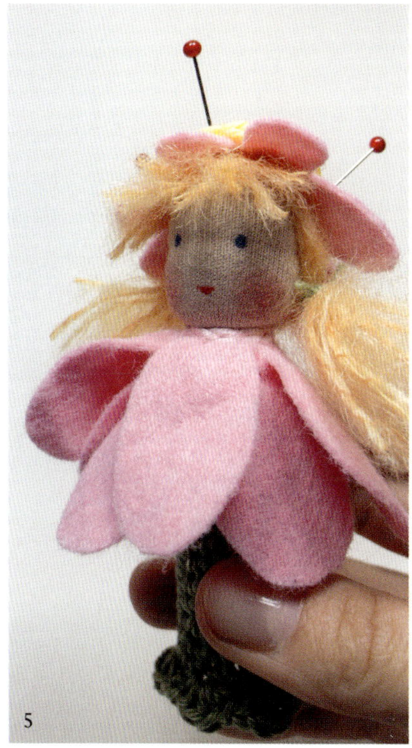
5

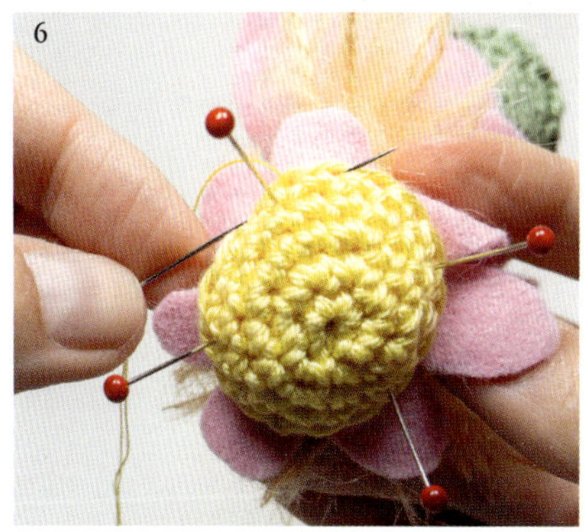
6

Elfe Ona

Zusätzliches Material

- luftig leichter Stoff für das Elfenkleid, z.B. Seide oder Batiste
- weiße Märchenwolle für das Haar
- silberne Borte als Kragen
- Organza-Gewebe für die Flügel
- silbernes Garn für das Haarband

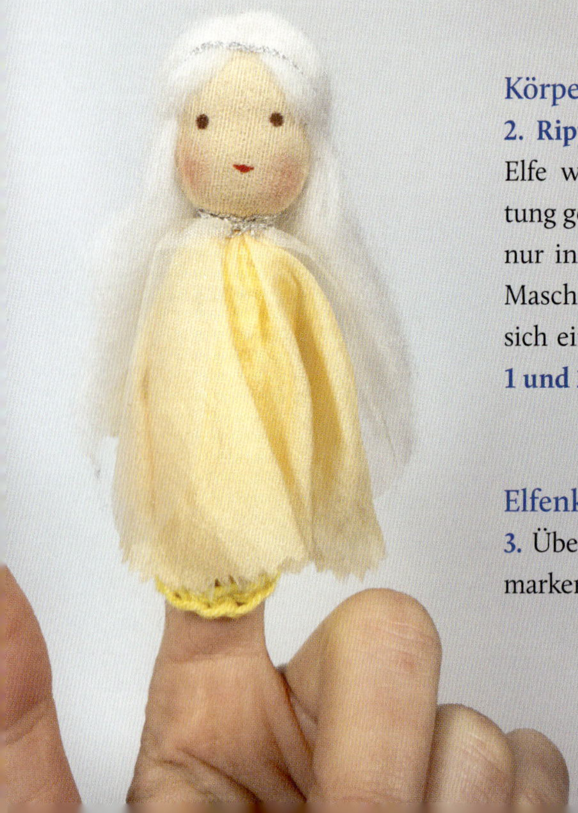

Um der Elfe ein edles Aussehen zu geben, habe ich ihren Körper in feinem Rippenmuster gehäkelt und ihr ein Kleid aus hellgelber Seide angezogen, auf das sich ihre zarten Flügel wie ein feiner Umhang schmiegen.

Onas Kragen besteht aus einer silbernen Borte, und auf dem langen weißen Haar trägt sie ein silbernes Haarband.

Kopf und Gesicht

1. Fertigen Sie Kopf und Gesicht nach der Grundanleitung an.

Körper

2. Rippenmuster: Der Körper der Elfe wird wie in der Grundanleitung gehäkelt, allerdings wird dabei nur in das innenliegende (hintere) Maschenglied gehäkelt. So ergibt sich ein feines Rippenmuster **(Abb. 1 und 2)**.

Elfenkleid

3. Übertragen Sie mit einem Trickmarker das Schnittmuster mitsamt den Markierungen auf den Stoff und schneiden Sie den Kreis des Elfenkleids mit einer Zackenschere aus, um ein starkes Ausfransen der Stoffkante zu verhindern **(Abb. 3)**.

Hals und Kragen

4. Die Fadenenden des Körpers jeweils durch je eine Markierung des Elfenkleids stechen **(Abb. 4)** und danach durch den Puppenkopf ziehen. Nähen Sie den Hals wie gewohnt an den Körper an und nähen Sie dabei auch das Elfenkleid fest.

Flügel

5. Die Flügel nach dem Schnittmuster zuschneiden. Die obere Kante kräuseln **(Abb. 5)**, um den Hals binden und im Nacken verknoten. Nähen Sie die Flügel mit ein paar Stichen am Hals fest.

Kragen

7. Die Borte um den Hals legen, um die Länge zu ermitteln. Die Enden der Borte versäubern, um ein Ausfransen des Gewebes zu vermeiden.

Nähen Sie die Enden der Borte im Nacken zusammen und anschließend rundherum am Körper fest.

Haare

8. Einen Strang Märchenwolle etwas auseinanderzupfen, auf dem Kopf von einem zum anderen Ohr platzieren und am Mittelscheitel entlang bis zum Hinterkopf festnähen.

Zupfen Sie die Wolle am Hinterkopf in Richtung Nacken zurecht, sodass auch dort das Haar aufliegt, und nähen Sie es an den Kopf. Sichtbare Stiche mit der Nadelspitze wegkämmen.

Haarband

9. Häkeln Sie aus dem silbernen Garn eine Luftmaschenkette, die um den Kopf der Elfe passt, und nähen Sie sie anschließend am Kopf fest **(Abb. 6)**.

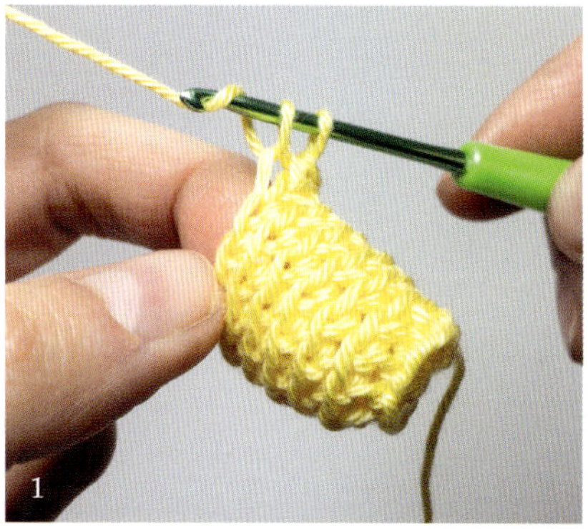
1

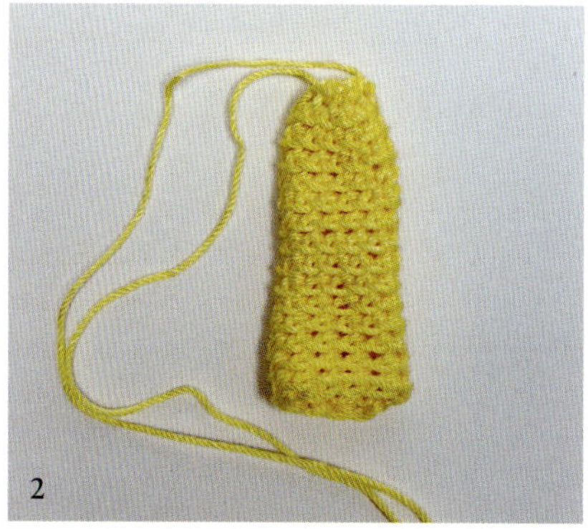
2

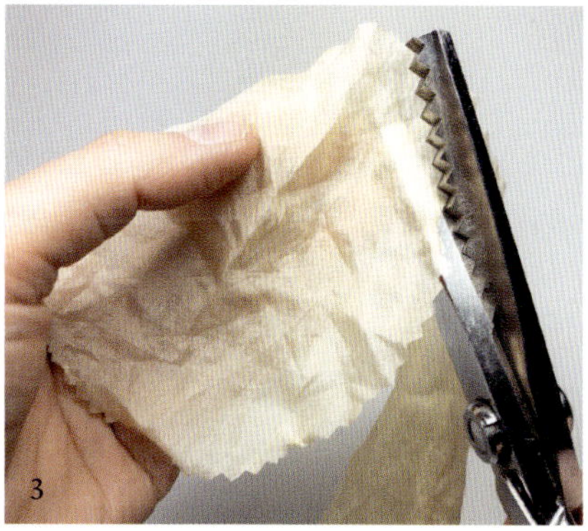
3

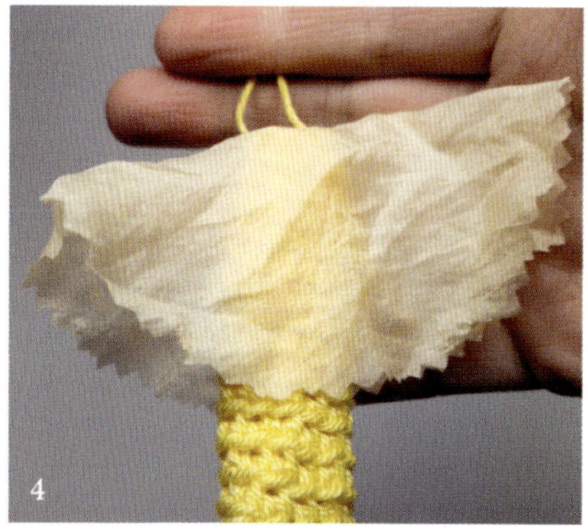
4

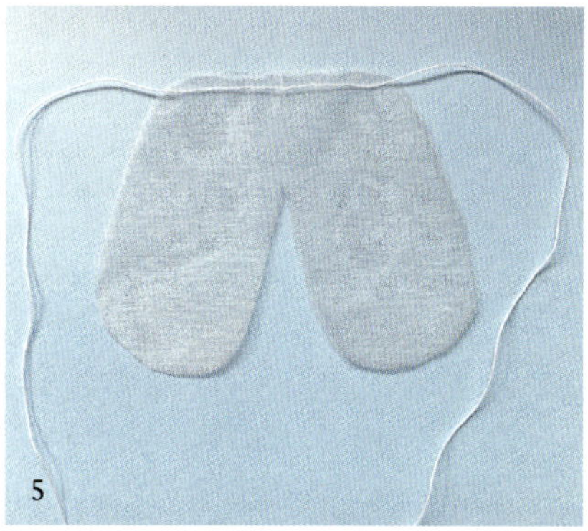
5

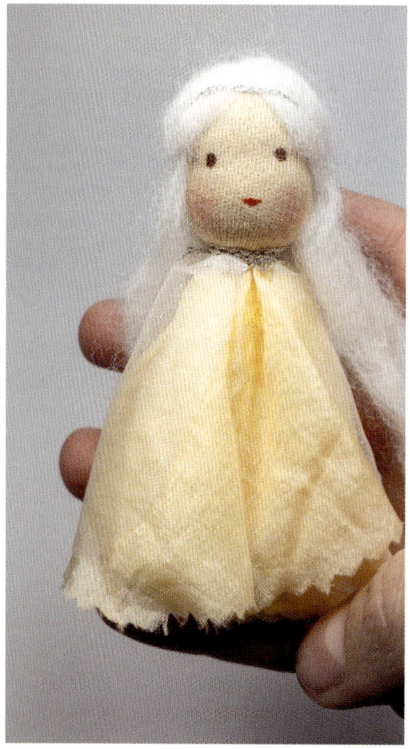

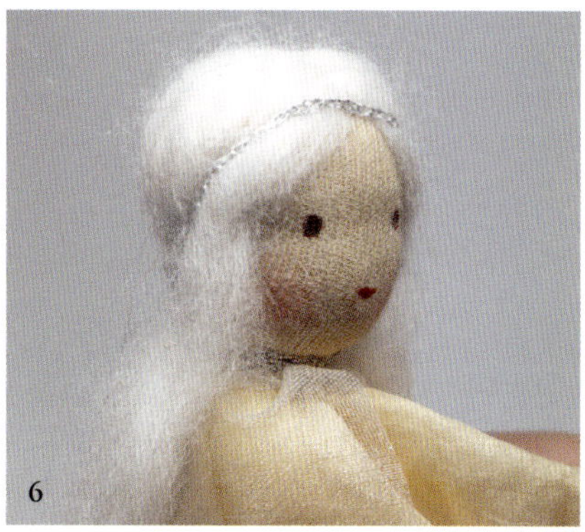
6

Fliegenpilz Lili

Zusätzliches Material

- weißer Filz für den Manschettenkragen
- Mohairstoff für das Haar (ca. 1 x 9 cm)
- rotes Baumwollgarn für das Fliegenpilzkäppchen
- weißes Baumwollgarn für die Fliegenpilzpunkte

Das kleine Fliegenpilzmädchen Lili habe ich sowohl im Aussehen als auch in der Herstellung recht einfach gehalten, was es jedoch nicht weniger liebenswert macht. Um den Hals trägt es einen weißen Manschettenkragen (eine Alternative mit einfachem Hals ist hier ebenfalls abgebildet) und auf dem Kopf das rote Käppchen mit aufgestickten weißen Punkten. Die Punkte könnten auch aus weißem Filz ausgeschnitten und aufgenäht werden, anstatt sie zu sticken.

Kopf, Gesicht, Körper und Hals

1. Fertigen Sie Kopf, Gesicht, Körper und Hals nach der Grundanleitung an.

Manschettenkragen

2. Den Filzstreifen für den Kragen nach dem Schnittmuster zuschneiden und am oberen Rand mit einem stabilen Kräuselfaden raffen. Verknoten Sie die Fadenenden im Nacken des Fliegenpilzes und nähen Sie die Filzkanten mit ein paar Stichen zusammen. Anschließend den Kragen am Hals festnähen.

Haare

3. Nähen Sie einen Haarkranz aus Mohairstoff auf den Kopf, wie bei dem Jungen Levi auf S. 48 und 50 beschrieben.

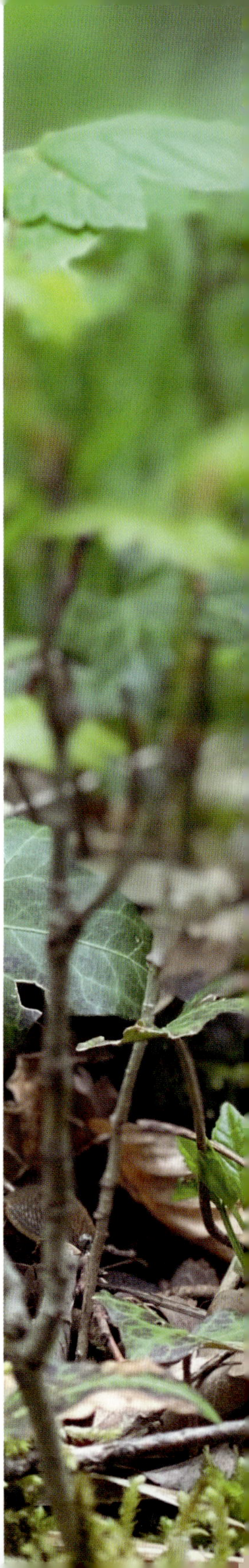

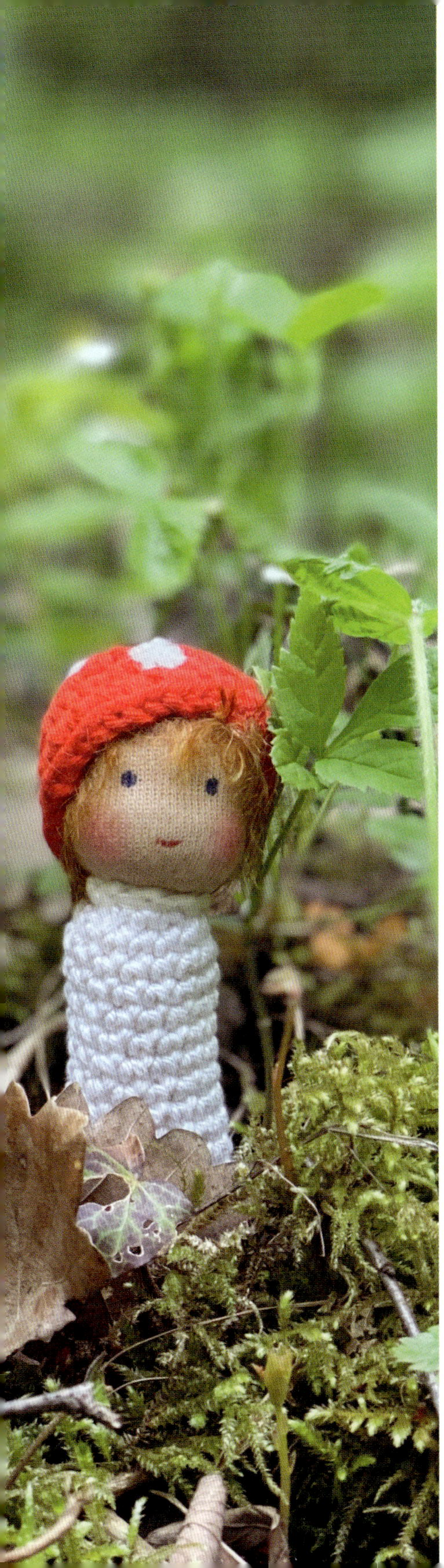

Fliegenpilzkäppchen

4. Käppchen häkeln: Die Kopfbedeckung wird wie eine Mütze (siehe S. 50) gearbeitet.

5. Punkte: Sticken Sie ein paar Fliegenpilzpunkte auf das rote Käppchen, indem Sie an verschiedenen Stellen 1–2 Stiche über eine gehäkelte Masche sticken **(Abb. 1 und 2)**. Vernähen Sie die Fäden auf der Innenseite.

6. Aufnähen: Nähen Sie das Käppchen auf den Kopf des Marienkäfers und kürzen Sie gegebenenfalls die Haare etwas **(Abb. 3)**.

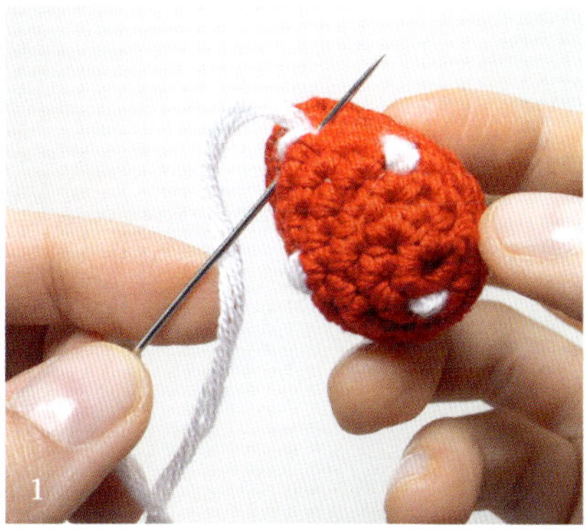

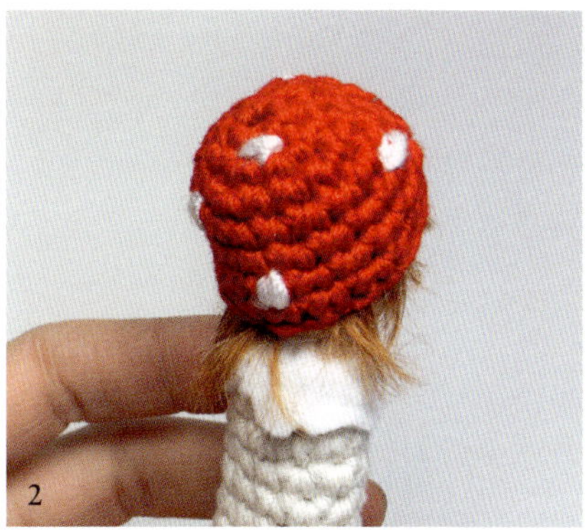

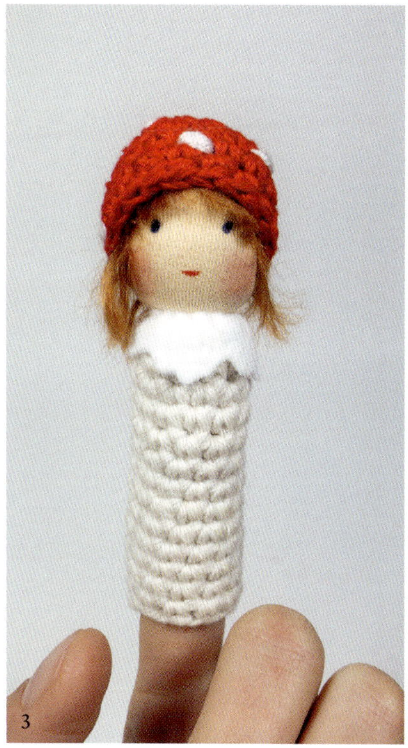

Stern Junis

Stolz trägt der Sternenjunge seinen großen Sternenhut auf dem Kopf. Hell erstrahlen auch die kleinen Sterne auf seinem nachtblauen Mantel mit dem gelben Zackenrandkragen. Ich habe die kleinen Sterne für den Mantel aus Filz ausgeschnitten und aufgenäht, ebenso könnten sie jedoch aufgeklebt oder mit Garn aufgestickt werden.

Zusätzliches Material

- blauer Filz für den Mantel gelber Filz für die Sterne, den Kragen und den Hut
- schwarze Schafwolle für das Haar

Kopf, Gesicht, Körper und Hals

1. Fertigen Sie Kopf, Gesicht, Körper und Hals nach der Grundanleitung an.

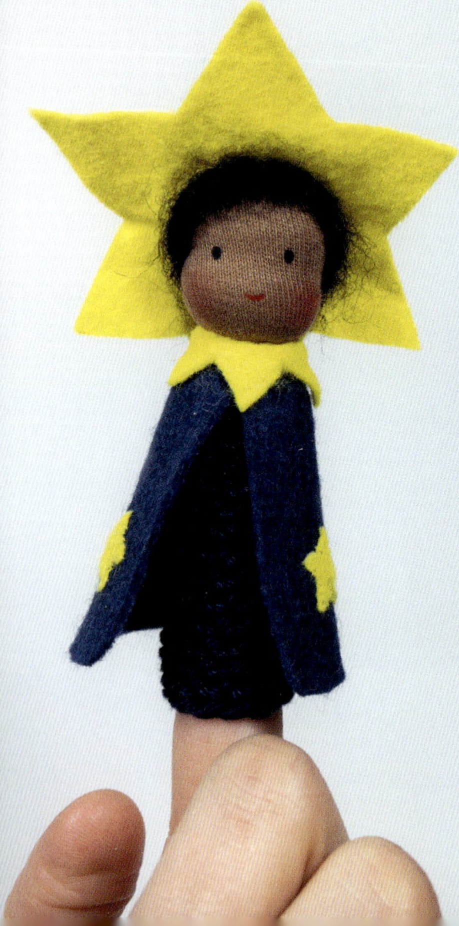

Mantel

2. Schneiden Sie den Mantel nach dem Schnittmuster zu. Aus gelbem Filz 3–4 kleine Sterne ausschneiden und auf den Mantel nähen. Den Mantel am Halsausschnitt knappkantig kräuseln und den Faden vorne am Hals verknoten. Einmal rundherum den Mantel am Hals annähen **(Abb. 1)**.

Zackenkragen

3. Den Kragen nach dem Schnittmuster zuschneiden und am Rand kräuseln. Legen Sie ihn um den Hals der Puppe und nähen Sie ihn im Nacken zusammen. Ebenso mit einigen Stichen am Hals annähen.

Haare

4. Etwas Schafwolle zurechtzupfen, als Haarkranz um den Kopf legen und festnähen **(Abb. 2)**.

Sternenhut

Der Hut besteht aus zwei Teilen: dem Hutdeckel und der Zackenkrempe. Schneiden Sie beide Teile nach dem Schnittmuster zu.

5. Hutdeckel: Die Seitenkanten zusammenlegen und zunähen. Anschließend den Hutdeckel wenden, sodass die Naht innen liegt.

6. Zackenkrempe: Den Hutdeckel und die Krempe übereinanderlegen und am Rand zusammenstecken, sodass sich die spätere Naht in der Innenseite des Hutes befinden wird. Anschließend knappkantig zusammennähen **(Abb. 3)**.

8. Hut aufnähen: Den Hut auf dem Kopf der Puppe platzieren und mit ein paar Stecknadeln feststecken. Nähen Sie ihn an der Hutnaht entlang rundherum auf den Kopf **(Abb. 4)**.

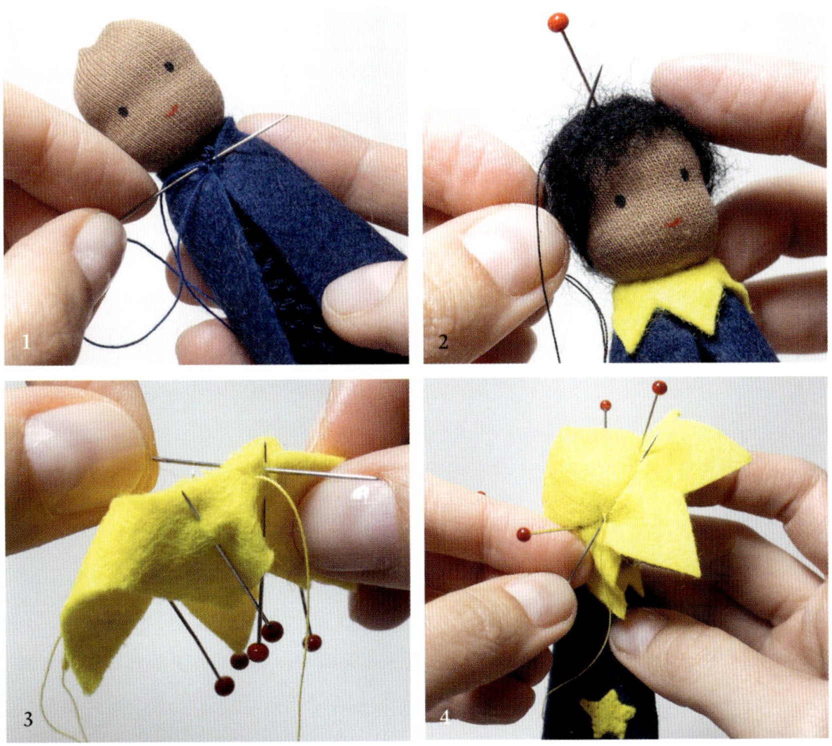

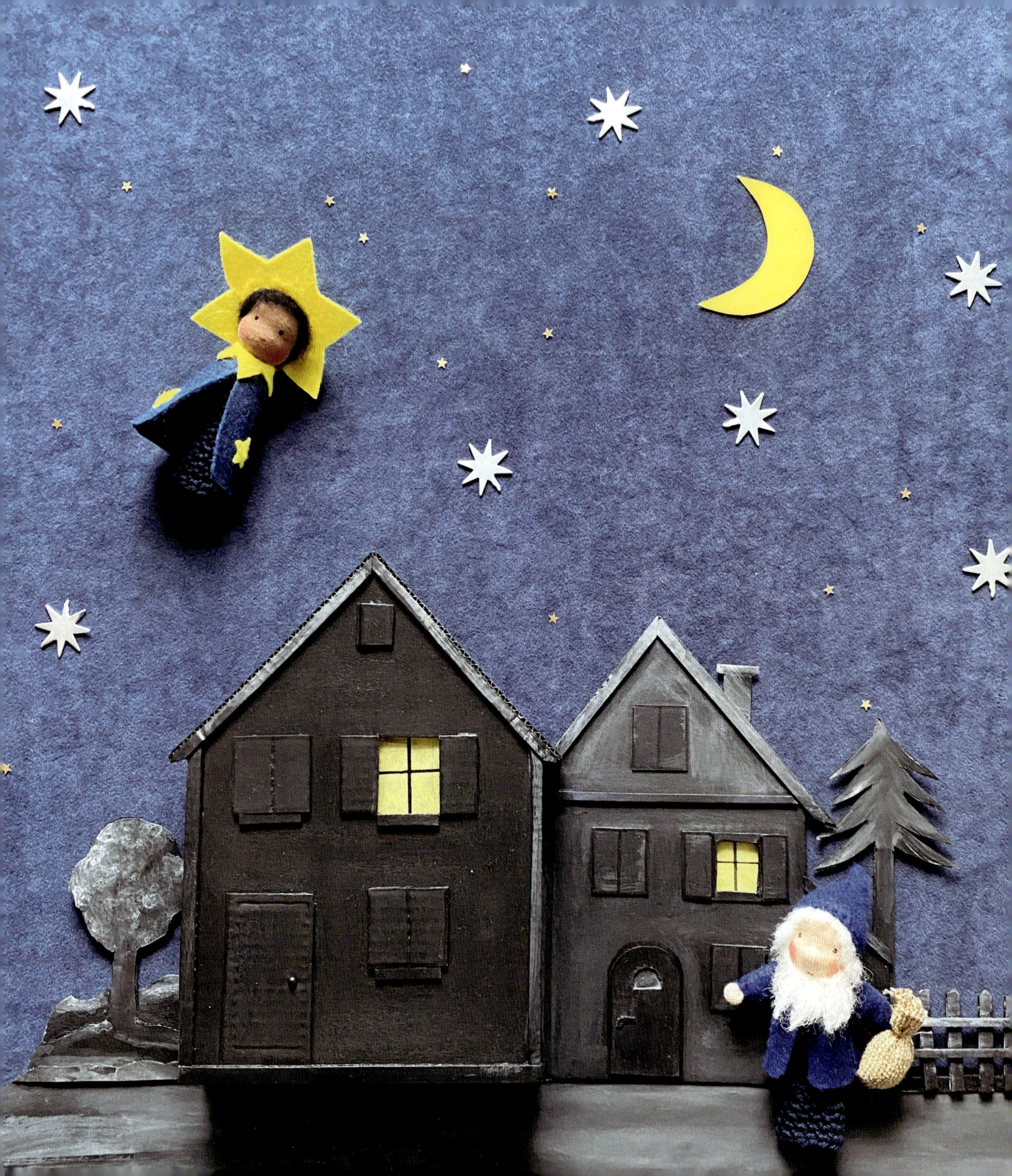

Sandmann

Der Sandmann hat ein freundliches, gütiges Aussehen. Er hat eine Nase, und sein Gesicht ist umrahmt von seinem weißen Haar und dem weißen Bart. Er hat eine blaue Jacke an, auf den kleine Sterne gestickt sind. In seiner Hand trägt er seinen kleinen Sack, gefüllt mit den schönsten Träumen.

Zusätzliches Material

- etwas Schafwolle oder eine Perle für die Nase
- gelbes Zwirngarn zum Sticken der Sterne
- weiße Schafwolle für Bart, Haare und als Füllung für den Sack
- ein kleines Stück Stoff für das Sandsäckchen (Maße ca. 3,5 x 8 cm)
- Filz für Jacke und Mütze

Kopf und Gesicht

1. Fertigen Sie Kopf und Gesicht nach der Grundanleitung an, nähen Sie dabei dem Sandmann unter dem Trikotstoff eine Nase aus Schafwolle wie bei der Oma auf S. 64 oder eine Perle wie bei Fritz dem Clown (S. 70).

Körper und Arme

2. Körper häkeln: Den Körper häkeln, wie in der Grundanleitung beschrieben, und Kopf und Körper nach der Grundanleitung zusammennähen. Einen Kragen hat der Sandmann nicht, da sein Hals von dem langen Bart verdeckt wird.

2. Arme aus Trikot: Stellen Sie die Arme wie bei dem Mädchen Nelly auf S. 52f. (Schritt 3) her, schneiden Sie sie jedoch nicht auseinander, sondern lassen sie verbunden.

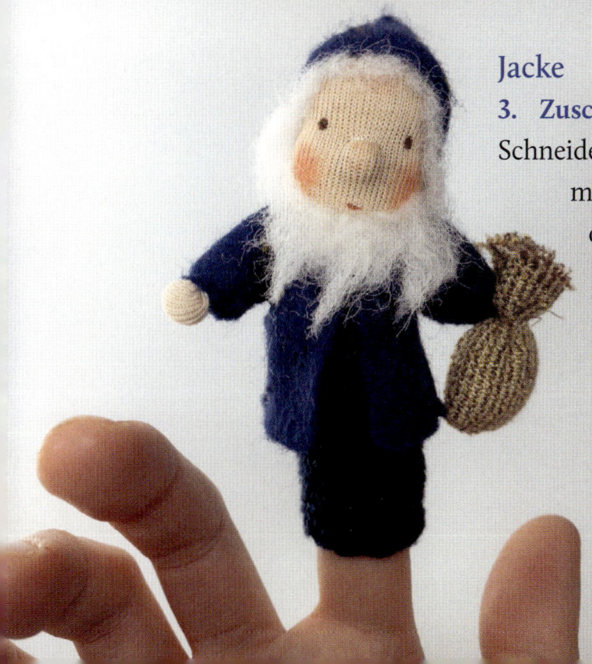

Jacke

3. Zuschneiden und zusammennähen: Schneiden Sie die Jacke nach dem Schnittmuster zu. Legen Sie die Arme in die Jacke und nähen Sie die Seitenkanten wie auf S. 56 und 58 bei der Mutter mit Schlingstich zusammen.

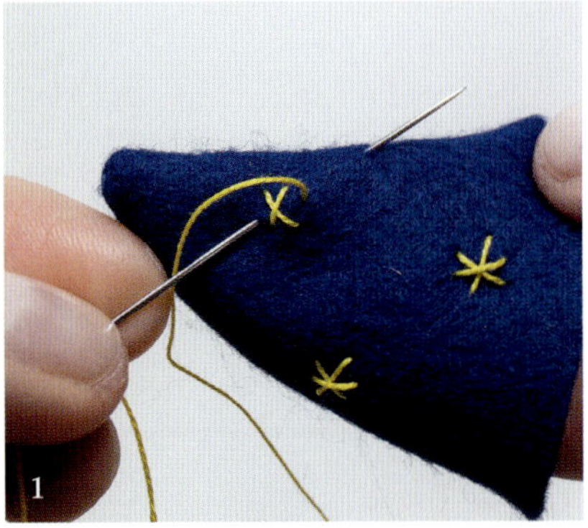

1

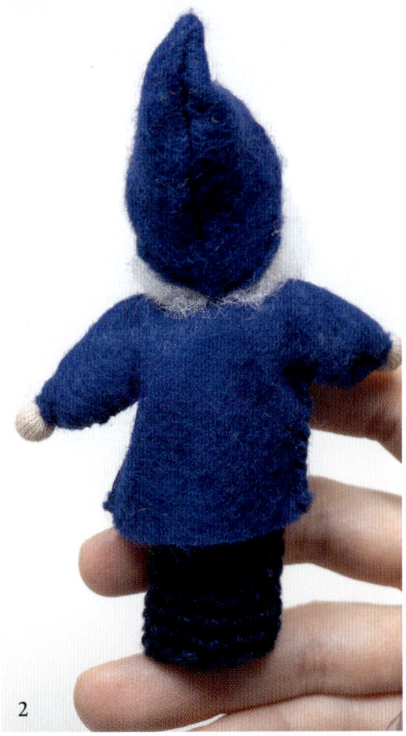

2

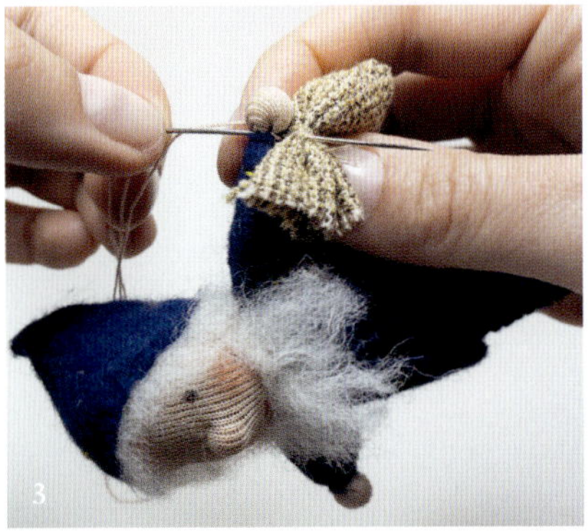

3

4. Sterne aufsticken (optional): Jacke und Mütze des Sandmanns können Sie auch mit kleinen, einfachen Sternen verzieren. Sticken Sie dafür drei Stiche als Stern angeordnet übereinander **(Abb. 1)**.

5. Jacke annähen: Ziehen Sie dem Sandmann die Jacke an; das Trikot der Arme liegt oberhalb an seinem Rücken. Nähen Sie die Jacke entlang des Kragens am Hals fest. Ebenso wird die Jackenöffnung vorne knapp im oberen Drittel am Körper angenäht.

Bart und Haare

6. Bart: Nähen Sie den Bart, wie bei dem Zwerg Ove auf S. 78 beschrieben, an den Kopf.

7. Haare: Das Haupthaar aus etwas Schafwolle zurechtzupfen und wie bei der Grundanleitung aufnähen, wobei es ausreicht, die Wolle als Haarkranz um den Kopf zu drapieren und anzunähen.

Mütze

8. Schneiden Sie die Mütze nach Schnittmuster zu. Schließen Sie die seitliche Naht und wenden Sie die Mütze. Sticken Sie, wie in Schritt 4 beschrieben, auch hier ein paar kleine Sterne auf die Mütze. Die Mütze auf dem Kopf des Sandmanns platzieren und festnähen **(Abb. 2)**.

Sandsäckchen

9. Ein kleines Rechteck zuschneiden und die Längsseiten aufeinanderfalten. Zwei Kanten zunähen und den Sack wenden. Befüllen Sie ihn mit etwas Wolle und binden Sie ihn an der Öffnung zu. Den Sack an einen Arm des Sandmanns nähen **(Abb. 3)**.

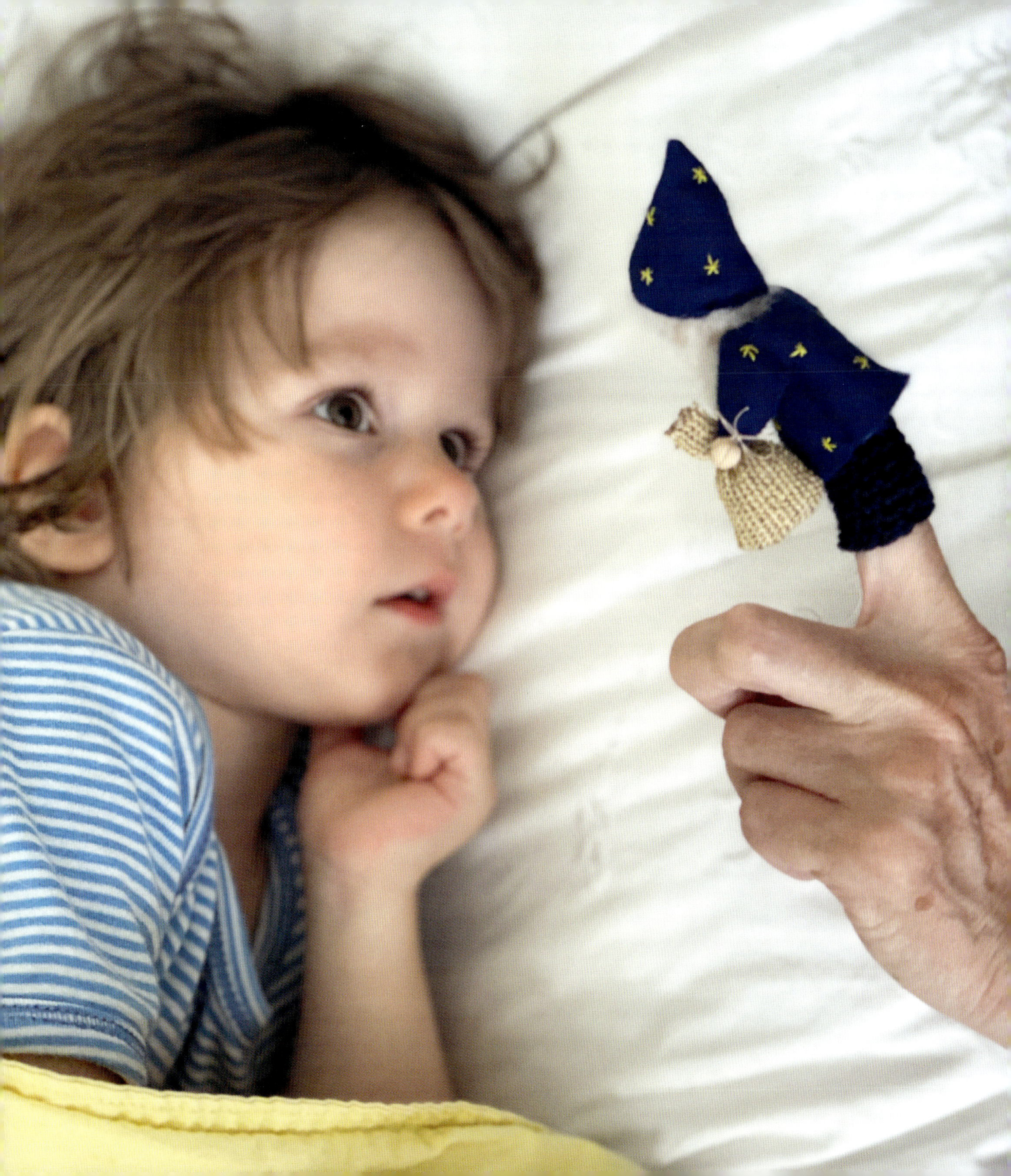

Anregungen für viele weitere Fingerpuppen

Mit den Anleitungen der auf den vorigen Seiten gezeigten Figuren können Sie schon eine vielfältige und vielgestaltige Fingerpuppenwelt erschaffen. Selbstverständlich gibt es aber noch zahlreiche weitere Gestaltungsmöglichkeiten – Ihrer Fantasie und Kreativität sind hier keine Grenzen gesetzt. Die Beschreibungen der verschiedenen Details lassen sich ohne große Mühe auch auf andere Figuren übertragen; so können Sie vielfältig beim Gesichtsausdruck, den Hautfarben, bei den Frisuren, der Kleidung oder anderen Accessoires variieren. Auch andere Techniken, z.B. gestickte Gesichter oder gefilzte Körper, stehen den Fingerpuppen gut. Auf diese lassen sich auch Lieblingsfiguren der Kinder nacharbeiten. So taucht in diesem Buch beispielsweise auch die bekannteste Figur Astrid Lindgrens, Pippi Langstrumpf, auf; keck und fröhlich streckt sie ihrem Gegenüber ihre beiden orangefarbenen Zöpfe entgegen. Ihr Haar ist wie bei dem Schmetterling auf S. 89 gehäkelt, anschließend wurden die beiden Zöpfe rechts und links in die Perücke eingeflochten.

Viele kleinere Kinder – und Erwachsene – haben auch die Wichtelfiguren Pippa und Pelle der Kinderbuchillustratorin und -autorin Daniela Drescher in ihr Herz geschlossen. Vergnügt und voller Entdeckerfreude erleben die beiden kleine Abenteuer, und mit den nachgearbeiteten Fingerpuppen können kurze Geschichten auch wunderbar nachgespielt werden. Wer Pippa und Pelle kennt, kann sie auf dem Coverfoto dieses Buches entdecken (Pippa sitzt auf dem Daumen, Pelle auf dem kleinen Finger). Das Zwergenmädchen Ida kann ganz einfach an Pippas Aussehen angepasst werden.

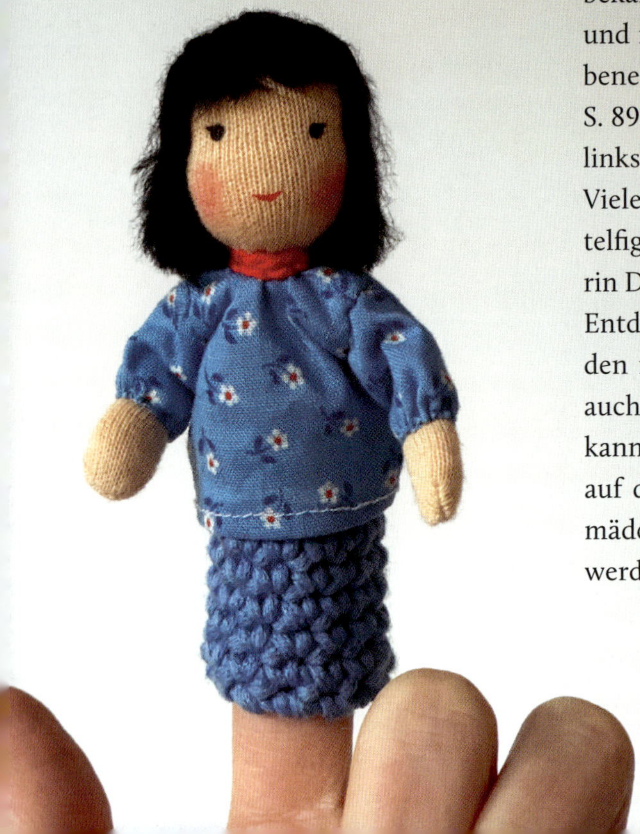

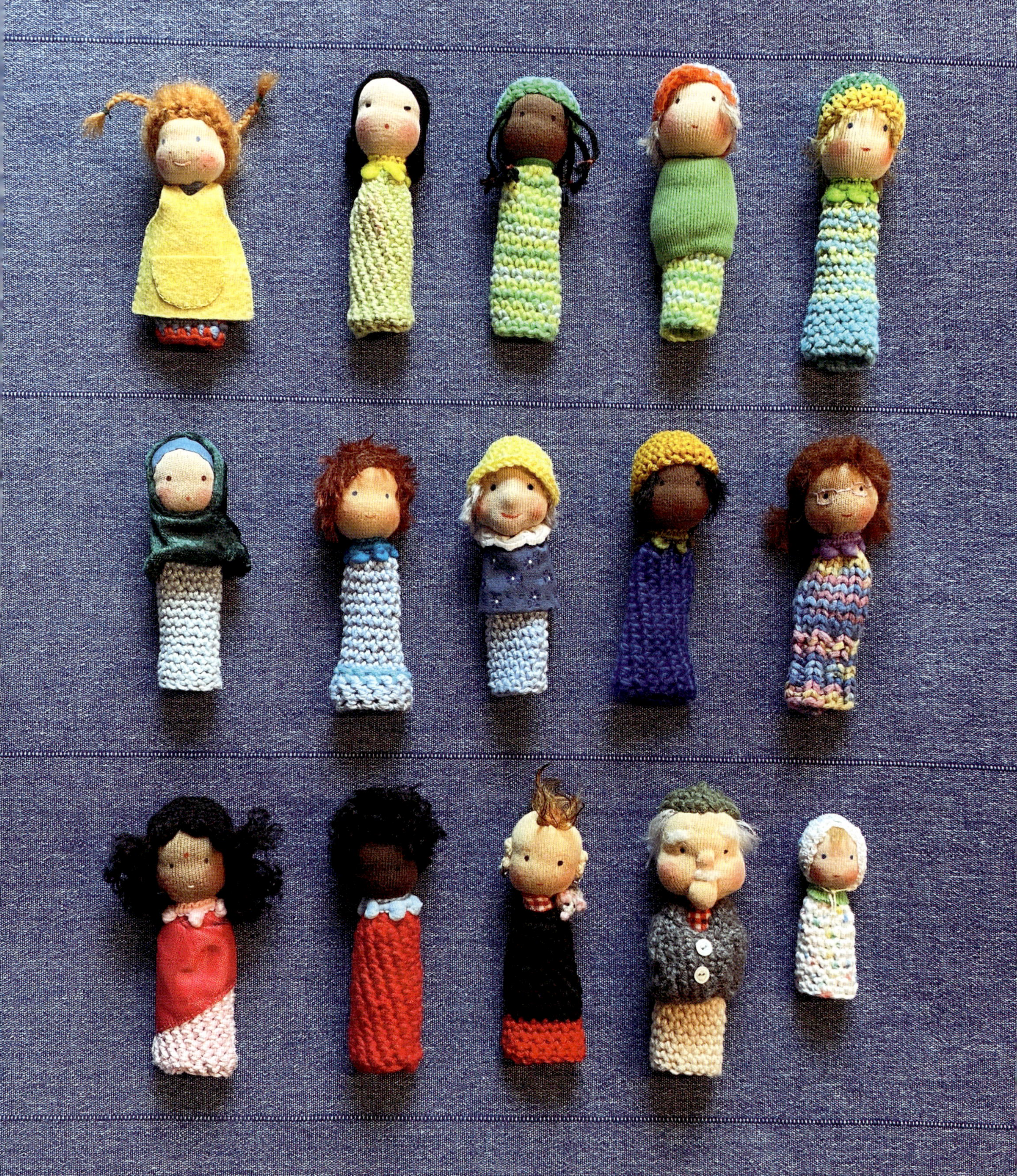

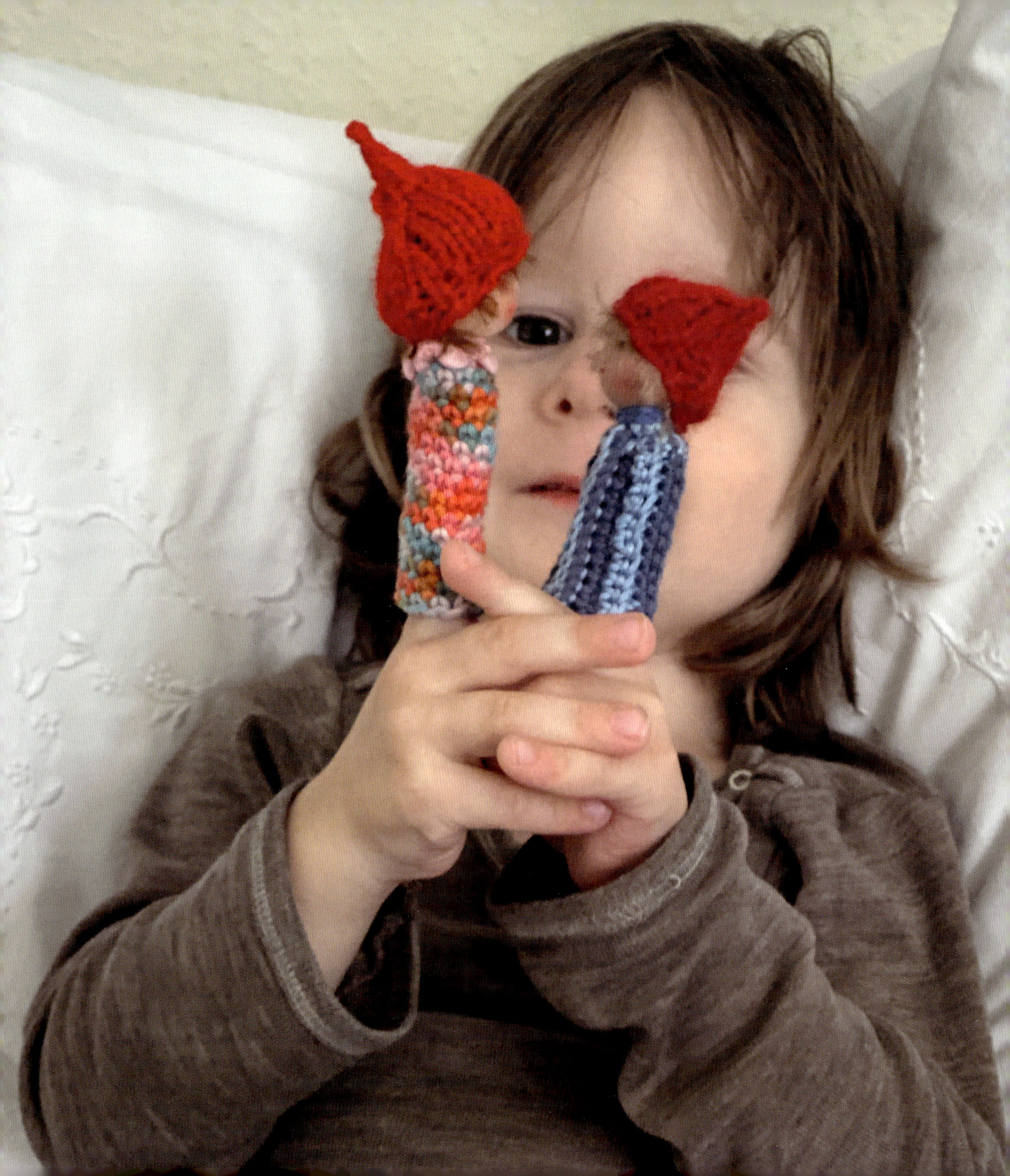

Fingerpuppen-spiele

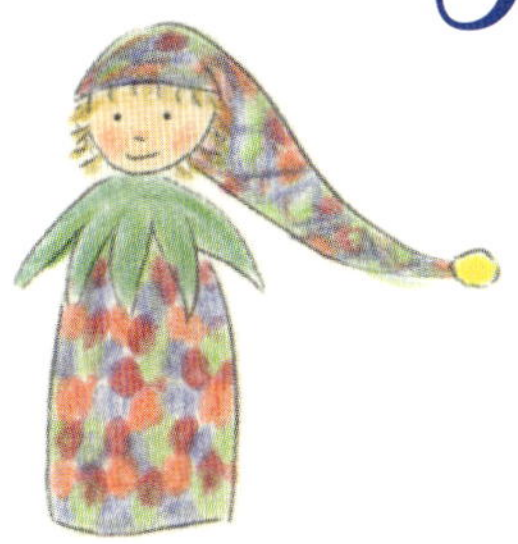
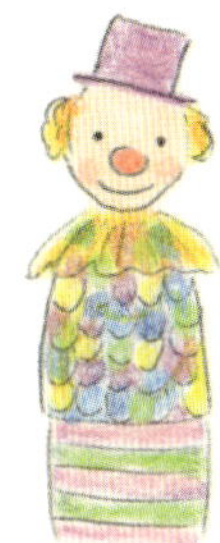

Mit Fingerpüppchen kann auf vielfältige Weise gespielt werden, und meist bedarf es wenig oder keiner Vorbereitung. Die Spiele können auf kleinstem Raum stattfinden und sowohl am Körper gespielt oder auf einer kleinen Bühne vorgeführt werden. Da die Fingerpüppchen doch recht kleine Akteure sind, sollte das Kind, um alles gut verfolgen zu können, immer so nah wie möglich bei den Püppchen bzw. an der Bühne sitzen können. Versuchen Sie, die Spielumgebung immer so ruhig wie möglich zu wählen, damit sich das Kind ganz auf das Spiel einlassen kann. Doch auch in einer unruhigeren Umgebung, etwa in einem vollen Zug oder im Wartezimmer, können Sie die Aufmerksamkeit des Kindes auf das Püppchen lenken und es auf ein Spielchen einladen.
Ich unterscheide die Spiele in *freie Spiele, Fingerspiele* und *Aufführungen* und möchte sie gerne auf den folgenden Seiten genauer vorstellen.

Freie Spiele

Im freien Spiel werden die Püppchen nach den Ideen und Impulsen des Spielenden gespielt. Spontanität, Fantasie und Kreativität geben den Ton an. Gedanken und Gefühle werden freiheraus erzählt und gespielt, wie sie in den Sinn kommen. Dabei suchen kleine Kinder die Nähe zur spielenden Person und setzen sich dicht daneben oder auf ihren Schoß.
Im Spiel selbst wird der Körper oft direkt mit einbezogen – ein Ärmel wird zu einer spannenden Höhle, das Püppchen klettert den Rücken des Kindes hinauf oder ruht sich auf ein Nickerchen in der gewölbten Handfläche aus.

Praxisbeispiel: Freies Spiel mit Kleinkindern

Bereits die Kleinsten lieben es, mit der Fingerpuppe zu spielen! Lassen Sie es trällernd und plappernd auf dem Körper des Kindes herumwandern und ihn erforschen. Es läuft zu seinen Füßen, schnuppert ein bisschen an ihnen und muss lautstark niesen – hatschi! Weiter läuft es zum Bauch, macht dort eine kleine Pause und schaut sich um – wo ist es denn hier gelandet? Schließlich läuft es zu den Achselhöhlen, um dort das Kind etwas zu kitzeln. Anschließend springt es hinunter und sucht sich ein Versteck, um kurz darauf mit «Guck-guck, hier bin ich!» wieder aufzutauchen.

Berührungen dieser Art sollten immer sehr behutsam und im Einverständnis des Kindes ausgeführt werden, denn gerade sehr junge oder ängstliche Kinder kann diese Art von Körperkontakt erschrecken. Das Spiel verlangt daher große Achtsamkeit und ein Einfühlungsvermögen seitens des Erwachsenen. Reagiert ein Kind ängstlich oder befangen auf ein Fingerpüppchen, können Sie vorerst auch mit einem anderen Kind spielen oder als Spielpartner ein Kuscheltier oder eine Puppe mit einbeziehen. Durch die Distanz kann das ängstliche Kind in Ruhe alles beobachten und dabei Vertrauen fassen.

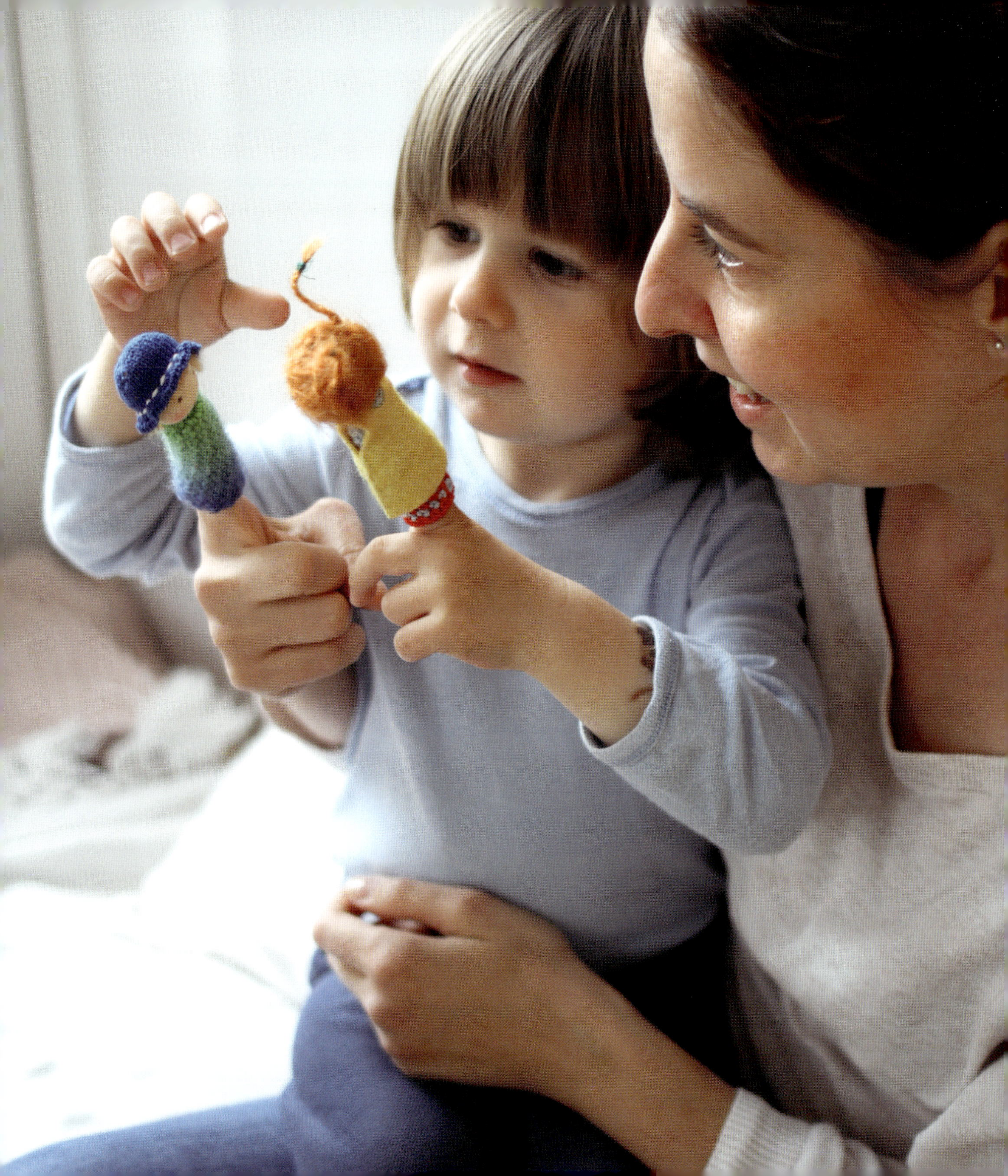

Der Erwachsene kann mit dem Kind über das Fingerpüppchen sehr vertrauliche Unterhaltungen führen und dabei Erlebnisse, Gedanken, Wünsche oder Geheimnisse anvertraut bekommen. In solch intimen Spielsituationen lassen sich auch Themen wie Ärger, Trauer oder Konflikte an- bzw. aussprechen, denn manchmal fällt es Kindern leichter, einer kleinen Figur etwas anzuvertrauen und mit ihrer Unterstützung einen Lösungsweg zu finden.

Spielen ist für das Kind nie zweckgebunden und auch kein bloßer Zeitvertreib. Es nimmt diese Tätigkeit immer sehr ernst und möchte, dass sein Spiel auch so von anderen ernst genommen wird. Spielen bietet ihm die Möglichkeit, die Welt zu entdecken, Gefühle auszuleben und Erfahrungen zu verarbeiten. Stellen Sie sich daher im Spiel ganz auf das Kind ein und geben Sie ihm genügend Freiraum. Das bedeutet auch, aufmerksam, achtsam und in der Zuwendung zum Kind selbstlos zu sein. Es schließt jedoch nicht aus, dem Kind authentisch und auf Augenhöhe zu begegnen. Wenn Sie mit mehreren Kindern spielen, achten Sie darauf, dass Sie keines der Kinder übersehen und sich jedes angesprochen und an dem Spiel beteiligt fühlt.

Wichtig ist, dass auch Sie sich in der Spielsituation und in der Rolle wohlfühlen und selbst Freude am gemeinsamen Spiel haben. So manchem Erwachsenen fällt es leichter, mit Kindern über das Fingerpüppchen zu spielen, da er in eine andere Rolle schlüpft und auch die Perspektive wechselt. So wird die gewohnte Rolle des «großen Erwachsenen» verlassen und durch die Rolle des Püppchens eine kleinere und zerbrechlichere angenommen. Dies kann mitunter zu neuen Sichtweisen führen und bezüglich der kindlichen Wahrnehmung und ihren Bedürfnissen sensibel machen.

Auch im freien Spiel können spontan kleine Aufführungen vorgeführt werden. Gerade Kinder, die schon einmal ein Figurentheater gesehen haben, verspüren den Impuls, für andere etwas aufzuführen. In einem solchen Fall lässt sich eine kleine Bühne mit einfachen Mitteln schnell improvisieren, denn schon eine über den Arm gelegte Decke oder eine Stuhllehne kann für ein Spielchen als eine Art Bühne herhalten. Für die Kinder ist dies ein tolles Erlebnis, wenn sie auf diese Art eine Vorführung geben und dabei das Thema der Geschichte und deren Verlauf bestimmen können.

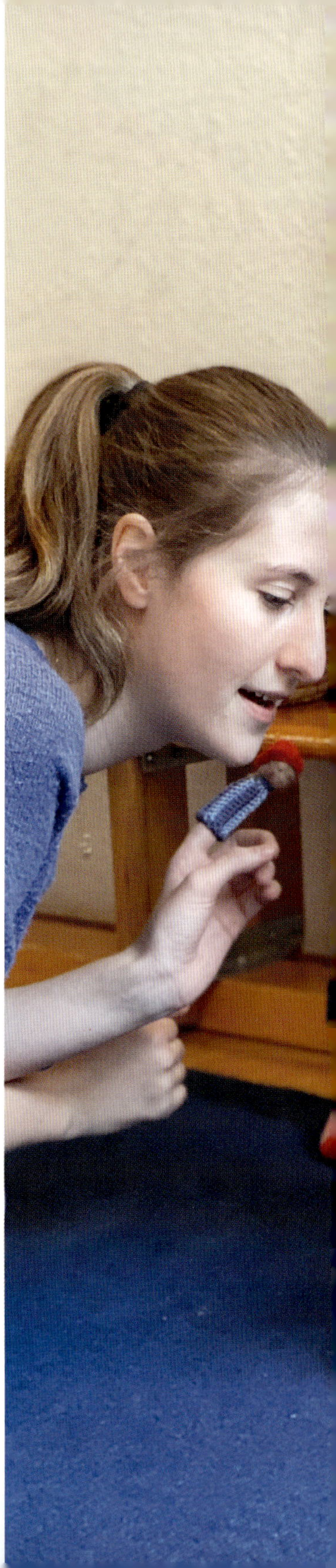

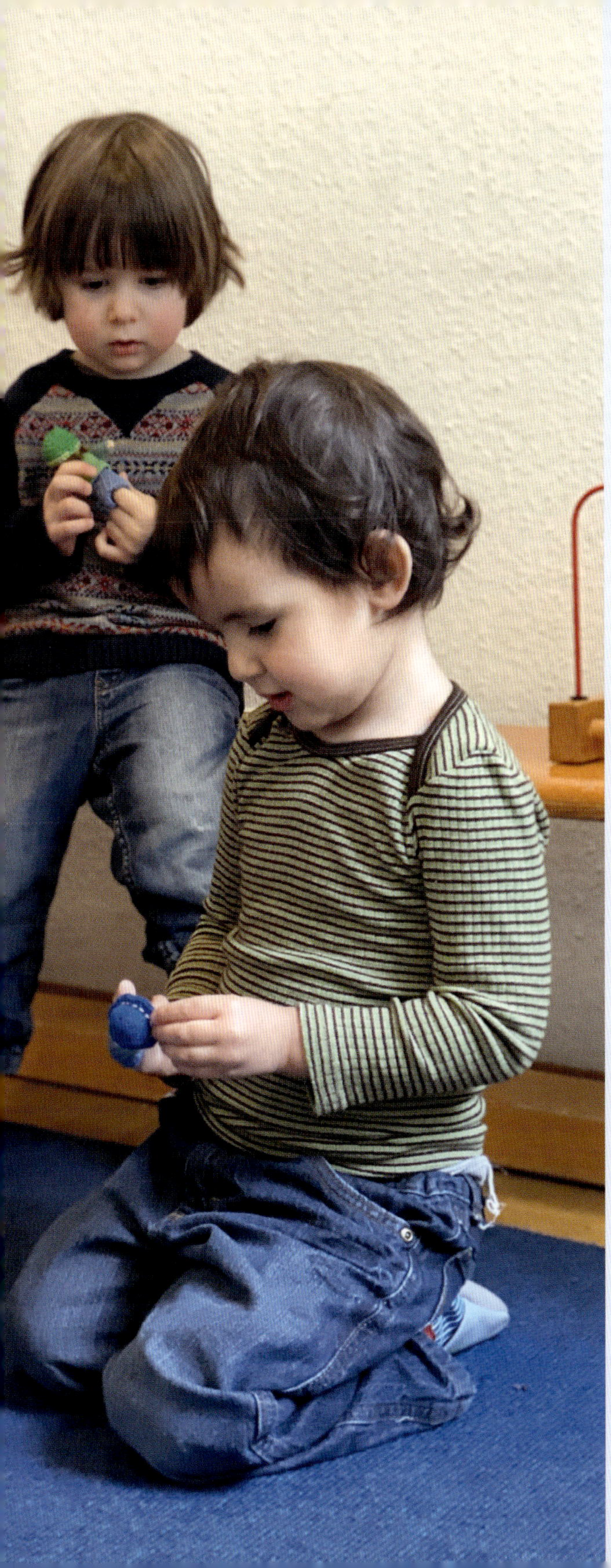

Beispielszenen für freies Spiel

Milo ist knapp dreizehn Monate, als er anfängt, nicht mehr am Wickelplatz ruhig liegen zu wollen; er windet sich hin und her, möchte aufstehen und lieber mit den Dingen um ihn herum spielen. Doch als plötzlich ein kleiner Zwerg in ein Körbchen am Wickelplatz einzieht, wird das Wickeln für ihn wieder spannend und kurzweilig. Seine Eltern sagen von nun an, bevor sie zum Wickeln gehen: «Komm, wir ziehen eine neue Windel an und gehen den Zwerg besuchen.»

Dieses Spiel macht Milo große Freude! Er beobachtet ihn und lacht, wenn der Zwerg beim Wickeln auf ihm herumspaziert, ein Liedchen singt oder sich in einem Ärmel versteckt.

Die sechzehn Monate alte Elisa sieht gespannt zu, wie die Fingerpuppe immer wieder hinter der Armlehne des Sessels verschwindet, um kurz darauf mit einem lustigen «Guck-guck» wieder aufzutauchen. Sie lacht, klatscht freudig iwn die Hände und kann sich an diesem kleinen Spiel nicht sattsehen.

Dann läuft sie zu der Armlehne und guckt nach, wo sich die Figur versteckt. Elisa greift nach ihr, erhascht sie und versucht, sie sich selbst auf den Finger zu setzen. Nach ein paar Versuchen gelingt es ihr, und stolz zeigt sie es ihrer älteren Schwester.

Die zweieinhalbjährige Nila möchte sich die Zähne nur noch allein putzen, und weder Mama noch Papa dürfen nachputzen. So kommt es morgens und abends immer wieder zu einem kleinen Kampf um die Zahnbürste und das «Mund-Aufmachen».

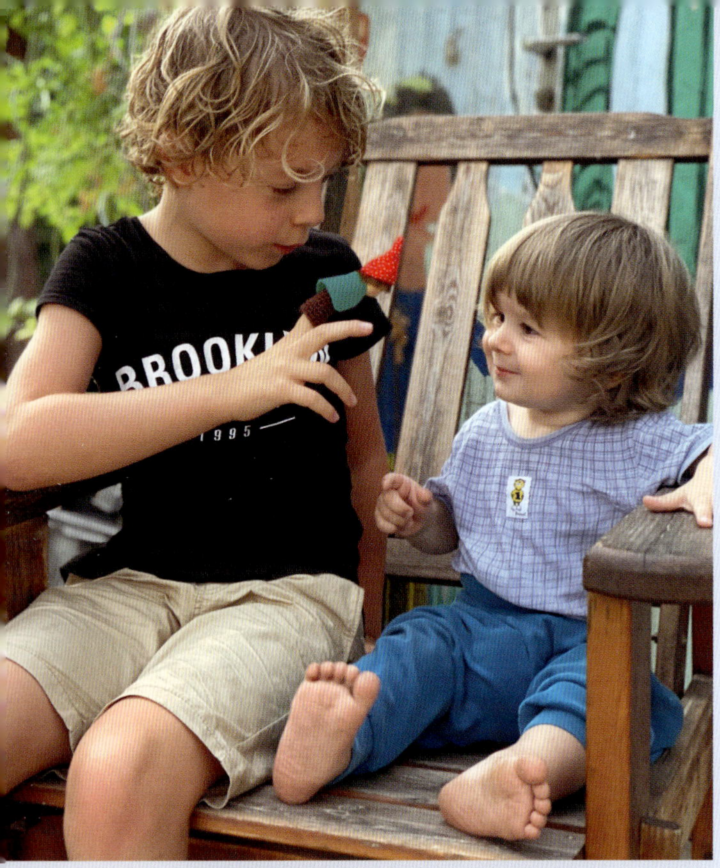

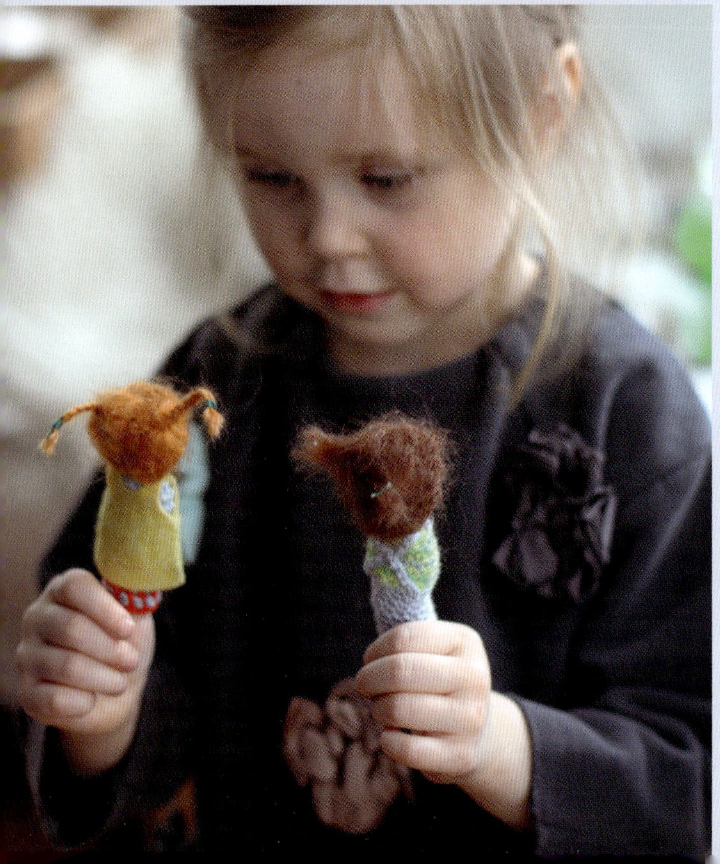

Da hat der Vater eine Idee: Eines Abends stellt er Nila eine kleine Fee vor, die mithilfe ihrer Zauberkräfte ganz besonders gut Zähne putzt. Seither ist das Zähneputzen in der Familie wieder entspannter, auch wenn die Eltern immer noch nicht Nilas Zähne putzen dürfen. Aber die kleine Fee putzt Nila zwei Mal täglich am Finger der Eltern die Zähne und murmelt dabei leise einen Zauberspruch vor sich hin.

Lissi, bald drei Jahre, möchte für die anderen Kindergartenkinder und auch die Erzieherinnen und Erzieher eine Aufführung machen. Dafür ist extra eine kleine Fingerpuppenbühne aus Karton auf den Tisch gestellt worden.
Begeistert läuft Lissi zu den Verkleidungssachen und sucht sich einen mit Pailletten bestickten Hut heraus und dazu noch einen Umhang.
Ganz sorgfältig wählt sie sich zwei Püppchen, stellt sich hinter die kleine Bühne und beginnt ihr Spiel.

Fingerspiele

Im Gegensatz zu den freien Spielen ist bei einem Fingerspiel in Reim oder Liedform der Text vorgegeben, und Bewegungen unterstützen ihn in ausdrucksstarken Gesten. Fingerspiele gibt es in allen Kulturen; oft handeln sie vom direkten Erfahrungsraum des Kindes, zum Beispiel dem eigenen Körper, der räumlichen Umgebung, den Jahreszeiten und der Natur.

Der Umgang mit der Sprache ist beim Fingerpuppenspiel sehr wichtig. Erarbeiten Sie daher Text und Bewegung im Vorfeld, um das Spiel den Kindern sicher vortragen zu können. Achten Sie auf den Klang der Worte, die Betonung und den Sprachrhythmus, um ein dynamisches Sprachgeschehen entstehen zu lassen. Das Kind wird große Freude daran haben, wenn Sie Ihre Stimme variationsreich einsetzen. Sie können etwa einen Reim mit leiser und geheimnisvoller Stimme beginnen, stimmlich immer kräftiger werden, um dann den Reim gegen Ende wieder leiser und ruhig abzuschließen. Lassen Sie sich diesbezüglich vom Inhalt des Textes inspirieren. Beabsichtigte Pausen sind dabei ebenso wichtig wie das deutliche, betonte und nicht zu schnelle Sprechen.

Die Sprache wird mit Mimik und Gestik ausdrucksstark unterstrichen. Überlegen Sie sich daher für das Spiel passende Bewegungen achten Sie auf einfache, exakte Bewegungsabläufe. Der Sprach- und Bewegungsrhythmus sollte dabei zu einer Einheit werden, damit das Kind im Spiel die Sprache in sich aufnehmen und sie begreifen kann. Ist ihm das Spiel vertraut, können Sie die Betonung auch variieren oder Bewegungsabläufe verändern. Dies kann Erstaunen und Freude beim Kind auslösen, möglicherweise hat es auch eigene neue Spielideen. Variationen können aber auch für Entrüstung und Verwirrung sorgen, denn gerade die Kleinen lieben Wiederholungen und möchten oft keine Veränderung. Machen Sie dies daher vom Kind und seinem Alter abhängig. Auch ist es mit kleinen Kindern wirkungsvoller, mehrmals am Tag ein kurzes Spiel zu spielen und es zu wiederholen anstatt verschiedene Spiele hintereinander.

Praxisbeispiel:
«Himpelchen und Pimpelchen»

Bei diesem Fingerspiel sitzen die zwei Püppchen auf den Zeigefingern der beiden Hände.

Himpelchen und Pimpelchen stiegen auf einen hohen Berg.	Jeweils die Figur zeigen und anschließend auf einen (imaginären) Berg steigen lassen.
Himpelchen war ein Heinzelmann und Pimpelchen ein Zwerg.	Die jeweiligen Figuren dem Kind zeigen.
Sie blieben lange dort oben sitzen und wackelten mit ihren Zipfel- mützen.	Püppchen drehen und wenden und mit den Zeigefingern wackeln.
Doch nach vielen langen Wochen sind sie in den Berg gekrochen.	Beide steigen herab und gehen z.B. unter ein vorbereitetes Tuch oder hinter den Rücken.
Schlafen dort in guter Ruh. Seid mal still und hört gut zu!	Die Stimme wird leise, flüsternd, der Erzählende blickt das Kind direkt an.
Ch ch ch ch ch…	Schnarchgeräusche machen.
Heißa, heißa, hopsassa, Himpelchen und Pimpelchen sind wieder da!	Fröhlich tauchen die beiden wieder auf. Die Figuren wackeln, zappeln und tanzen lassen.

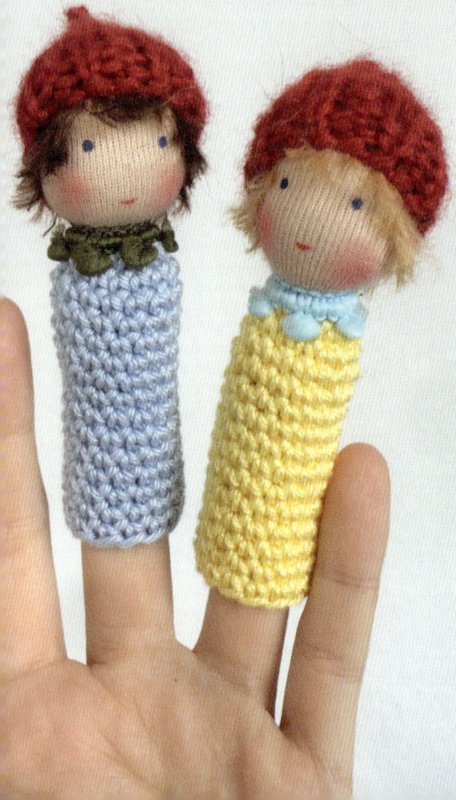

Je nach Gedicht und Inhalt des Reimes bzw. Liedes kann auch ein Partnerspiel mit dem Kind oder mit mehreren Kindern gespielt werden. Dabei übernimmt ein Spieler die Rolle des Fingerpüppchens, während die

im Text vorkommenden Tiere, Pflanzen oder Gegenstände von den Mitspielern dargestellt und gespielt werden. Der Text kann dabei allein oder gemeinsam in der Gruppe gesprochen werden.
Eine gute Auswahl an Reimen und Liedern können Sie meist in Büchern in gut sortierten Buchläden oder Büchereien und natürlich auch im Internet finden. Oder Sie erfinden kleine Reime selbst oder mit den Kindern zusammen!

Praxisbeispiel: Gruppenspiel zum Gedicht «Das Büblein»

Ein Kind spielt das Fingerpüppchen, ein anderes einen großen Baum und breitet dabei die Arme als Äste weit aus. Ein drittes Kind formt mit den Händen ein Vogelnest, das in der Arm-Baumkrone liegt.

Steigt ein Büblein auf den Baum, ei so hoch, man sieht es kaum! Hüpft von Ast zu Ästchen,	Das Püppchen steigt, an den Füßen beginnend, den Baum hinauf und klettert und hüpft auf den Arm-Ästen herum.
schaut ins Vogelnestchen.	Es schaut in das Vogelnest und setzt sich hinein.
Ui – da lacht es, hui – da kracht es!	Es wackelt und zappelt im Nest, die Äste bewegen sich.
Plumps, da liegt es drunten.	Mit dem «Plumps!» fällt es hinunter.

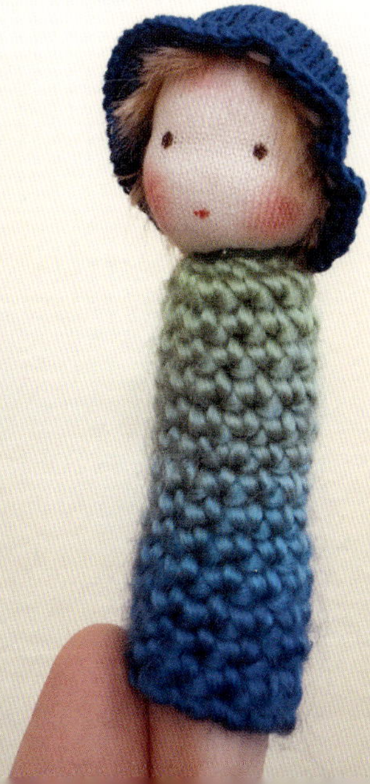

Aufführungen

Im Gegensatz zu den freien Spielen oder Fingerspielen brauchen Sie für eine Aufführung neben den Fingerpuppen als Darsteller eine kleine Bühne und natürlich Zuschauer, die gespannt und staunend das Spiel verfolgen. Diese Spielform eignet sich daher besonders gut, um Geschichten aus Bilderbüchern oder auch Märchen aufzuführen. Kinder können ab dem Kindergartenalter kleine Aufführungen gut verfolgen, wobei die Geschichten für die Drei- und Vierjährigen eher einfach und kurz gehalten sein sollten und einen linearen Handlungsablauf haben, da es sie sonst überfordern würde.

In der Regel brauchen Aufführungen etwas mehr Vorbereitungszeit, denn wenn nicht frei improvisiert wird, muss das Stück vorher einstudiert werden, und eventuell müssen neue Fingerpüppchen angefertigt werden. Auch zu der Bühne sind ein paar Überlegungen nötig: Soll es eine eigens dafür gebaute Bühne geben, oder reicht eine improvisierte Bühne aus?

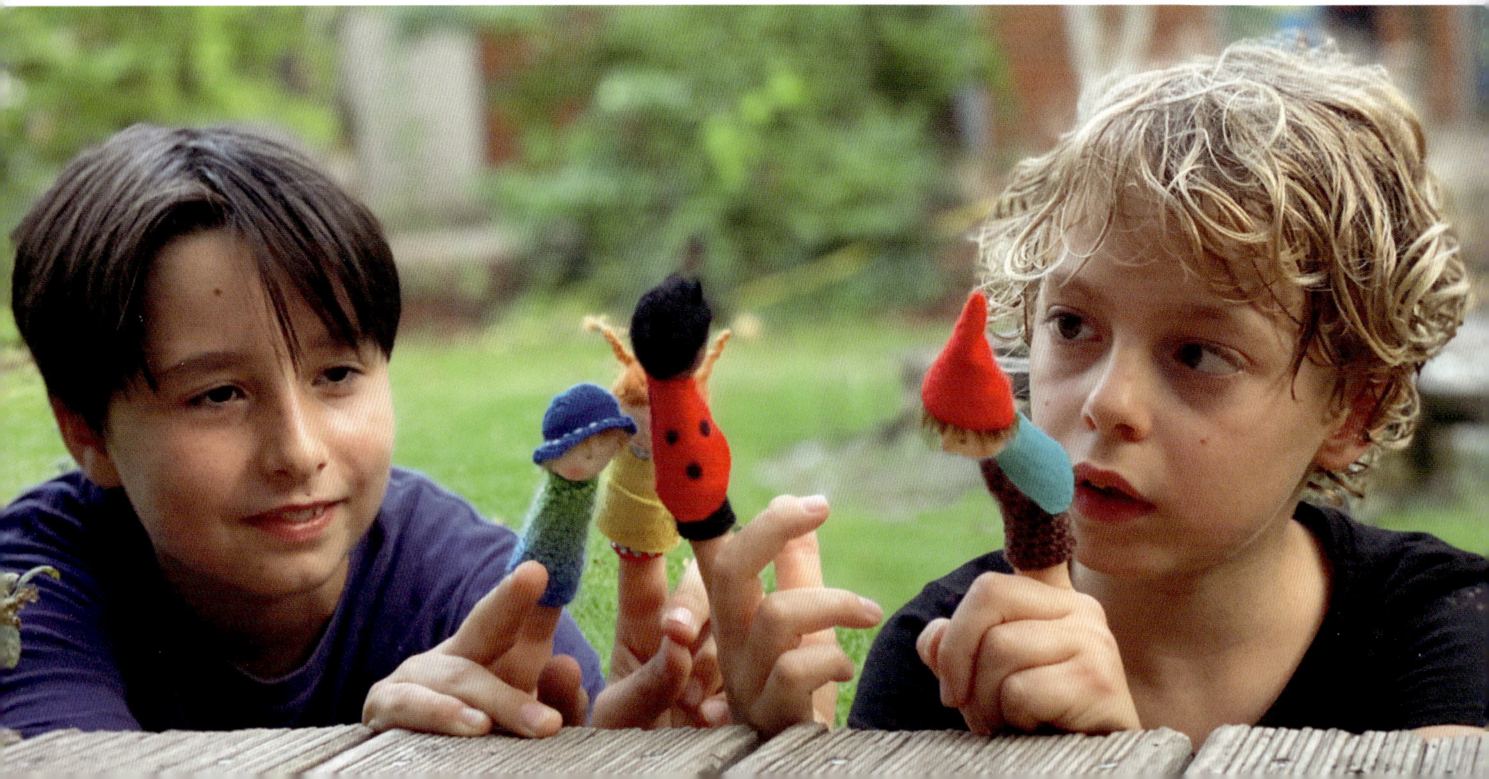

Wer sich keine extra Bühne zulegen möchte, kann zum Beispiel ein Kissen, die Sofakante oder auch ein Spielständer als Bühne nutzen.
Auch aus einem Karton kann recht schnell eine hübsche Bühne hergestellt werden. Und gerade ältere Kindergarten- oder Schulkinder haben große Freude daran, bei einer solchen Arbeit mitzuhelfen. Zusätzlich zur Bühne brauchen Sie für die Aufführung meist keine oder kaum Dekorationen oder andere Gegenstände, denn die Vorstellungskraft des Kindes reicht völlig aus, das nicht Dargestellte mit der Fantasie zu ergänzen.
Fingerpüppchen sind recht kleine Darsteller, daher sollten die Kinder nah an der Bühne sitzen, um alles gut sehen zu können. Somit sollte die Anzahl der Zuschauer auch nicht zu groß sein. Während der Aufführung müssen Sie sich nicht hinter der kleinen Bühne verstecken, denn gerade für jüngere Kinder ist es oft beruhigend, wenn sie den Spielenden sehen und bei der Aufführung beobachten können.

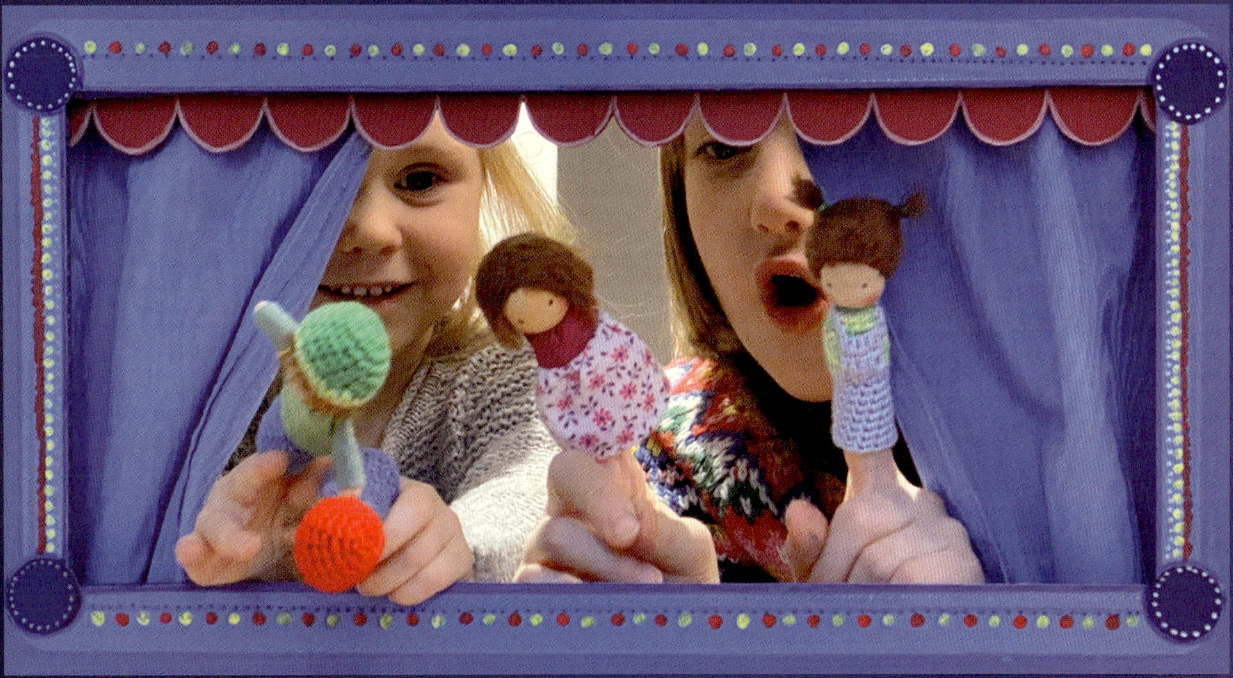

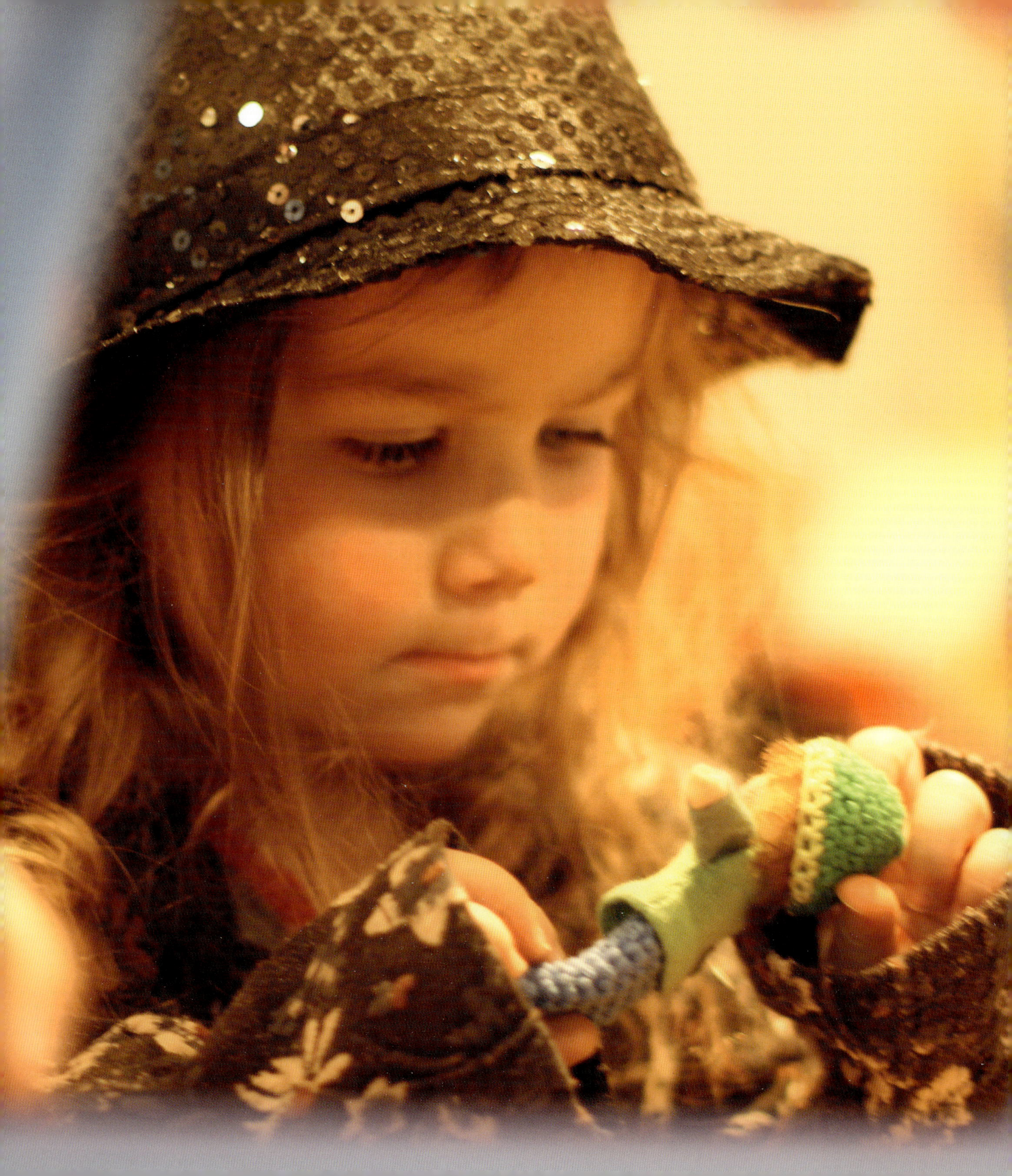

Praxisbeispiel:
Bau einer Kartonbühne

1. Nehmen Sie eine stabile Kiste aus Karton (auf dem Foto ist es ein Apfelkarton aus dem Lebensmittelgeschäft), und zeichnen Sie vorne mittig ein großes Fenster hinein. Es wird anschließend mit einem Cutter ausgeschnitten.
2. Bemalen Sie die Außenseite des Kartons und verzieren Sie ihn anschließend nach Lust und Laune.
3. In die Seitenwände des Kartons werden rechts und links zwei Löcher für eine Vorhangstange gebohrt und ein Rundholz in der Länge des Kartons zurechtgesägt, sodass es seitlich noch etwas heraussteht. Damit die Vorhangstange nicht herausrutscht, können Sie zwei große Perlen daraufstecken oder zum Beispiel zwei Hälften eines bemalten Weinkorkens.
4. Nähen Sie zwei Vorhänge in passender Größe zum Fenster. An den oberen Kanten nähen Sie einen Tunnelzug, sodass die Vorhangstange hindurchgeschoben werden kann. Innen an die Kartonseitenwände werden zwei Kordeln angebracht, damit die beiden Vorhänge während der Aufführungen rechts und links zur Seite gebunden werden können.

Material & Werkzeug

- Obst- oder Gemüsekiste aus Karton
- Cutter
- Klebstoff
- verschiedene Farben
- unterschiedliche Pinsel
- 2 Weinkorken oder große Perlen
- Rundholz als Vorhangstange
- Stoff für die Vorhänge
- Kordel

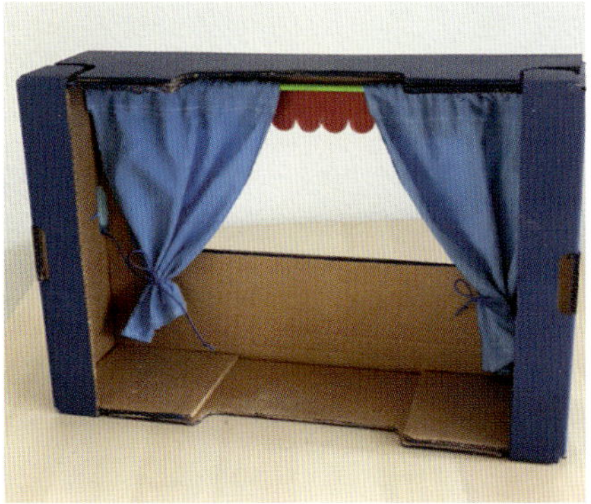

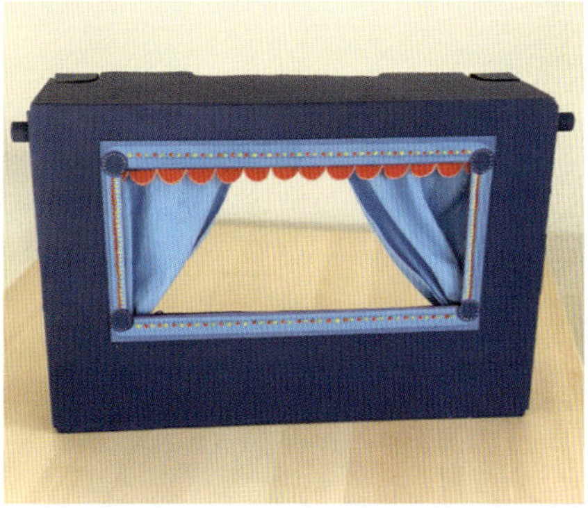

Märchen und Geschichten

Besonders schön ist es, wenn die Geschichte oder das Märchen während der Aufführung frei erzählt wird. Dies bedarf allerdings großer Sorgfalt, Konzentration und Sicherheit bezüglich des Inhaltes und Textes, denn Kinder nehmen es sehr genau und sehen über einen anders oder gar falsch erzählten Inhalt nicht einfach so hinweg. Wie im Fingerspiel sollte auch hier die Stimme facettenreich eingesetzt werden. Sprechen Sie langsam, betont und deutlich, damit die Kinder der Geschichte gut folgen können. Wird die Geschichte nicht frei erzählt, sondern vorgelesen, braucht es bei der Aufführung zur Unterstützung eine zweite Person. Auch bei einer größeren Inszenierung ist dies sinnvoll, denn so können zum Beispiel die Musik oder andere Hintergrundgeräusche von einer zweiten Person übernommen werden.

Die Aufführung sollte inhaltlich-dramaturgisch gut durchdacht und strukturiert sein. Beispielsweise können Sie zu Beginn ein Glöckchen erklingen lassen oder ein paar Töne auf einem Glockenspiel spielen; dies signalisiert den Kindern, dass es losgeht. Auch ein Lied am Anfang der Geschichte weckt die Aufmerksamkeit der Kinder, unterstützt die Einleitung und erzeugt eine schöne Stimmung. Dabei kann das Lied gesungen, gesummt oder auf einem Instrument gespielt werden. Das Stück kann auch durch immer wiederkehrende Sprüche, Reime oder gleiche Sätze zu Beginn bzw. am Ende eines Abschnittes strukturiert werden. Ebenso kann eine sich wiederholende und erst am Ende aufgelöste Frage die Spannung in der Geschichte mittragen.

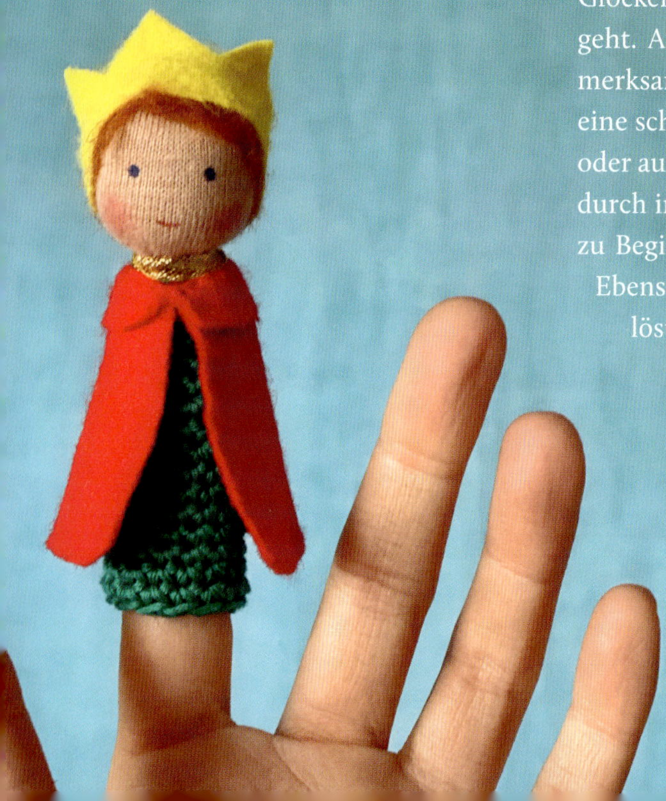

Das Kasperletheater

Für ältere Kindergartenkinder oder die jüngeren Schulkinder kann eine Aufführung auch einmal turbulenter sein, so wie dies im Kasperletheater der Fall ist. Die zum Teil verzwickten Geschichten sind voller Späße, Wirren und Wendungen, und das Kasperle ist frech, manchmal durcheinander, aber vor allem lustig. Seine Verrücktheiten bringen ältere Kinder immer wieder zum Lachen, während Aufführungen in dieser Dynamik jüngere Kinder noch überfordern würden.

Die Geschichten im Kasperletheater ähneln sich inhaltlich; zum Beispiel kann das Kasperle ein Wort nicht richtig aussprechen oder versteht es immer wieder falsch. Oder es ist tollpatschig, findet oder bemerkt etwas sehr Wichtiges nicht, soll sich etwas merken und vergisst es dabei immer wieder …

Doch am Ende der Geschichte wird alles gut ausgehen. Die Kinder lachen, warnen das Kasperle, rufen, beraten und helfen ihm dabei. Das Kasperletheater lebt von dieser Interaktion mit dem Publikum, denn das Kasperle kommuniziert – im Gegensatz zu den anderen Figuren im Stück – direkt mit dem Publikum, fragt beispielsweise die Kinder nach ihrer Meinung oder treibt mit ihnen Schabernack. Er ist das Verbindungsglied zwischen der fiktiven Welt des Stückes und der realen Welt der Kinder. Da das Kasperle die Kinder zum Mitmachen anregt, sind sie in den Aufführungen nicht nur Zuschauer, sondern auch Akteure.

In seiner Vorbereitung sind die Aufführungen im Kasperletheater nicht anspruchsvoller als andere Aufführungen. Auch hier benötigen Sie keine aufwendigen Kulissen oder Requisiten, denn es kommt hauptsächlich auf die Geschichte und die dazugehörigen Späße und Verrücktheiten rund um das kleine Kerlchen an. Natürlich sollte bei der Eröffnung das Kasperle-Lied nicht fehlen: «Tri-tra-trullala, tri-tra-trullala, Kasperle ist wieder da!»

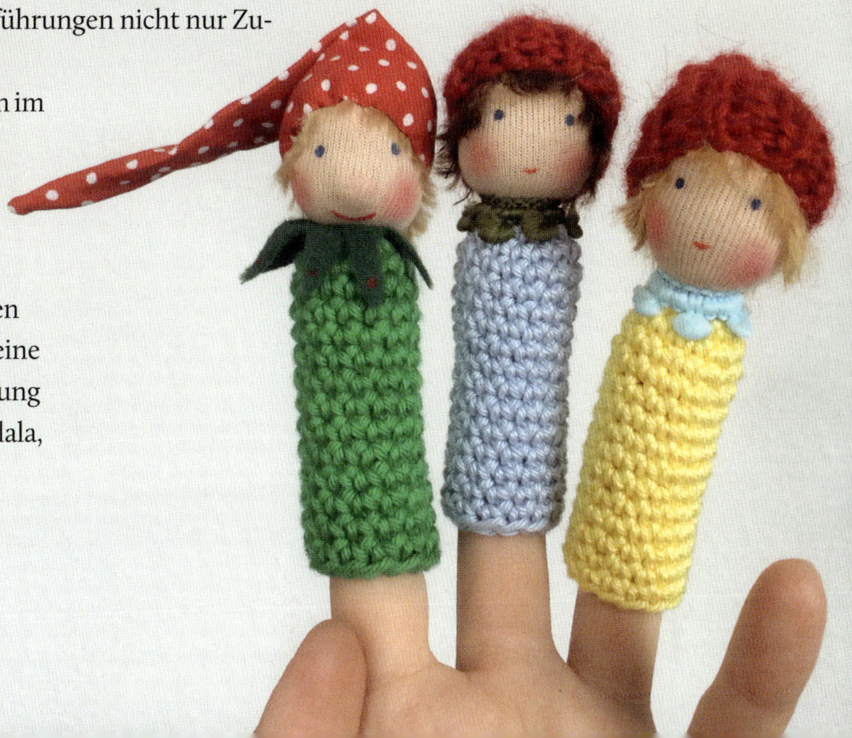

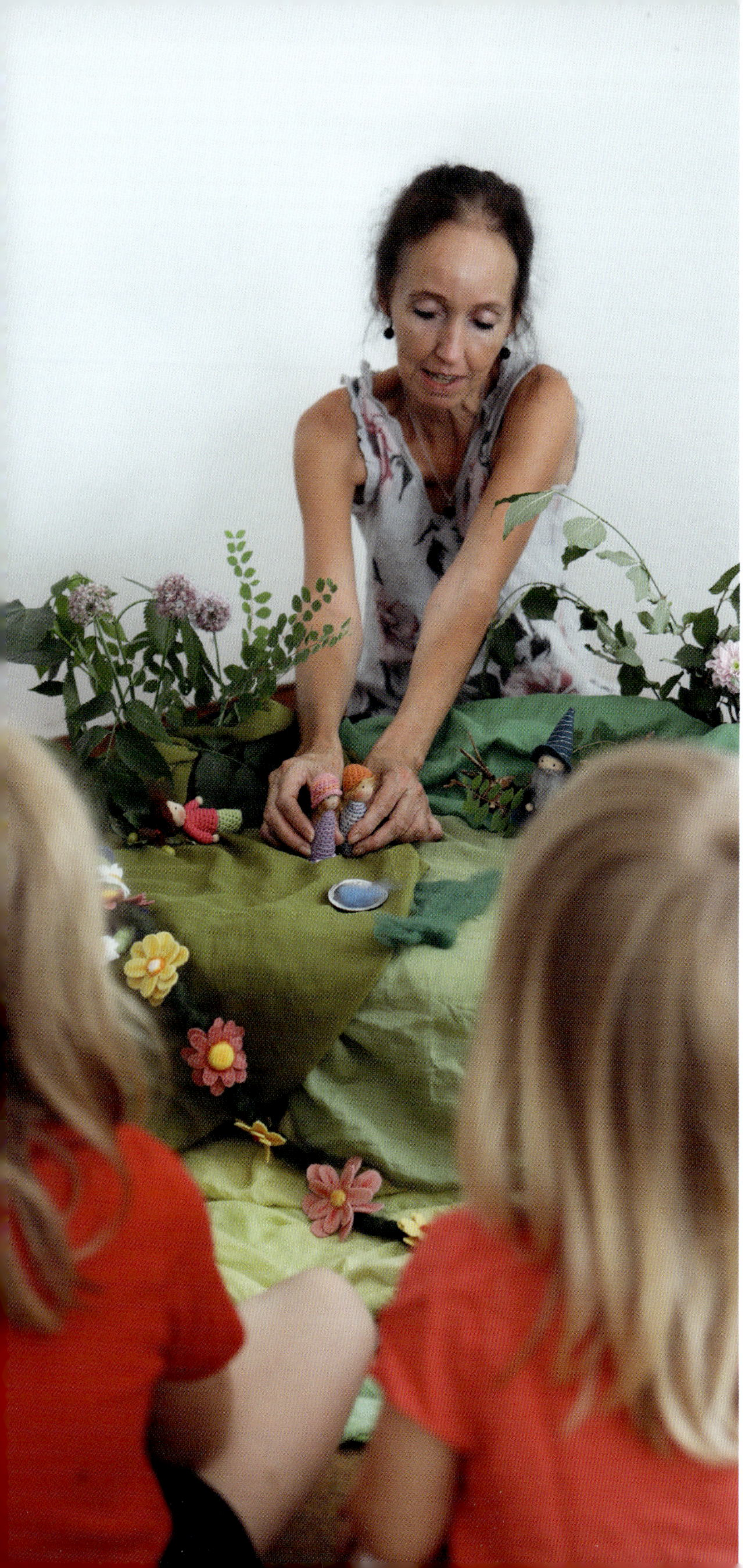

Fingerpüppchen spielen Tischtheater

Ein ganz anderes Spiel mit den Fingerpüppchen kann in Form eines Tischtheaters stattfinden. Bei einem Tischtheater werden die Figuren sichtbar mit der Hand zu der Geschichte oder einem Märchen auf einer aufwendig gestalteten Tischlandschaft bewegt.

Um als Akteure im Tischtheater mitspielen zu können, müssen die Fingerpüppchen allerdings etwas zweckentfremdet werden, denn ihnen fehlt der stützende Finger in ihrem Inneren. Daher benötigen sie eine andere Füllung zur Stabilisierung, beispielsweise einen länglichen Kieselstein, der bei Bedarf noch mit etwas Schafwolle umwickelt werden kann.

Beim Tischtheater wird neben den Püppchen als Hauptfiguren ein möglichst niedriger Tisch mit einer einfarbigen großen Decke oder ein großes Stück Stoff benötigt. Falls ein passender Tisch nicht zur Hand ist, können Sie die Bühne auch auf einem Bereich des Fußbodens auslegen. Die Bühnenlandschaft wird ebenfalls mit passenden bunten Tüchern gestaltet und mit Wurzeln, Ästen, Moos, Steinen oder Ähnlichem dekoriert. Ebenso können Gebäude mit einfachen Mitteln angedeutet werden, indem sie beispielsweise auf Pappe aufgemalt und

ausgeschnitten oder mit Bauklötzen markiert werden. Kommen mehrere Schauplätze in der Geschichte vor, so können Sie sie nebeneinander aufbauen und nach und nach bespielen. Dekorieren Sie die Bühne des Tischtheaters immer liebevoll und sorgfältig, jedoch nicht bis ins kleinste Detail, da es sonst überladen wirken kann.
Auch bei dieser Aufführungsart werden die Kinder stimmungsvoll durch die Geschichte geleitet. Dabei kann hier ebenfalls die Geschichte auswendig erzählt oder vorlesen werden. Wenn Sie zu zweit aufführen, sollte einer den Text erzählen bzw. vorlesen, während der andere die Figuren bewegt.
Sowohl Puppenspieler als auch Erzähler sind während der Aufführung für die Kinder sichtbar. Wenn Kinder die Vorgänge auf der Tischbühne beobachten können und dabei auch den Spieler agieren sehen, fühlen sie sich dadurch nicht gestört. Dennoch sollte dieser im Hintergrund agieren und seine gesamte Aufmerksamkeit auf das Spiel lenken.

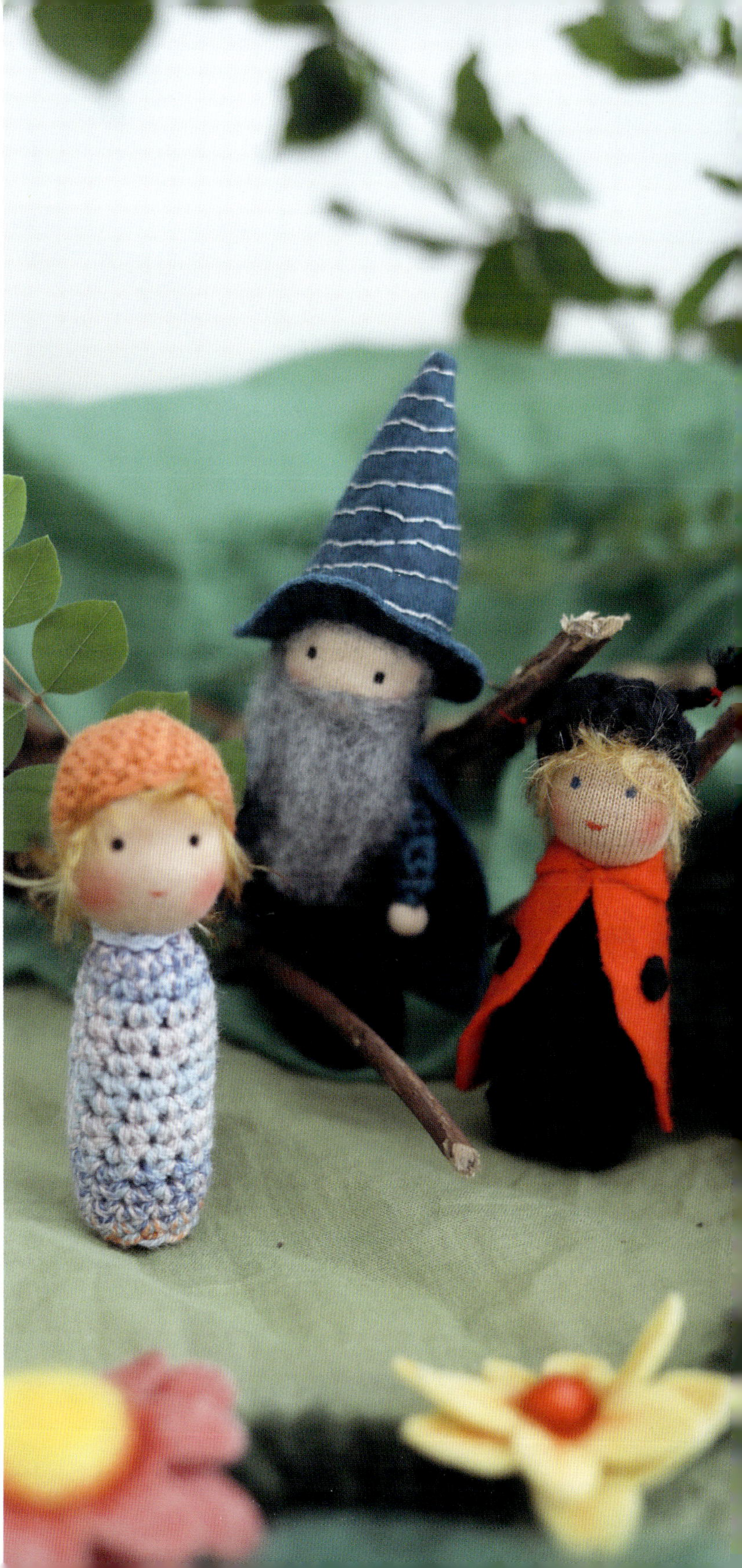

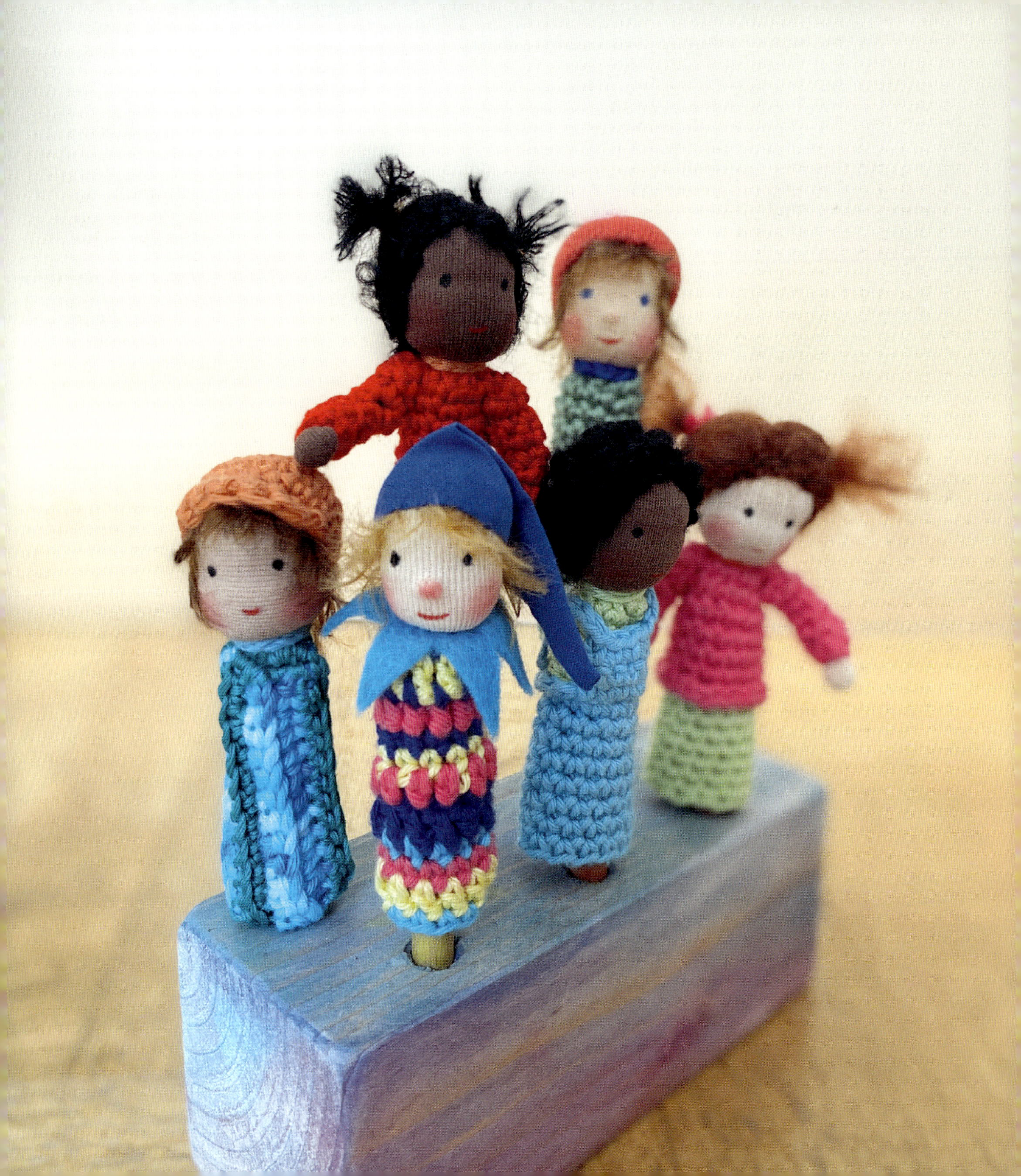

Aufbewahrung & Dekoration

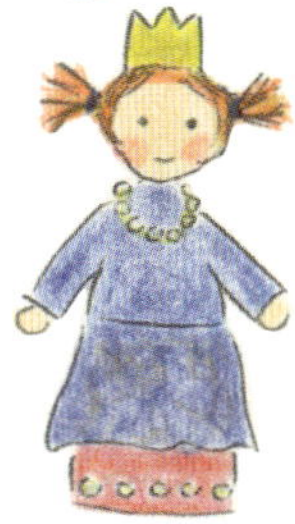

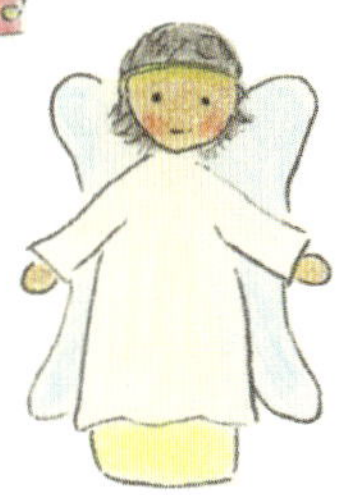

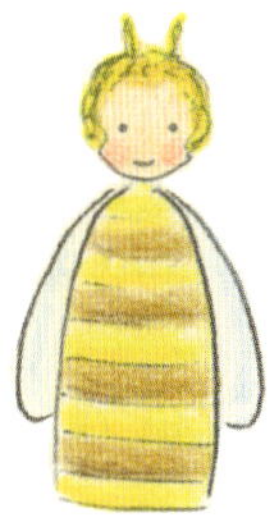

Es gibt viele schöne Möglichkeiten, die kleinen Figuren aufzubewahren, sei es in einer Kiste oder einem Karton, einem kleinen Koffer, in Säckchen oder einem Korb. Ich persönlich finde einen Ständer aus Holz immer sehr schön, so sind die Puppen sichtbar und fordern zum Spiel auf. Hin und wieder tausche ich die Figuren aus, und ein Püppchen wandert für eine Weile in eine kleine Kiste, und dafür kommt ein anderes wieder zum Vorschein.

Für eine kleine Sammlung an Fingerpuppen könnten Sie einen Ständer für mehrere Figuren herstellen. Oder Sie machen Holzständer, auf denen jeweils ein einzelnes Püppchen seinen Platz findet. Mit diesen Ständern lassen sich die Figuren zum Beispiel auch auf dem Jahreszeitentisch (siehe S. 130f.) aufstellen.

Holzpuppenständer für mehrere Figuren

Material & Werkzeug

- Holz in gewünschter Größe für den Korpus
- fingerdicke Stäbe (Rundhölzer oder gerade Äste)
- Bohrmaschine
- Schleifpapier
- Spitzer
- Holzleim
- evtl. Farbe und matter Klarlack auf Wasserbasis

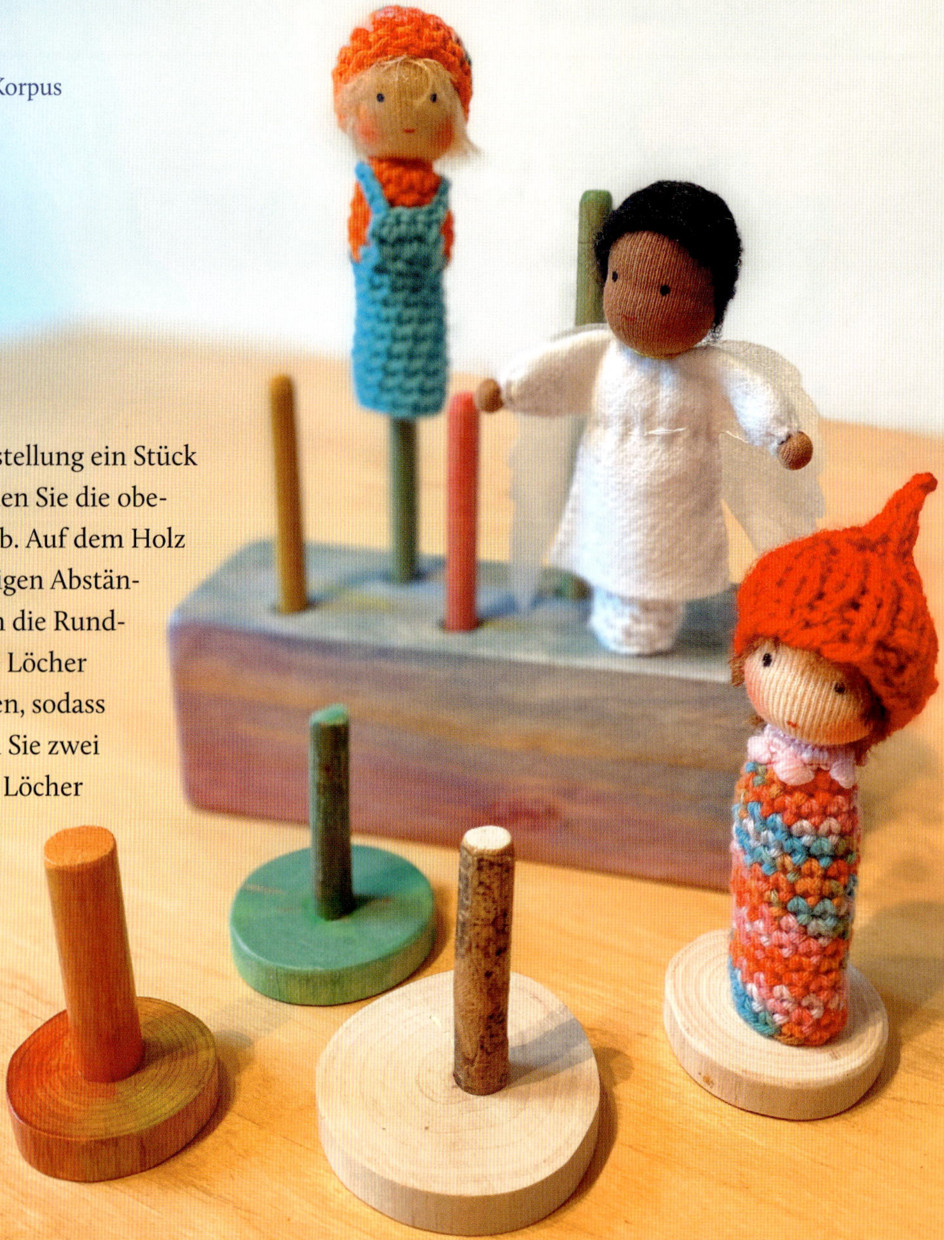

Korpus: Sägen Sie nach Ihrer Vorstellung ein Stück Holz für den Ständer zu und runden Sie die oberen und seitlichen Kanten leicht ab. Auf dem Holz werden mit Bleistift in gleichmäßigen Abständen die Stellen markiert, an denen die Rundhölzer oder Äste sitzen sollen. Die Löcher für die Stäbe ca. 1–2 cm tief bohren, sodass die Stäbe gut darin halten. Wollen Sie zwei Stabreihen machen, so sollten die Löcher nicht zu eng beisammen liegen. Auch sollten die vorderen versetzt zu den hinteren Löchern angeordnet werden, damit sich die Figuren später nicht gegenseitig verdecken.

Stäbe: Nun werden die Stäbe zugesägt. Die Länge sollte knapp 8–10 cm betragen, sodass die Puppen gut darauf sitzen können. Bei einem Ständer mit einer zweiten Reihe sollten die hinteren Stäbe ein paar Zentimeter länger sein, sodass nicht alle Figuren auf der gleichen Höhe nebeneinandersitzen.
Die Kanten der Stäbe mit zwei bis drei Umdrehungen in einem Spitzer abrunden und mit Schleifpapier glattschleifen. Nun die Stäbe mit Holzleim in die vorgebohrten Löcher einkleben.

Bemalen: Mit Wasserfarbe lässt sich das Holz in schönen Farben und dennoch dezent lasieren.
Der Ständer kann nach dem Trocknen zum Schutz der Farbe mit Klarlack bemalt werden.

Holzpuppen-Ständer für ein Püppchen

Ebenso wie der große Ständer für mehrere Püppchen lässt sich auch ein kleiner Ständer für eine einzelne Figur bauen. Soll die Puppe mithilfe des Ständers auch auf dem Jahreszeitentisch stehen können, so sollte der Stab die Länge des Körpers haben, damit die Figur auf dem Ständer gut aufsitzt und nicht in der Luft schwebt.
Anstelle des Holzkorpus kann beispielsweise eine runde Holzscheibe genommen werden. In die Scheibe bohren Sie mittig ein Loch hinein. Einen Stab wie oben beschrieben zusägen, spitzen und schleifen. Anschließend kann er in die Scheibe geklebt und der Ständer gegebenenfalls bemalt werden.

Zusätzliches Material

- eine Holzscheibe anstelle des Holzkorpus

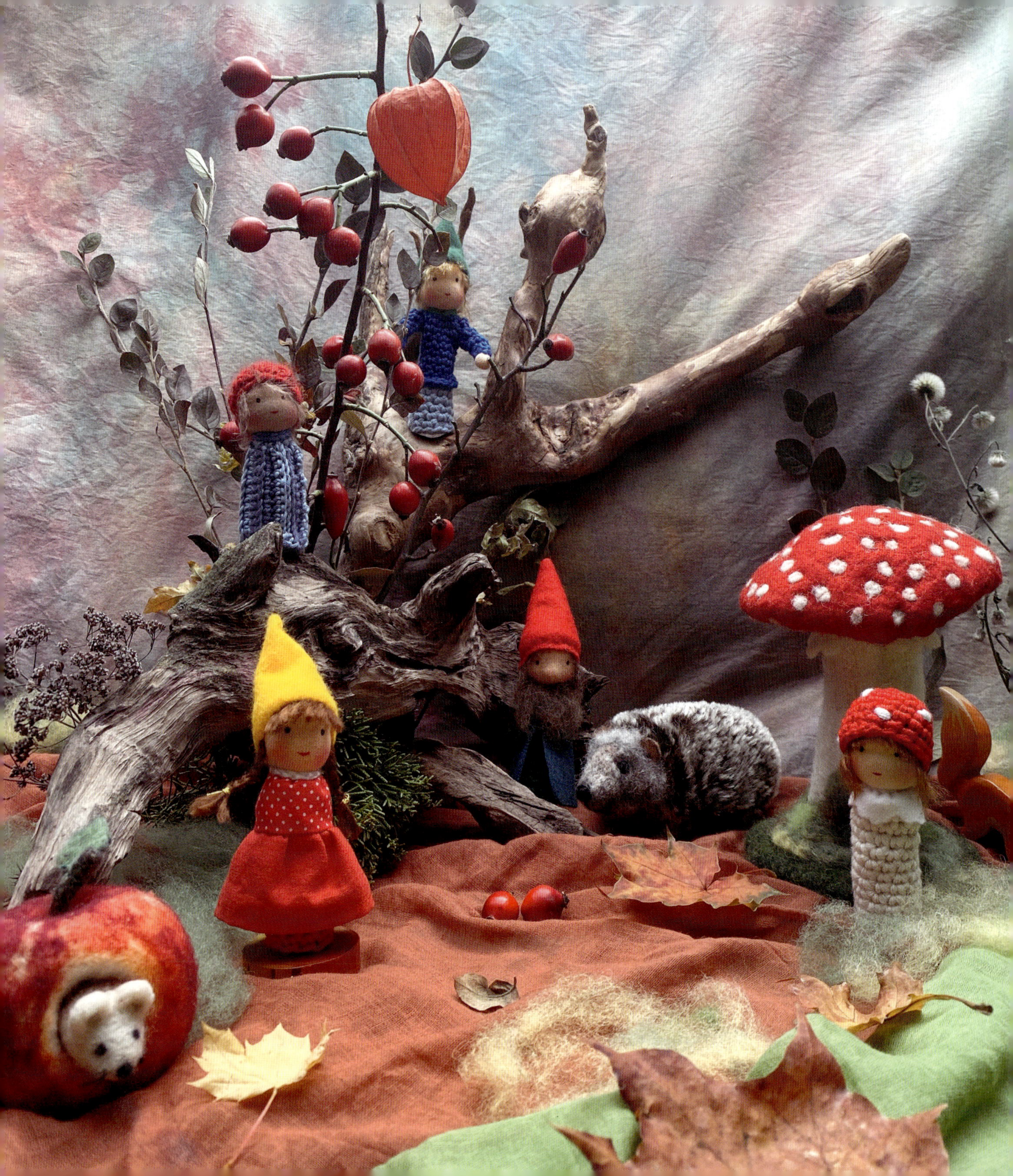

Auf dem Jahres-zeitentisch

Jahreszeitentische und -figuren erfreuen sich großer Beliebtheit, mittlerweile auch immer mehr bei Familien und Einrichtungen, die nicht der Waldorfpädagogik nahestehen. Auf einem Jahreszeitentisch werden der Verlauf der Jahreszeiten und das dazugehörende Naturgeschehen, aber auch Jahresfeste wie Ostern, Weihnachten oder das Erntedankfest dargestellt und versinnbildlicht. Dies ermöglicht dem Kind, sich in gestalterischer und bildhafter Form mit dem sich wandelnden Jahresverlauf auseinanderzusetzen und sich mit den Vorgängen der Natur zu verbinden.

Für einen solchen Jahreszeitentisch kann ein Tisch genutzt werden, es genügt aber auch ein kleines Regal, ein Platz auf einer Kommode oder der Fensterbank. Er sollte gut sichtbar und nicht versteckt sein; je präsenter sein Platz, umso präsenter ist er auch in der Wahrnehmung des Kindes.

Beim Sammeln der Naturschätze und der Gestaltung des Jahreszeitentisches sollte das Kind helfen dürfen; der Fantasie sind keine Grenzen gesetzt. Passend zur entsprechenden Jahreszeit können zum Beispiel bunte Tücher aus Baumwolle oder Seide mit etwas farblich passender Wolle zu einer Landschaft gelegt werden. Darauf werden alle schönen Dinge platziert, die die Natur gerade zu bieten hat: Steine, Holzstücke, Moos, Blumen, Blätter, Beeren, Schneckenhäuser. Meist wird der Jahreszeitentisch auch von Zwergen, Spielzeugtieren oder Blumenkindern bevölkert.

Sind die Fingerpüppchen gerade nicht beim Spiel oder bei einer Aufführung im Einsatz, können sie auch auf dem Jahreszeitentisch aufgestellt werden. Damit sie stabil stehen, benötigen sie allerdings etwas Unterstützung. Wird der Körper nur mit Schafwolle ausgestopft, so fallen sie unter Umständen um, da ihnen das Gewicht für einen stabilen Stand fehlt. Kommt ein länglicher Stein hinzu, bleiben sie besser stehen. Auch mithilfe eines kleinen Holzständers, wie auf S. 129 beschrieben, lassen sie sich stabil auf dem Jahreszeitentisch platzieren.

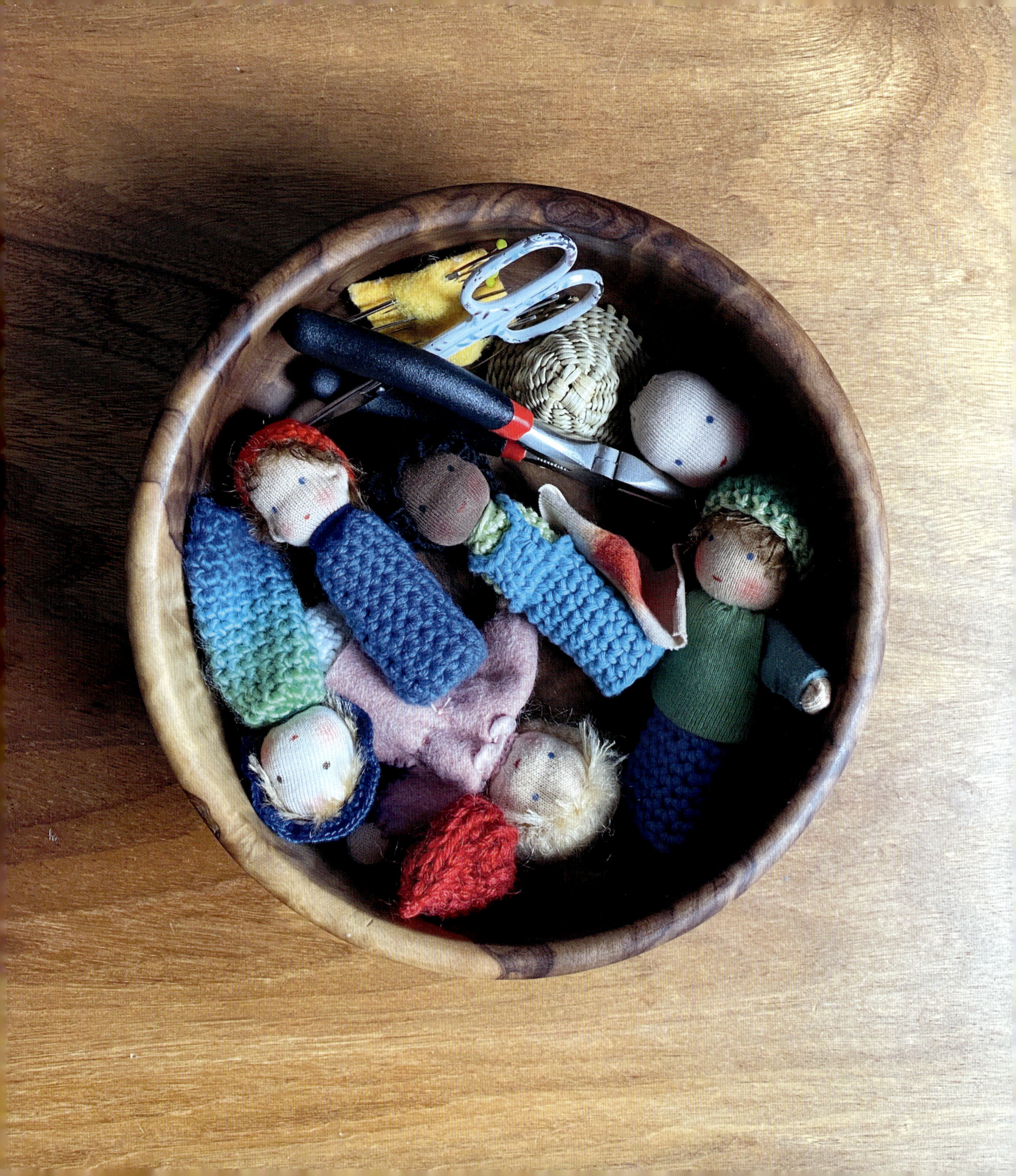

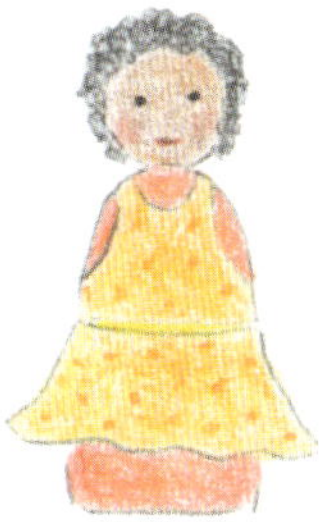

Reinigung und Reparatur

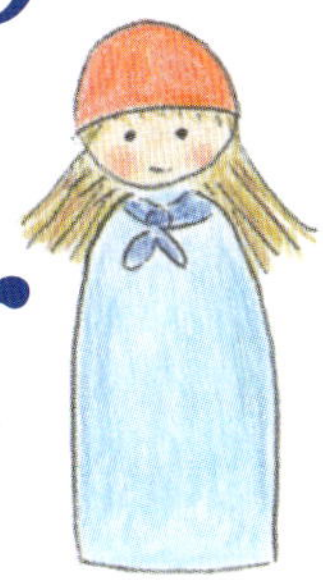

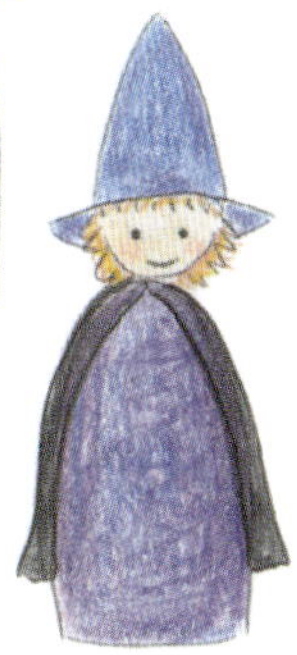

Mit regelmäßiger Pflege haben Sie lange Freude an Ihren Fingerpüppchen. Gelegentlich sollten Sie den Haaren, dem Gesicht und dem Körper der Figuren ein wenig Aufmerksamkeit zukommen lassen, und auch bei Verschmutzungen können die Püppchen mit einer vorsichtigen Handwäsche gereinigt werden. Und falls doch einmal ein Fleck beim Waschen nicht herausgehen sollte, erzählt er eben die Geschichte eines gemeinsamen Erlebnisses.
Auch für das Reparieren der Püppchen, etwa wenn im Körper oder im Trikotstoff ein Loch entstanden ist, wenn der Kopf wackelt oder die Kleidung erneuert werden muss, finden Sie nachfolgend einige Gesichtspunkte.

Pflegen und waschen

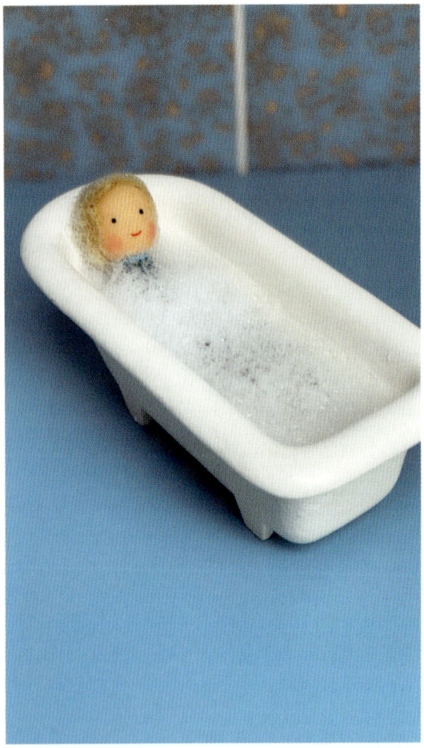

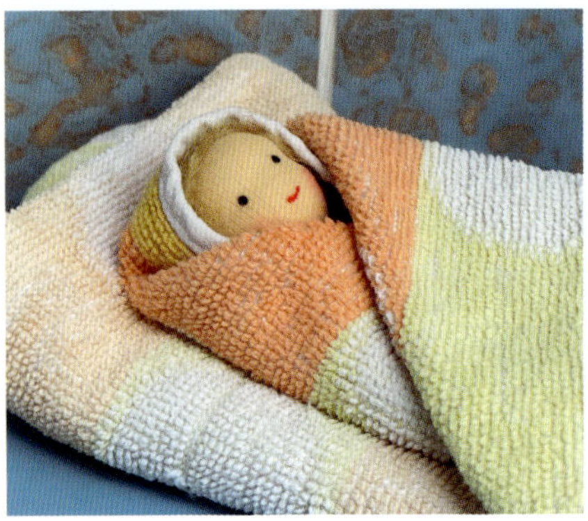

Hier ein paar Tipps zur Pflege und Reinigung:

- Ist am Püppchen etwas Pilling entstanden, können die kleinen Fussel oder Knötchen vorsichtig mit den Fingern abgezupft werden.
- Um dem Verfilzen des Haares vorzubeugen, kann es mit den Fingern oder einer kleinen Bürste vorsichtig gekämmt oder können die einzelnen Wollsträhnen auseinandergezupft werden.
- Ab und zu sollten Sie auch für eine gesunde Gesichtsfarbe sorgen und das Wangenrot auffrischen.

Spiele oder Aufführungen hinterlassen manchmal Spuren, und so bleibt mitunter einem Fingerpüppchen die eine oder andere Verschmutzung nicht erspart. Die Puppen sind jedoch viel zu empfindlich, um sie in der Maschine zu waschen, und auch bei der Handwäsche müssen Sie ein paar Dinge beachten.

Leichte Verschmutzung: Bei einer geringen Verschmutzung reicht es meist aus, den Fleck mit einem weichen, feuchten Tuch oder einer weichen Bürste sanft zu entfernen. Dafür eine kleine Menge Wollwaschmittel in max. 30 °C warmem Wasser auflösen und die Verschmutzung tupfend oder sanft kreisend entfernen.

Hartnäckigere Verschmutzung: Ist ein Fleck hartnäckiger, so kann das Fingerpüppchen auch ein Vollbad nehmen. Geben Sie dafür max. 30 °C warmes Wasser mit etwas Wollwaschmittel in eine Schüssel und lassen Sie die Figur darin baden und einweichen. Anschließend gründlich, aber vorsichtig mit klarem Wasser spülen. Danach in ein kleines Handtuch wickeln, gegebenenfalls sanft ausdrücken, jedoch nie wringen. Achten Sie darauf, dass das Püppchen seine ursprüngliche Form wieder annimmt. Anschließend an einem warmen Ort an der Luft gut trocknen lassen (jedoch nicht auf der Heizung).

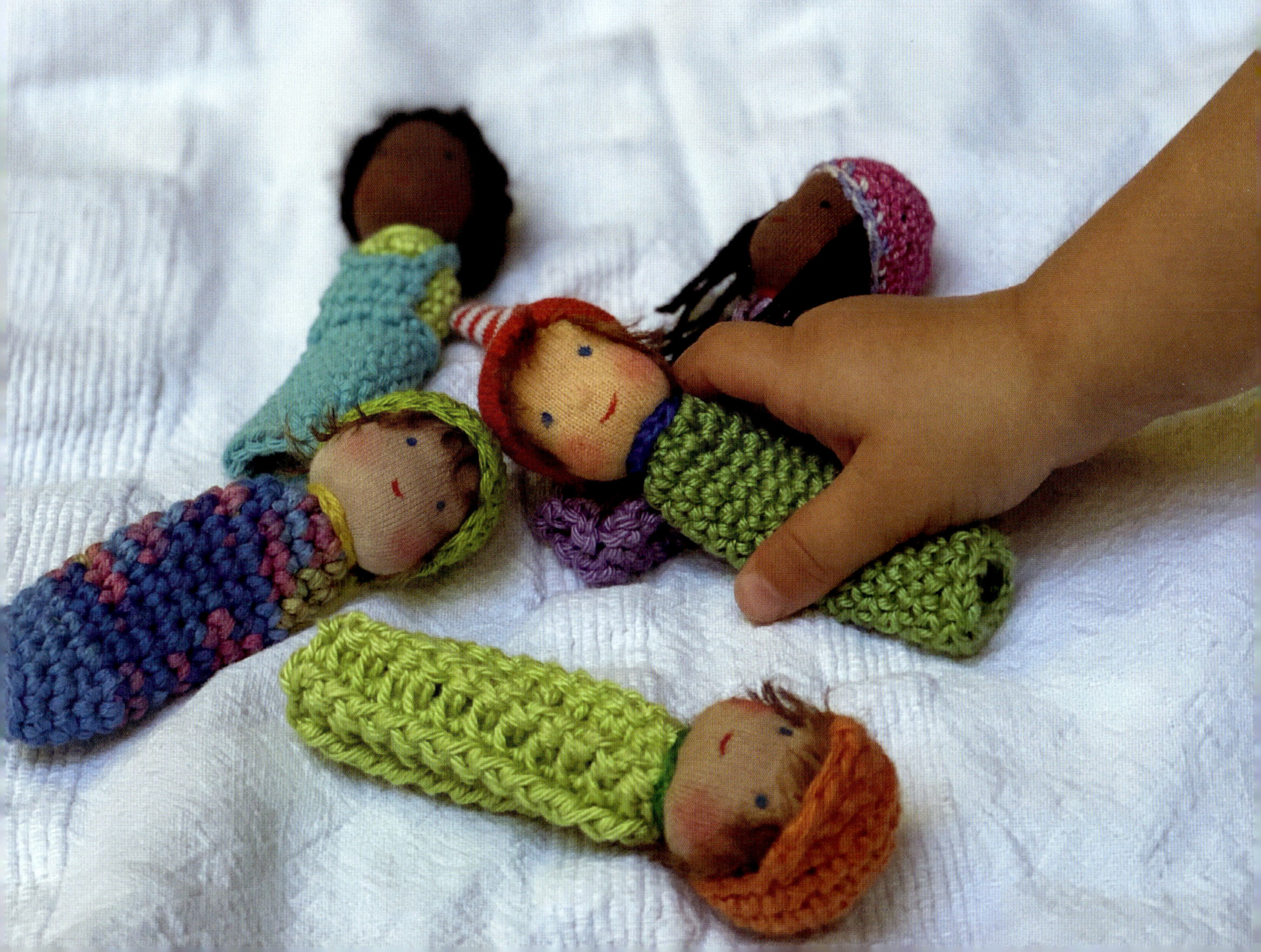

Reparaturhinweise

- Grundsätzlich kann gesagt werden, dass **aufgegangene Nähte** möglichst schnell geschlossen werden sollten, da sich die Naht sonst immer weiter öffnet und das Reparieren dadurch immer schwieriger wird.
- Der gehäkelte Körper der Fingerpuppe ist in der Regel sehr stabil, dennoch kann nicht ausgeschlossen werden, dass er einmal kaputtgeht. Sollte ein **Loch im Körper** entstanden sein, so gibt es mehrere Möglichkeiten, es zu reparieren: Sie können den Körper von der Fingeröffnung bis zu dem Loch auftrennen. Schneiden Sie dafür an der Öffnung etwas ein, ziehen den Faden bis zu dem Loch auf und häkeln nun den Körper erneut. Sie können das Loch jedoch auch mit ein paar Stichen umnähen, um ein weiteres Aufgehen zu verhindern. Sollte Ihnen danach die reparierte Stelle nicht so gut gefallen, kann sie mit einem kleinen Flicken oder einer Stickerei verschönert werden.
- Falls am Körper ein **Fadenzieher** entstanden ist, vernähen Sie ihn gleich, bei Bedarf mithilfe eines gleichfarbigen Nähgarns.
- Ein **Loch im Trikot** ist, je nach der Größe und der Stelle des Lochs, eine schwierige Angelegenheit. Eine schnelle Hilfe ist es, das Loch mit feinen Stichen und in farblich passendem, stabilem Nähgarn zuzunähen. Dafür am Rand die aufgehenden Maschen rund um das Loch auffangen, das Loch zuziehen und den Faden vernähen. Die reparierte Stelle wird jedoch als «Narbe» sichtbar bleiben. Eine andere, viel aufwendigere Arbeit ist es, den Kopf neu zu beziehen. Bedenken Sie dabei auch, dass das Püppchen danach möglicherweise anders aussieht und somit nicht mehr dasselbe ist.
- Meist leichter ist es, **kaputte Kleidung** zu reparieren oder neu anzufertigen und dem Fingerpüppchen anzuziehen. Trennen Sie behutsam die alte Kleidung ab und nähen Sie anschließend die neue Kleidung an.
- Ebenso unkompliziert lassen sich **Haare und Frisuren** wieder auffrischen.
- Sitzt der **Kopf wackelig** auf dem Körper, so sollte er erneut am Körper angenäht werden und anschließend der Hals geformt werden (vgl. Grundmodell, S. 40). Auch ein Kragen kann helfen, dass der Kopf stabil auf dem Körper sitzt.

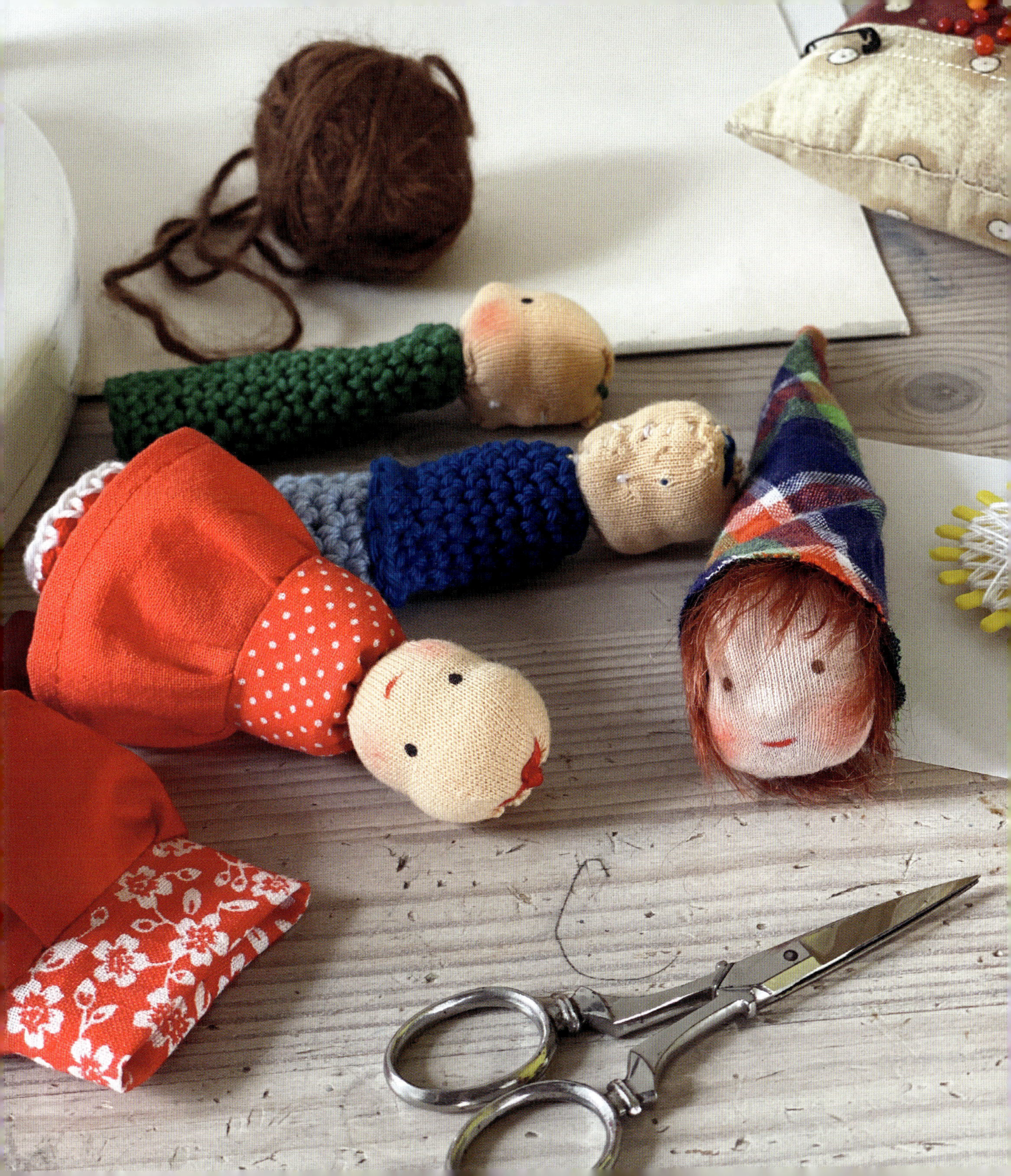

Arme und Hände
(verschiedene Modelle)

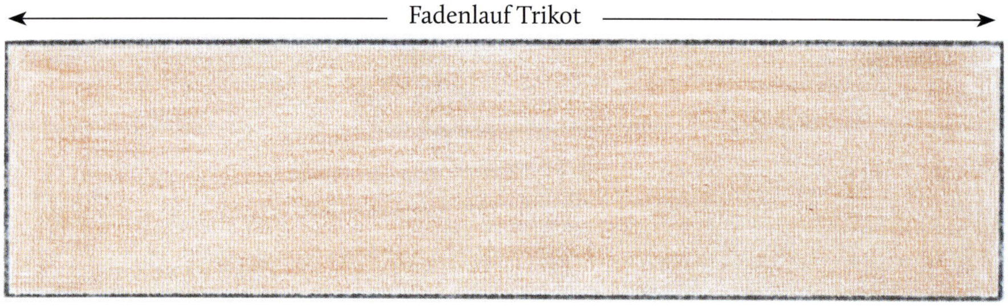

Vater Petro (Pullunder)
Jersey-Oberteil, zweiteilig

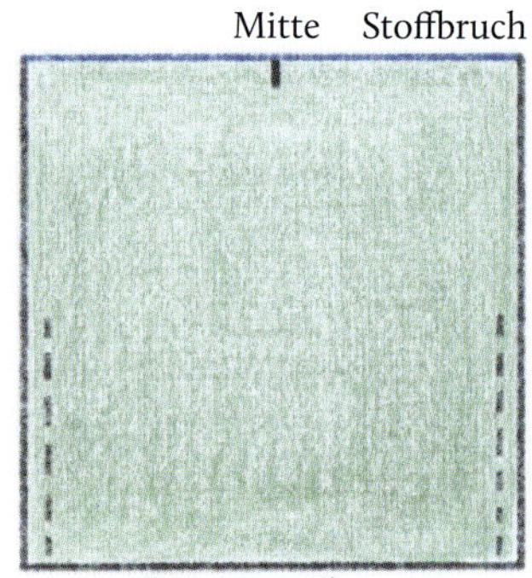

Seiten zunähen,
oben offen lassen

Mädchen Nelly (Rock)

Oberkante 1-mal umschlagen

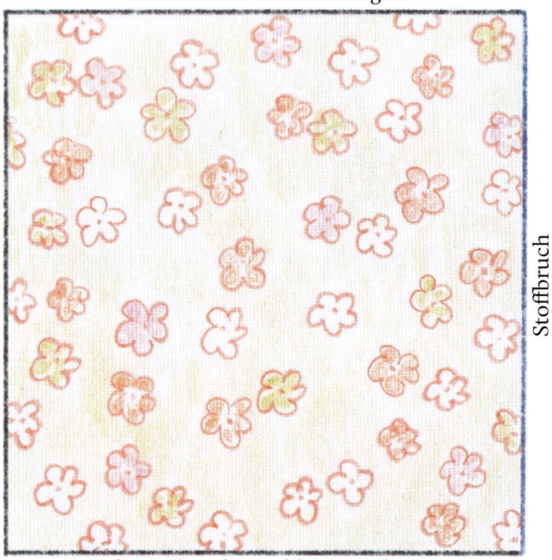

Unterkante 2-mal umschlagen und säumen

Mutter Sina (Oberteil)

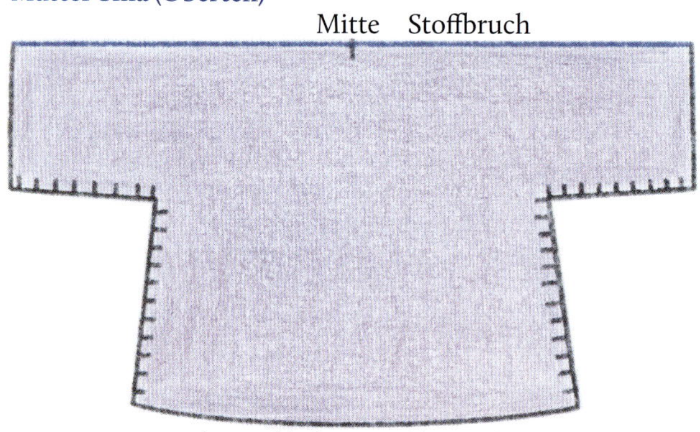

Seiten rechts und links mit Schlingstich zunähen

Vater Petro (Oberteil)
Ärmel, zweiteilig

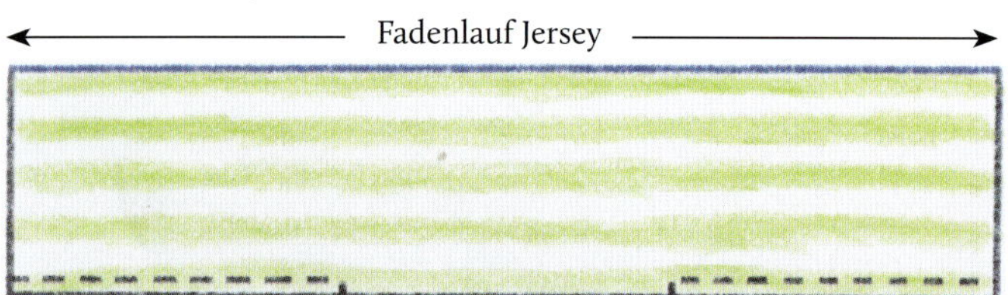

Seiten zunähen, Mitte offen lassen

Oma Lida (Oberteil)

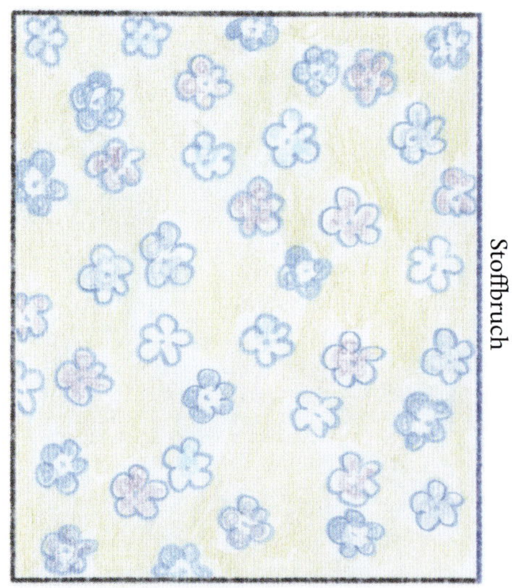

Unterkante doppelt umschlagen
und mit Borte versäumen

Wichtel und Zwerge
(Zwergenmütze)

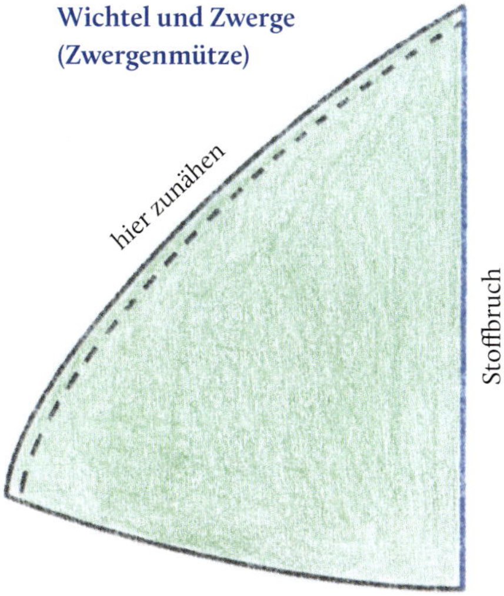

Zwerg Ove
(Mantel mit Kragen)

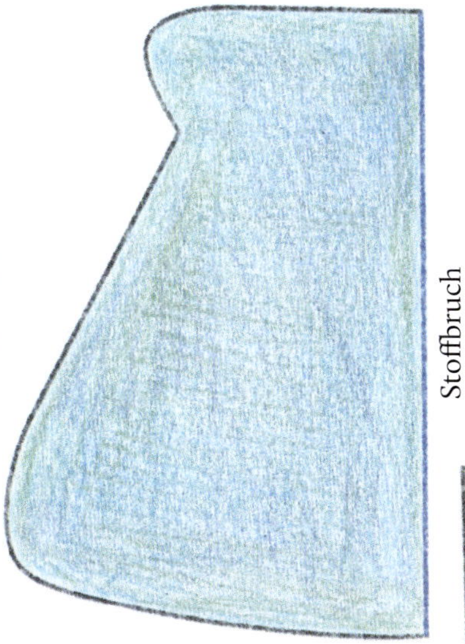

Kasperle Franz
(Zipfelmütze)

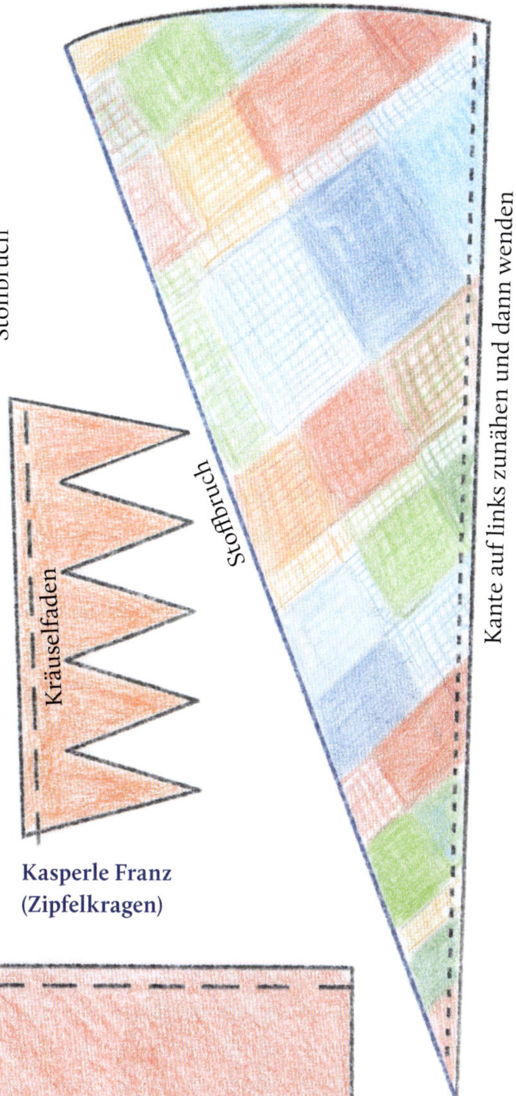

Kasperle Franz
(Zipfelkragen)

Zwergenmädchen Ida (Oberteil)
Kleid, zweiteilig

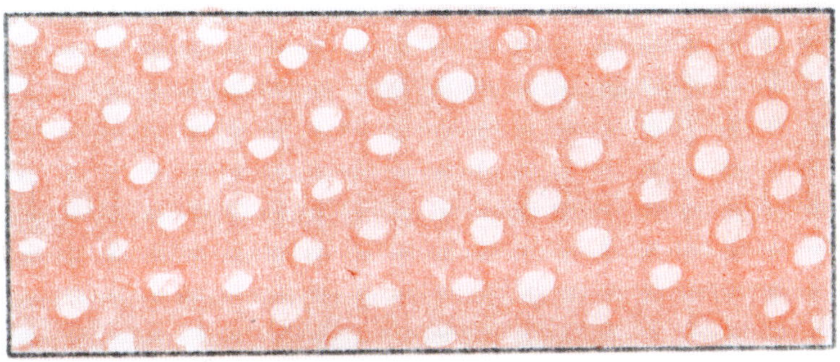

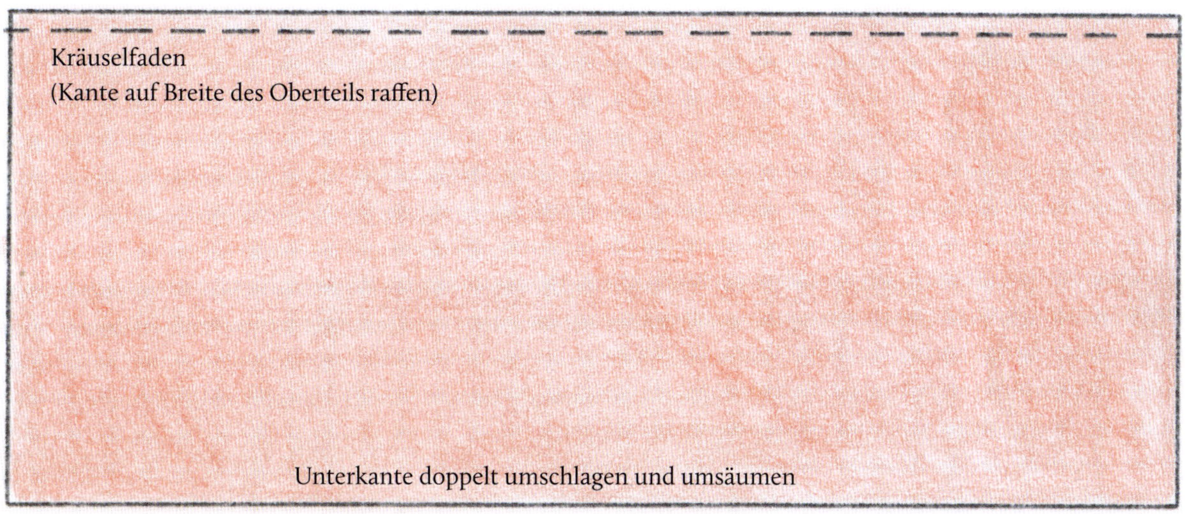

Zwergemädchen Ida (Unterteil)
Kleid, zweiteilig

Schmetterling Claire (Flügel)

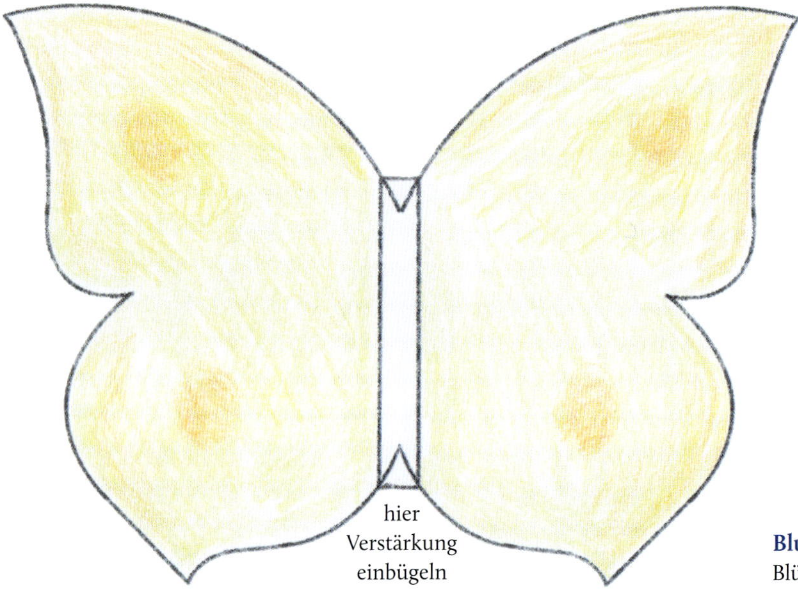

Marienkäfer Mary (Flügelmantel)

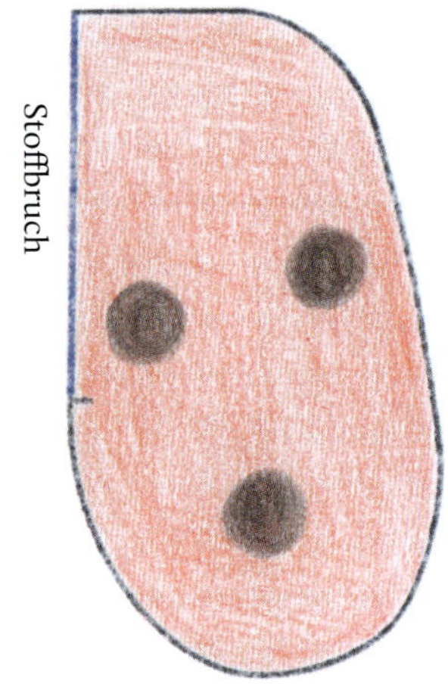

Blumenmädchen Rosa-Lina
Blütenblätter-Oberteil

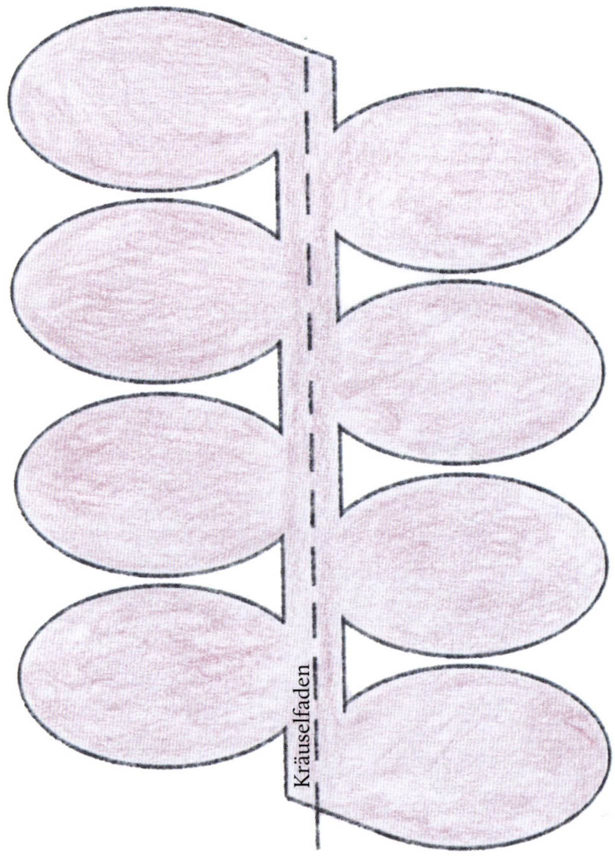

Fliegenpilz Lili (Manschettenkragen)

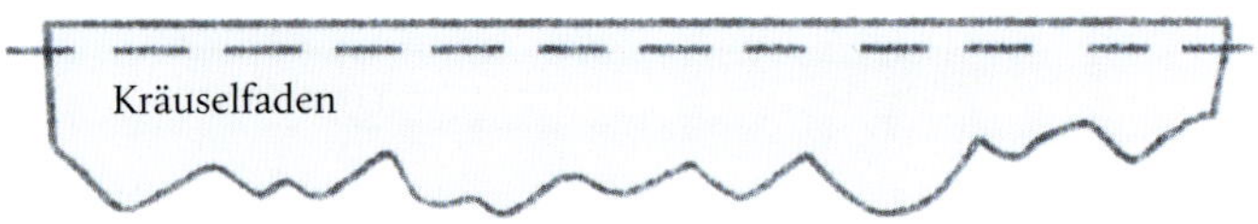

Blumenmädchen Rosa-Lina
Blütenblätter für den Blütenhut

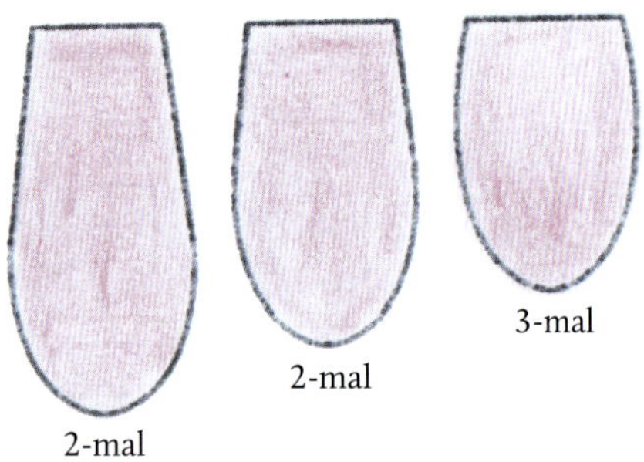

Elfe Ona
(Kleid ø 12 cm)

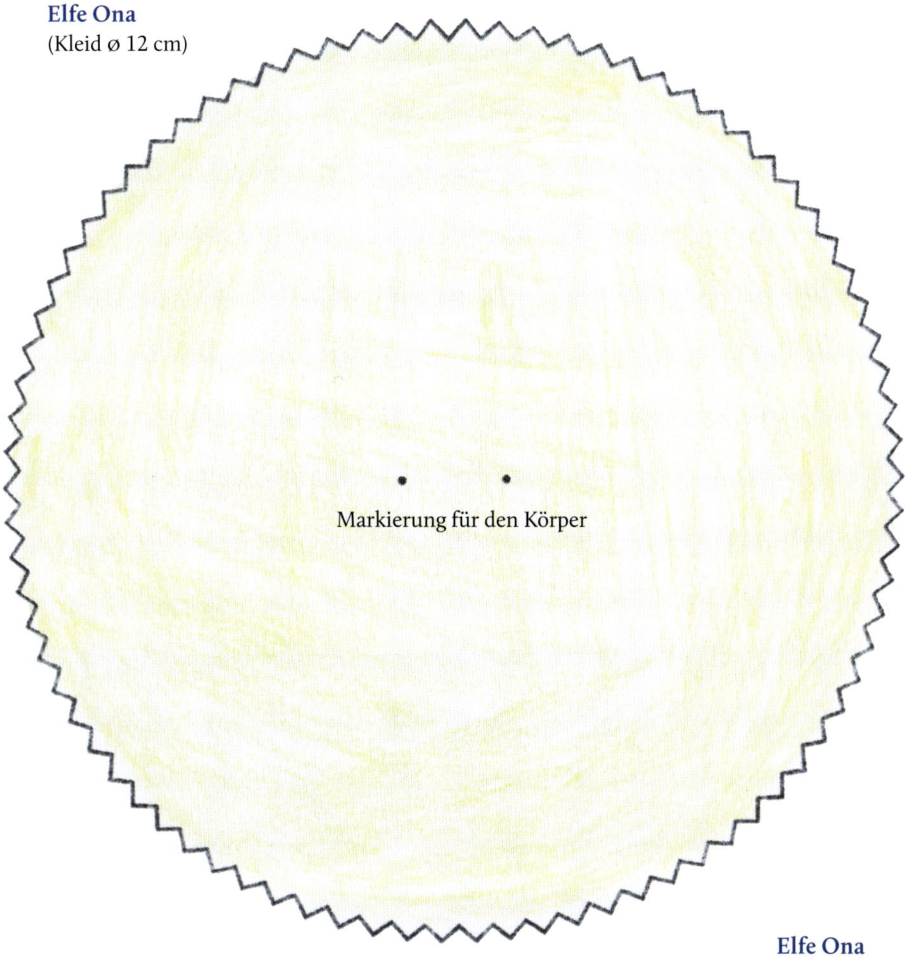

Biene Bo
(Flügel)

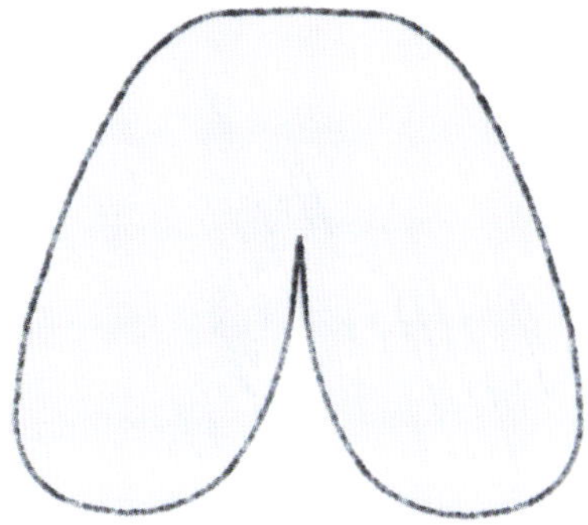

Elfe Ona
(Flügel)

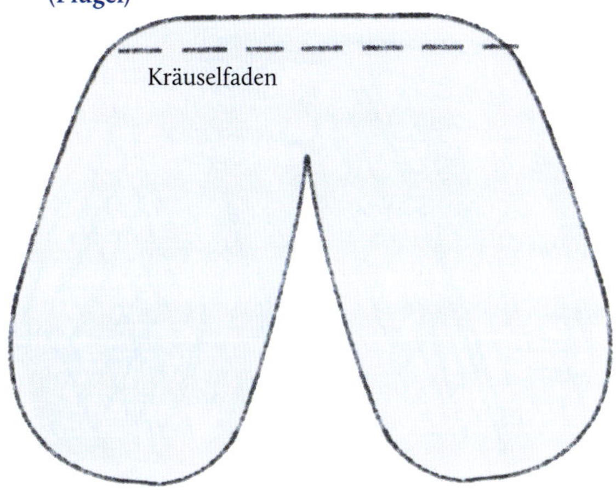

Sandmann (Säckchen)

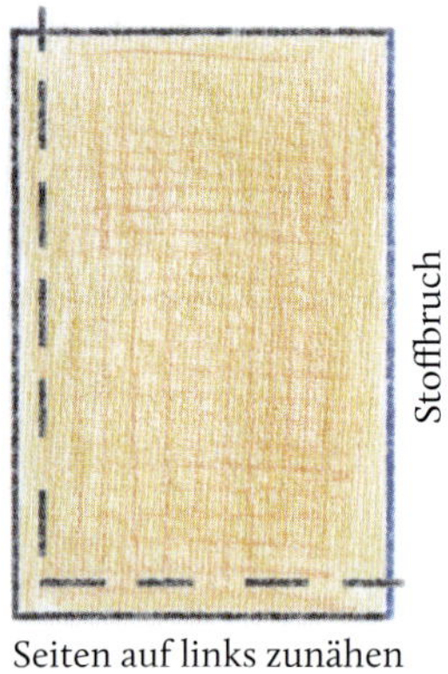

Sandmann (Jacke)

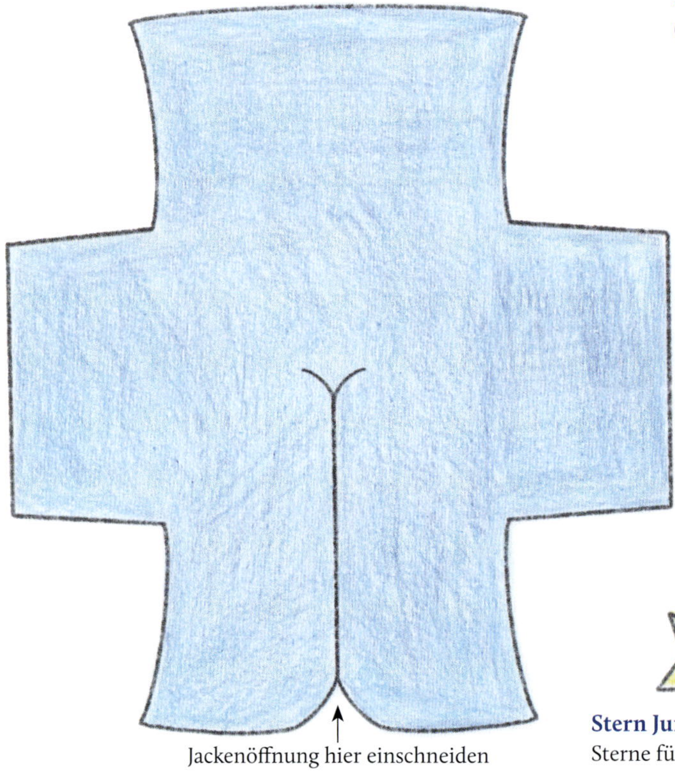

Stern Junis (Zackenkragen)

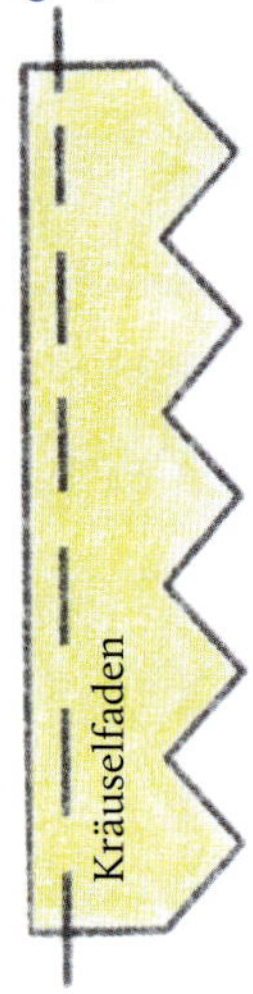

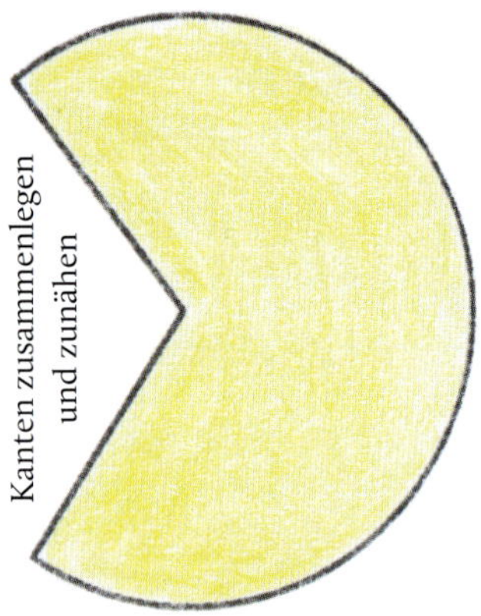

Stern Junis (Hutdeckel)
Hut, zweiteilig

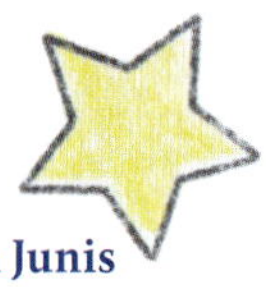

Stern Junis
Sterne für Mantel

Stern Junis (Zackenkrempe)
Hut, zweiteilig

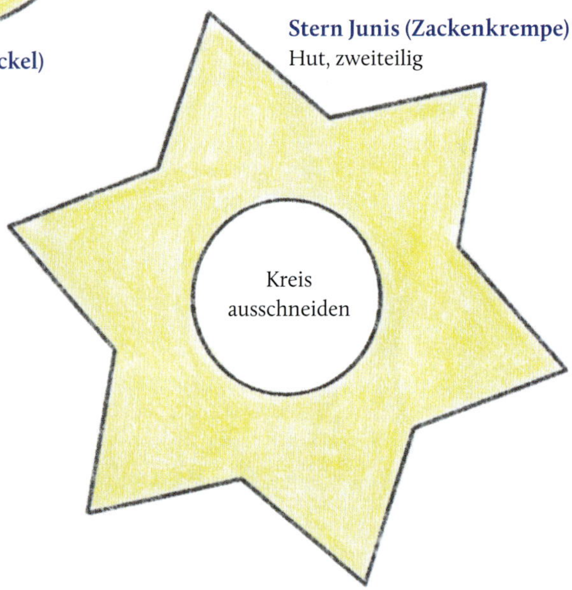

Stern Junis (Mantel)

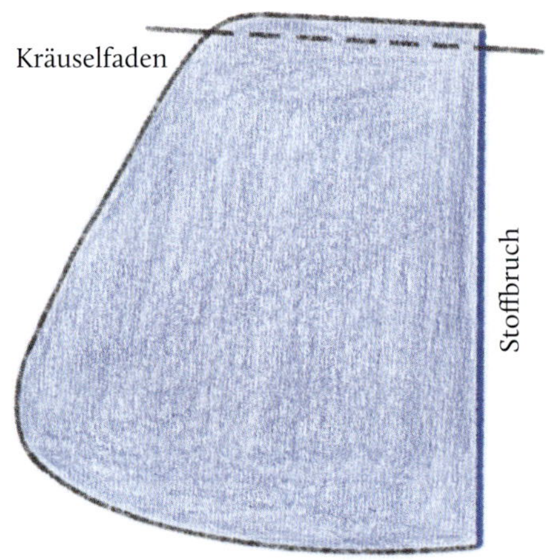

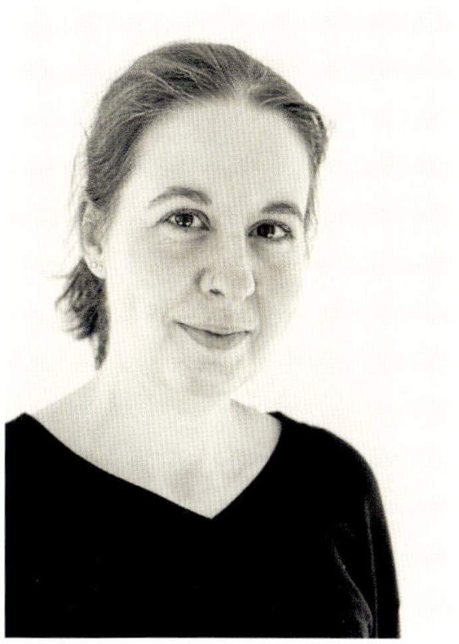

Jana Tröger ist Erzieherin und studierte Informationsdesignerin. Als Kind besuchte sie eine Waldorfschule und wuchs in einer Familie, umgeben von Handarbeit, Handwerk, Malerei und viel Erfindungsgeist, auf. Schon früh erlernte sie von ihrer Mutter das Puppenmachen, seither liebt sie das Erschaffen kleiner Figuren und deren Welten. Sie ist verheiratet, Mutter von drei Söhnen und lebt und arbeitet in Stuttgart.

@unikation.de

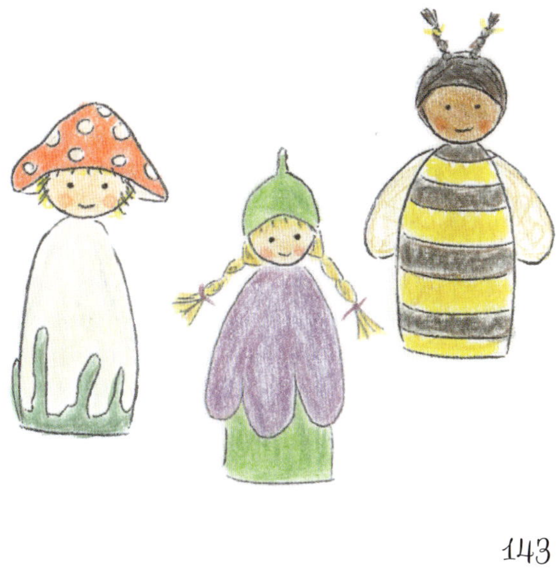

2. Auflage 2022

Verlag Freies Geistesleben
Landhausstraße 82, 70190 Stuttgart
www.geistesleben.com

ISBN 978-3-7725-3135-4

Fotos: Jana Tröger, Lena Strohm (Cover und
S. 8, 13, 25, 26, 91, 114 unten, 119, 120)
Illustrationen und Schnittmuster: Jana Tröger
Gestaltung und Satz: Bianca Bonfert
Druck: DZS Grafik, Ljubljana
Printed in Slovenia

FSC www.fsc.org MIX Papier aus verantwortungsvollen Quellen FSC® C106600

Klimaneutral Druckprodukt ClimatePartner.com/13357-2208-1013

Mehr Ideen für ein kreatives Leben:
bit.ly/3PH4oRJ

Bleiben Sie mit unserem Newsletter auf dem Laufenden:
bit.ly/3NwkUmi

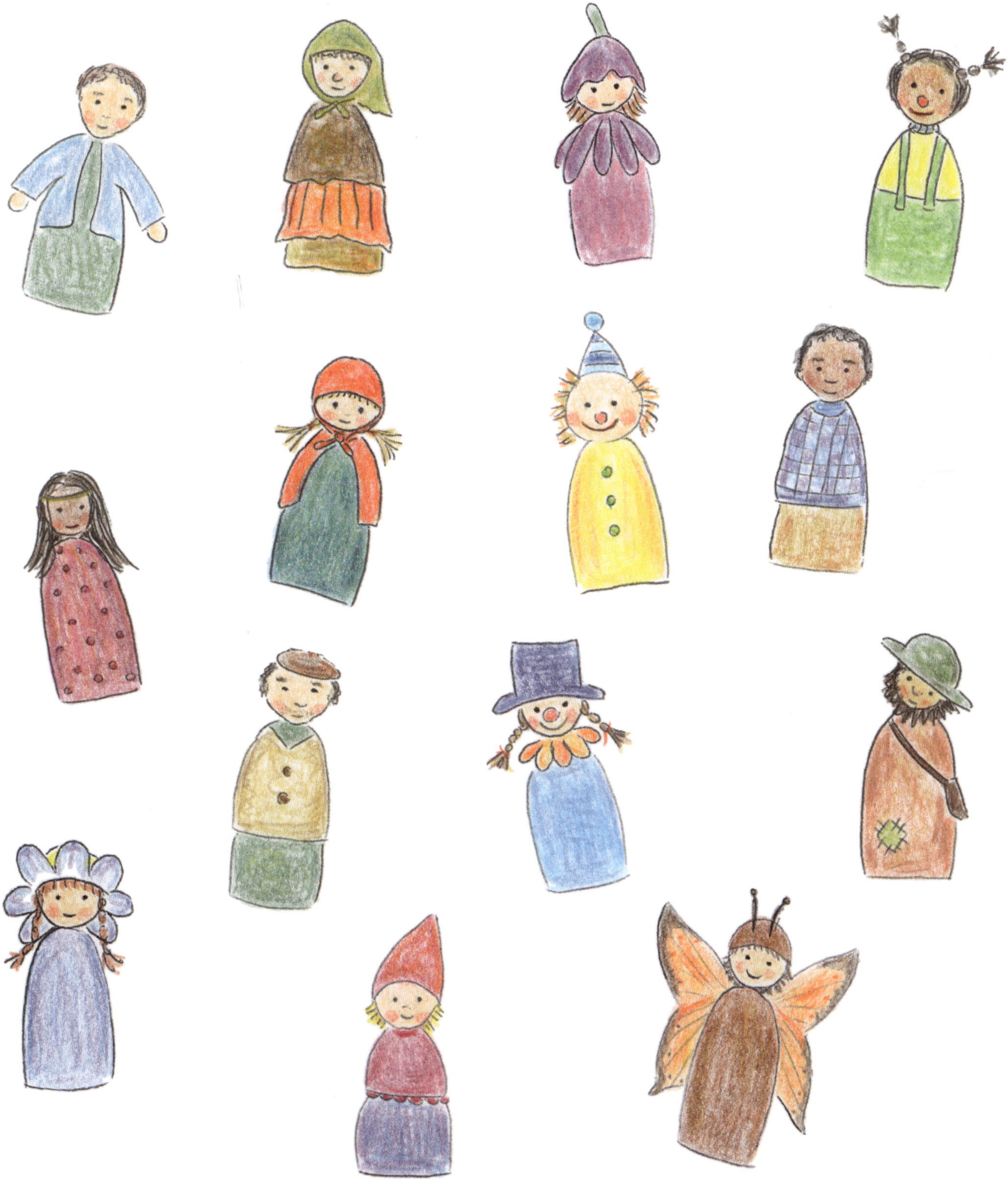